AF245722

LA
SOCIÉTÉ FRANÇAISE

DU XVIᵉ SIÈCLE AU XXᵉ SIÈCLE

PAR

VICTOR DU BLED

VIIᵉ SÉRIE

XVIIIᵉ SIÈCLE

AMATEURS ET ARTISTES. — MANIEURS D'ARGENT ET FERMIERS GÉNÉRAUX.
FEMMES ET SALONS DU XVIIIᵉ SIÈCLE.
LA SOCIÉTÉ POLIE PENDANT LE RÈGNE DE LOUIS XVI.
FIGURES DE FAVORITES. — LA VIE MONDAINE A PARIS DE 1789 A 1793.

Librairie académique PERRIN et Cⁱᵉ

LA SOCIÉTÉ FRANÇAISE

DU XVIᵉ SIÈCLE AU XXᵉ SIÈCLE

~~~~~~~~

XVIIIᵉ SIÈCLE
~~~~~~~~

OUVRAGES DU MÊME AUTEUR

ACADÉMIE FRANÇAISE : PRIX MONBINNE 1903

La Société française du XVI° au XX° siècle : LA SOCIÉTÉ, LES FEMMES DU XVI° SIÈCLE ; L'ACADÉMIE DE CHARLES IX ET DE HENRI III ; LE ROMAN DE L'*Astrée* ; LA COUR DE HENRI IV ; L'HOTEL DE RAMBOUILLET ; LES AMIS DU CARDINAL DE RICHELIEU ; LA SOCIÉTÉ DE PORT-ROYAL. 1re série, 1 vol. in-12. Perrin.

La Société française du XVI° au XX° siècle : LES PRÉDICATEURS ; LE CARDINAL DE RETZ ; LA FAMILLE DE MAZARIN ; LE SALON DE Mlle DE SCUDÉRY ; LES AMIS DE Mme DE SÉVIGNÉ ; MODES ET COSTUMES. 2° série, 1 vol. in-12. Perrin.

La Société française du XVI° au XX° siècle : LES DIPLOMATES ; LES GRANDES DAMES DE LA FRONDE ; LA COUR, LES COURTISANS, LES FAVORIS. 3° série, 1 vol. in-12. Perrin.

La Société française du XVI° au XX° siècle : LA SOCIÉTÉ ET LES SCIENCES OCCULTES ; LES COUVENTS DE FEMMES AVANT 1789 ; LES LIBERTINS ET SAINT-ÉVREMOND ; LA GRANDE MADEMOISELLE ; L'AMOUR PLATONIQUE AU XVII° SIÈCLE. 4° série, 1 vol. in-12.

La Société française du XVI° au XX° siècle : LES MAGISTRATS ET LA SOCIÉTÉ FRANÇAISE ; UNE FEMME PREMIER MINISTRE ; LE SALON DE LA MARQUISE DE LAMBERT ; Mme DE TENCIN ; LA COUR SOUS LOUIS XV ET LOUIS XVI. 5° série, 1 vol. in-12. Perrin.

La Société française du XVI° au XX° siècle : LES MÉDECINS AVANT ET APRÈS 1789 ; L'AMOUR AU XVIII° SIÈCLE, 6° série, 1 vol. in-12. Perrin.

Histoire de la Monarchie de Juillet, 2 vol. in-8°. Calmann-Lévy, éditeur.
> *Couronné par l'Académie française : Prix Thérouanne.*

Les Causeurs de la Révolution, 1 vol. in-12. Calmann-Lévy.
> *Couronné par l'Académie française : Prix Montyon.*

Le Prince de Ligne et ses Contemporains, 1 vol. in-12. Calmann-Lévy.

Orateurs et Tribuns (1789-1794), 1 vol. in-12. Calmann-Lévy.

La Société française avant et après 1789, 1 vol. in-12. Calmann-Lévy.

La Comédie de Société au XVIII° siècle, 1 vol. in-12. Calmann-Lévy.

LA
SOCIÉTÉ FRANÇAISE

DU XVIᵉ SIÈCLE AU XXᵉ SIÈCLE

PAR

VICTOR DU BLED

~~~~~~

VIIᵉ SÉRIE

XVIIIᵉ SIÈCLE

AMATEURS ET ARTISTES — MANIEURS D'ARGENT ET FERMIERS GÉNÉRAUX
FEMMES ET SALONS DU XVIIIᵉ SIÈCLE
LA SOCIÉTÉ POLIE PENDANT LE RÈGNE DE LOUIS XVI
FIGURES DE FAVORITES — LA VIE MONDAINE A PARIS DE 1789 A 1793

PARIS

LIBRAIRIE ACADÉMIQUE
PERRIN ET Cⁱᵉ, LIBRAIRES-ÉDITEURS
35, Quai des Grands-Augustins, 35
1909
~~~~~~

HOMMAGE PROFONDÉMENT RECONNAISSANT D'UN AMI FIDÈLE

VICTOR DU BLED

AMATEURS ET ARTISTES

Les Grecs ne formaient pas de collections d'objets d'art, mais, ce qui est bien différent, ils ornaient leurs temples, leurs portiques, leurs demeures privées, de belles choses mises à leur place, réalisant avec un goût discret une parfaite eurythmie. Les Romains eurent de véritables collections auxquelles nous devons sans doute les meilleurs de nos antiques ; cette passion leur vint assez tardivement, et l'art grec, après la conquête, eut quelque peine à s'acclimater. On sait la fière devise des dominateurs de l'antiquité : « Tes arts, les voici : commander au monde, imposer la paix, pardonner aux vaincus et dompter les superbes. » Valère Maxime appelle la peinture : une fonction basse ; Sénèque considère la peinture et la sculpture comme indignes d'être rangées parmi les études libérales ; Pétrone rapporte que, de son temps encore, on traitait les Phidias, les Praxitèle, de : petits Grecs au cerveau fêlé. Pour d'autres, les objets d'art ne sont que bagatelles, joujoux bons à amuser les enfants (1).

---

(1) Edmond BONNAFFÉ : *Les Collectionneurs de l'ancienne Rome*, 1867 ; *Les Amateurs d'art de l'ancienne France : Fouquet ; Causeries sur l'art et la curiosité*, 1878 ; *Physiologie du Curieux*, 1883 ;

Cependant les généraux envoyaient à Rome les trésors des nations réduites en servitude : on les consacra d'abord aux édifices publics. Puis ils se firent leur part de butin, le luxe, au dire des pessimistes, se chargea des vengeances de l'univers vaincu : il corrompait les âmes dans quelque mesure assurément, mais il créait l'amour des belles choses, le goût artistique, suscitait même quelques vertus, car il est aussi cause et effet de sociabilité, source de sympathie, foyer de civil'sation, remède contre l'égoïsme. Villes et palais de particuliers regorgèrent de tableaux, statues, bronzes de Corinthe, pierres précieuses. Le théâtre de Scaurus, construit pour un mois, contient 3,000 statues, 360 colonnes,

---

Les Arts et les mœurs d'autrefois. Un amateur bordelais, sa famille et son entourage ; Dictionnaire des amateurs français au XVIIe siècle. — Eugène Piot : *Le Meuble en France au XVIIe siècle ; Le Confort ; Recherches sur les collections des Richelieu ;* etc... — Charles Blanc : *Histoire des Arts.* — Edmond et Jules de Goncourt : *L'Art du XVIIIe siècle,* 3 vol. ; *Portraits intimes du XVIIIe siècle ; Journal des* Goncourt, 9 vol. — Rocheblave : *Le Comte de Caylus,* un vol., Hachette ; *Les Cochin.* — Jules Dumesnil : *Histoire des plus célèbres amateurs français,* 3 vol. ; *Histoire des plus célèbres amateurs étrangers,* 2 vol. — Baron Davillier : *Le Cabinet du duc d'Aumont et les amateurs de son temps.* — Thirion : *La Vie privée des financiers au XVIIIe siècle.* — Diderot : *Lettres à Falconet, à Mlle Vollaud ; Salons.* — *Souvenirs de Madame de Caylus.* — A. Babeau : *Les Hôtels et les Salons de Paris en 1789 ; Deux collectionneurs de province au XVIIe siècle.* — Pierre de Ségur : *Le Royaume de la rue Saint-Honoré, Madame Geoffrin.* — *Correspondance de Grimm.* — *Souvenirs de Madame Vigée-Lebrun,* 3 vol. — Arsène Houssaye : *Confessions,* 6 vol. — *Dictionnaire des Amateurs français au XVIIe siècle,* Paris, 1884. — E. Müntz : *Les Collections des Médicis au XVe siècle.* — P. Ginisty : *Le Dieu Bibelot,* 1887. — P. Eudel : *Collections et Collectionneurs ; L'Hôtel Drouot et la curiosité,* 5 vol. — Charles Cousin : *Racontars*

80,000 spectateurs; le mobilier de sa villa de Tuscula-
num est estimé vingt millions de francs.

Paul-Émile avait pris tant d'objets d'art en Macédoine,
qu'il organisa lui-même une Exposition officielle dans
Amphipolis, et qu'à son triomphe figurèrent deux cent
cinquante chariots gigantesques remplis de statues et
de tableaux.

A Rome comme partout, les amateurs sont de plusieurs
sortes : ceux-ci collectionnent tout, ceux-là ont une
spécialité, « les uns ont la foi, les autres ont le goût (1),
d'aucuns emboîtent le pas, tous concourent au même
but : conserver les reliques de l'art, maintenir les traditions et répandre le sens du beau. » A beaucoup de
ces amateurs on peut appliquer cette remarque : « Ce

---

illustrés d'un vieux collectionneur, 1888. — Clément DE RIS : Les
Amateurs d'autrefois. — Spire BLONDEL : L'Art intime et le goût en
France, 1884. — Charles GUEULLETTE : Les Cabinets d'amateurs à
Paris, 1877. — Philippe GILLE : Causeries sur l'art et les artistes. —
Georges LAFENESTRE : Artistes et amateurs. — Henry TRONCHIN : Le
Conseiller d'État Tronchin et ses amis. — DE SWARTE : Les Finan-
ciers amateurs. — Octave UZANNE : Facéties du Comte de Caylus.
— BAUDRILLART : Histoire du Luxe, tomes II et IV. — Albert VAN-
DAL : Le Marquis de Nointel. — BLAZE DE BURY : Les Femmes et
la Société au temps d'Auguste. — Robert DE LA SIZERANNE : Les Pri-
sons de l'Art, dans Revue des Deux-Mondes du 1er novembre 1899. —
Henri CHABEUF : Du Président de Brosses, à propos d'une esquisse
de Paul Véronèse. — LA BRUYÈRE : Philosophie du Curieux. —
SÉRIEYS : Lettres du P. Paciaudi au comte de Caylus. — Œuvres
badines du comte de Caylus, 12 vol. — Ch. HENRY : Mémoires inédits de Ch.-Nic. Cochin. — LE ROUX DE LINCY : Recherches sur
Jean Grolier, sur sa vie et sa bibliothèque.

(1) « Il y a trois sortes de collectionneurs, remarque Louis Lacaze :
ceux-ci achètent les tableaux pour les avoir; ceux-là, pour que les
autres ne les aient pas; les troisièmes, pour en jouir et en faire
jouir. »

sont des actions que les riches achètent et non des
objets d'art ; pour eux une statue n'est qu'un lingot de
marbre, un tableau qu'un billet de banque. » C'est par
Salluste que nous ont été transmis *le Faune à l'Enfant,
l'Hermaphrodite, le Vase Borghèse.* César emportait
dans ses campagnes des tables de mosaïque, une statuette en argent de sa grand'mère Vénus ; il paie
80 talents (400,000 francs) deux tableaux de Timomaque,
ouvre au peuple ses jardins du Tibre, affecte ses six
cabinets de pierres gravées à la décoration d'un temple qu'il élève à Vénus Genitrix.

Annibal portait toujours avec lui un merveilleux Hercule en bronze, de Lysippe, haut d'un pied, qui avait
appartenu à Alexandre. Beaucoup de ces curieux
ouvrent leurs galeries ou Pinacothèques au public :
d'ailleurs Auguste ordonna que les collections privées
fussent ouvertes à certains jours, comme le sont
aujourd'hui celles des palais romains (1). Son fidèle
Agrippa avait donné l'exemple, léguant au peuple ses
thermes, ses jardins, faisant construire 700 abreuvoirs,
106 fontaines, 130 réservoirs, avec 300 statues et
400 colonnes.

Horace est un grand connaisseur d'antiques, son
goût fait loi à Rome ; c'est par Ovide que nous connaissons la Vénus Anadyomène, dont une copie ornait les
appartements d'Auguste. Au contraire, Cicéron se mon-

---

(1) Pline l'Ancien parle d'un discours dans lequel Agrippa reproche aux grands seigneurs romains d'enfermer en des palais et villas
leurs tableaux, leurs statues, au lieu de les consacrer à la joie de
tous.

tre plus gourmand que gourmet, accumule un peu à l'aventure les objets d'art dans ses nombreuses villas : ce qui ne l'empêchera pas de payer un million de sesterces (200,000 francs) une table de citre. (Le citre est le thuya.)

On avait alors un moyen commode et expéditif de former un cabinet : les proscriptions, les confiscations. Antoine proscrit le sénateur Nonius pour une opale, le savant Varron pour sa bibliothèque ; après l'assassinat de César, il fait transporter dans ses jardins tous les objets d'art que celui-ci avait légués au peuple.

Dans les provinces, le vol, la concussion, sont les procédés familiers de maint préteur, de maint gouverneur. Pour ne citer qu'un exemple, Verrès, *cet amateur monomane,* applique sans vergogne à ses administrés la raison du plus fort, pousse jusqu'au crime la passion des chefs-d'œuvre. Il prenait jusqu'aux portes des temples : s'emparer des plus belles pièces d'argenterie chez ses hôtes, se faire livrer le cachet, lorsqu'on lui envoyait une lettre et que le cachet lui plaisait, n'était qu'un jeu pour lui; il avait d'ailleurs des ateliers d'excellents ouvriers ajusteurs et restaurateurs. Aux Tyndaritains il enlève leur dieu favori, un Mercure en bronze : le premier magistrat de la ville ayant fait mine de s'y opposer, les licteurs de Verrès le dépouillent de ses vêtements, l'attachent en plein hiver, par une pluie battante, à l'une des statues équestres de la place. Les habitants de Ségeste possèdent une Diane colossale en bronze : il la voit, l'admire, la réclame sans succès ; taxes exorbitantes, menaces aux citoyens, levées extraordinaires de matelots, tombent comme grêle, jusqu'à ce que les Ségestains éperdus viennent lui offrir leur statue.

Le fils d'Antiochus de Syrie, apportant à Rome des candélabres en argent incrusté de gemmes et destinés au Capitole, a la malchance de s'arrêter en Sicile. Verrès demande à les voir un instant pour les montrer à ses ouvriers : quelques jours s'écoulent, le prince les réclame, on l'ajourne, il s'étonne, il insiste, le préteur le menace et finit par l'expulser de sa province en gardant les candélabres. Aussi entre-t-il dans ses villas des objets sans prix : la *Sapho* de Silanion, le *Cupidon* de Praxitèle, l'*Hercule* de Myron, des tables de citre, des collections de pierres précieuses et gravées, des bustes enlevés aux temples, car il dépouille ceux-ci avec la même désinvolture que les particuliers ; son argenterie (1), ses bagues, sont incomparables.

Les Romains raffolent de bagues, ils en mettent à chaque phalange, sauf au doigt du milieu, ils les changent plusieurs fois par jour, ils ont bagues d'hiver et bagues d'été.

Ce même Verrès envoie au supplice, non seulement

(1) « Tout ce qu'on peut imaginer en fait d'argenterie, tu l'as acheté, dit Martial à un amateur. Tu possèdes les antiques chefs-d'œuvre de Myron, les merveilles des ciseaux de Scopas et de Praxitèle (un autre que le statuaire), les beaux vases que sculptait Phidias, les ouvrages de Mentor, sans compter les pièces authentiques de Gratianus, les vases dorés de la Galice et la vaisselle ciselée de tes aïeux. » Le prix courant de l'argenterie ciselée était de trois mille francs environ le kilogramme. Le triumvir Antoine, paraît-il, « se servait de vases d'or pour ses usages les plus impurs, inconvenance dont eût rougi Cléopâtre elle-même. »

les provinciaux, mais des citoyens romains, chevaliers, banquiers, commandants des navires de passage dans les ports de Sicile : mieux encore, il fait élever des croix en face des rivages italiens, pour multiplier l'angoisse des victimes, et montrer jusqu'à quel point il brave toute autorité. Ainsi E. Laboulaye, pour Verrès du moins, reste en-dessous de la vérité quand il dit : « Impuissant pour le bien, le gouverneur était tout-puissant pour le mal ; les provinciaux seuls souffraient de ses rapines ; tout lui était permis, et pourvu qu'il partageât avec les publicains, il n'avait rien à craindre. » Cependant telles étaient les charges, qu'Hortensius lui-même engagea Verrès à prévenir par l'exil une condamnation ; il quitte Rome, revient vingt-sept ans après, le triumvir Antoine lui demande ses *bronzes de Corinthe*, il refuse, est mis sur les tables de proscription, perd la vie et tout le reste, pour ne pas abandonner quelques pièces de sa collection.

Du ve au xve siècle, les trésors des églises, des abbayes, les palais des princes, constituent à peu près les seuls musées de la France ; mais, dès le xve siècle, les inventaires attestent le goût des collectionneurs. Un certain Jacques Duchié, bourgeois parisien, possède, en 1450, un cabinet de tableaux, deux salles pleines d'instruments de musique et de jeux : et nombreux sont les amateurs en Bourgogne, dans les Flandres. Sans parler des provinces, Paris compte cinquante-quatre collections au moment de la Fronde, et le chiffre ne cesse de s'accroître en dépit des sarcasmes assez puérils de La

Bruyère ; il arrive à cent trente-quatre en 1693. Le curieux, au xviie siècle, a un sobriquet : on l'appelle *un grippé*. On danse à la cour le ballet des *Grippés à la mode;* on chansonne *le Grippé des médailles, le Grippé de la rocaille, le Grippé des tableaux, le Grippé des miroirs, le Grippé des verres, le Grippé des pierreries, le Grippé des fleurs, le Grippé des poules et des pigeons, le Grippé du pétun* (le tabac). Toutes les classes sont hantées du démon de la curiosité : grands seigneurs, médecins, financiers, magistrats, apothicaires, gens d'église, orfèvres, horlogers, avocats, diplomates, artistes, poètes et pâtissiers même, collectionnent.

Beaucoup de particuliers ont des collections superbes : tels les présidents Lambert, Tambonneau, Bretonvilliers, Gaignières, Kervel, Claude Maugis, de Sève, Jean Tristan, Mme de Chavigni, Mazarin, Tréville, Fouquet (1), le duc de Richelieu, la duchesse de Lude, la duchesse de Sully, la duchesse d'Orval, la duchesse de Bouillon, les maréchales d'Humières et d'Estrées. Christine de Suède offrit cent mille écus du cabinet du comte de Béthune, et celui-ci refusa :

> Aimant mieux portraits et livres
> Que d'avoir trois cent mille livres,

note Loret dans sa *Muze historique.*

L'abbé de Marolles, un autre amateur célèbre, était plus heureux dans ses recherches de curiosités que dans ses œuvres littéraires. « Mes vers me coûtent

---

(1) Sur Fouquet voir le tome V de cet ouvrage, pp. 49 et sq.

peu de peine, » s'avisa-t-il de dire à Lignières, qui repartit durement : « Ils vous coûtent ce qu'ils valent (1). »

Citons encore parmi les collectionneurs du xviie siècle : Villars, premier président du parlement de Dombes ; — l'historien-magistrat Jacques-Auguste de Thou, qui aurait poussé l'amour des livres jusqu'à enlever par supercherie leurs manuscrits les plus précieux aux moines de Corbie ; mais sa vie entière proteste contre cette accusation ; — Achille III de Harlay, premier président au parlement de Paris, celui-là sans doute qui donnait à Louis XIV ce conseil : « Oui, sire, il faut baiser les pieds des papes et leur lier les mains ; » — le comte de Grignan, gendre de Mme de Sévigné qui gémit de voir celui-ci consacrer de grosses sommes aux objets d'art, alors qu'il se ruine le plus noblement du monde dans son commandement de Provence. Dans une de ses lettres, elle le blâme de n'avoir pas accepté un tableau qu'elle a vu chez l'archevêque de Vienne, Henri de Villars, et que celui-ci voulait donner à M. de Grignan : « C'est le plus joli tableau, dit-elle, et le plus décevant qu'on puisse voir, » à cause d'un effet de perspective que la marquise trouvait très bien rendu.

Le banquier Évrard Jabach avait acheté le meilleur de la collection de Charles Ier ; Colbert la lui soutira pour le roi, et à vil prix. Dans la galerie du cardinal de Richelieu, on remarquait les deux *Captifs*, de Michel-

---

(1) Ménage appelle *bijoux savants* les objets d'art.

Ange, actuellement au Louvre. Gaston d'Orléans rassembla une magnifique collection de pierres gravées et de plantes peintes à l'aquarelle, qu'il laissa au roi.

Le but de ce travail n'est pas d'étudier les artistes eux-mêmes, leur talent, leur vie, leurs œuvres, leur influence, les caractères de l'art sous l'ancien régime ainsi qu'au XIX⁰ siècle, ses rapports avec la morale : aux personnes qui voudraient aller un peu avant dans ce sujet, je signale les belles études de MM. Müntz, de Goncourt, Henri Chabœuf, Charles Blanc, Samuel Rocheblave, Bonnaffé, Dumesnil, Robert de La Sizeranne, Georges Lafenestre, Octave Uzanne. Rappeler succinctement les relations des amateurs et des artistes d'autrefois, de ceux-ci avec la société française, relations de plus en plus étroites à mesure que nous approchons de la Révolution, voilà ma seule ambition ; encore, devrai-je passer sous silence une foule de traits piquants, de personnes intéressantes.

La marquise de Lambert reçoit un certain nombre d'artistes ; Mᵐᵉ Geoffrin leur consacre son dîner du lundi, dîner où elle invite aussi quelques hommes de lettres comme Marmontel, quelques intimes comme Burigny, pour établir le lien et animer la conversation ; des amateurs éclairés comme le duc de La Rochefoucauld, le marquis de Marigny, frère de Mᵐᵉ de Pompadour, Directeur des bâtiments, c'est-à-dire surintendant des beaux-arts, qui avait le goût aussi bon que sa sœur ; le comte de Caylus. Mais Mᵐᵉ Geoffrin ne se contente pas de les nourrir ; elle les protège solidement, paye cher leurs œuvres, non sans faire sentir son ingérence tracassière (1).

On trouve sur ses carnets des chiffres comme ceux-ci : « Vien : quatre tableaux pour mon cabinet, 6,000 livres. Vernet : une marine, 2,400 livres. Van Loo : trois tableaux pour ma chambre à coucher, 18,000 livres. » En revanche, elle se pique de s'y connaître, prétend dicter les sujets, imposer ses conseils ; c'est de la sorte que Carle Van Loo exécuta *la Conversation espagnole* et *la Lecture*. « Mme Geoffrin, raconte Grimm, présidait alors à ces ouvrages, et c'étaient tous les jours des scènes à mourir de rire. Rarement d'accord sur les idées et la manière de les exécuter, on se brouillait, on se raccommodait, on riait, on pleurait, on se disait des injures, des douceurs ; et c'est au milieu de toutes ces vicissitudes que le tableau s'avançait et s'achevait... » Greuze, dont l'hypertrophie du moi, la vanité, allaient au délire (2), s'accommoda moins bien de ces critiques, et

---

(1) En vérité il est trop commode d'appliquer aux *curieux* l'épigramme grecque : *un âne devant une lyre* ; ou bien de les appeler des maniaques, des spéculateurs pour qui un tableau n'est qu'un billet de banque encadré ; ou bien encore d'appliquer à tous le reproche que méritent quelques-uns d'avoir une morale particulière, *une conscience de collectionneurs*. Avec leurs qualités et malgré leurs défauts, ils servent grandement les arts, leur pays ; les petits musées particuliers approvisionnent les grands musées publics, comme les ruisseaux et les rivières nourrissent l'Amazone ou le Saint-Laurent. Millin demande beaucoup à l'amateur : ne veut-il pas qu'il possède l'érudition historique, des connaissances acquises dans une vie retirée, et l'équilibre de l'âme ?

(2) Au xixe siècle, la vanité de Whistler aurait pu aller de pair avec celle de Greuze. Un amateur, visitant son atelier, désigne du bout de sa canne une toile : « Combien ce tableau ? — Un mil-

il s'écriait : « De quoi s'avise-t-elle de parler d'un ouvrage de l'art? Qu'elle tremble que je ne l'immortalise!
Je la peindrai en maîtresse d'école, le fouet à la main,
et elle fera peur à tous les enfants présents et à naître. » Mais Joseph Vernet vengea Mme Geoffrin en donnant une leçon de modestie à Greuze, qui, vers 1765, se
plaignait de manquer de clients : « C'est que vous avez
une nuée d'ennemis, et, parmi ces ennemis, un quidam
qui a l'air de vous aimer à la folie, et qui vous perdra.
— Et qui est ce quidam? — Vous (1)! »

A mesure qu'elle fréquenta les artistes, Mme Geoffrin
apprit à ménager leur amour-propre ; et elle se flattait
d'y être parvenue, car elle écrivit : « Je suis devenue
leur amie, parce que je les vois souvent, les fais
beaucoup travailler, les caresse, les loue et les paye
très bien. »

Boucher, La Tour, Joseph Vernet, Vien, Lagrenée,
Drouais, le sculpteur Bouchardon, Cochin, Carle Van
Loo, voilà, ce semble, les principaux habitués du
lundi. On y racontait les nouvelles artistiques, on discutait les questions à l'ordre du jour. Les boutades de
La Tour devaient effrayer la très circonspecte maîtresse
de maison, si attentive à éviter les avis tranchés, à

---

lion. » Stupéfaction de l'amateur; celle-ci redouble quand Whistler ajoute tranquillement : « Ce sont, Monsieur, des prix pos-
thumes. »

(1) On prête à Napoléon Ier cette parole, bien invraisemblable,
lorsqu'il apprit que Greuze avait agonisé dans la misère : « Que
ne parlait-il ? Je lui aurais donné une cruche de Sèvres pleine
d'or, pour payer toutes ses cruches cassées. »

ne pas se brouiller avec les puissants, qu'elle insinuait à son hôte Marmontel de chercher logis ailleurs, parce qu'il avait été censuré par la Sorbonne, — si éprise de banalité correcte qu'elle fit passer le rabot sur les sculptures de son appartement. Il poussait le sentiment de la dignité de son art jusqu'à l'impertinence, ce La Tour, et l'on ne comptait plus ses excentricités. Appelé à Versailles pour un portrait de Mme de Pompadour, ne s'avise-t-il pas de répondre : « Dites à Madame que je ne vais pas peindre en ville! » Pourtant, on le décide, mais à condition que personne n'interrompra la séance. Le voici chez la favorite ; il réitère ses conventions, demande la permission de se mettre à l'aise, détache les boucles de ses escarpins, son col, ses jarretières, ôte sa perruque qu'il remplace par un bonnet. Au bout d'une demi-heure, Louis XV entre. « Vous aviez promis, Madame, que votre porte serait fermée. » Le roi rit, l'engage à continuer : « Il ne m'est pas possible d'obéir à Votre Majesté ; je reviendrai lorsque madame sera seule. » Il se lève, va se rhabiller dans une autre pièce, en grondant à plusieurs reprises : « Je n'aime point à être interrompu. » Pour ce portrait au pastel de la favorite, il réclame 48,000 livres ; elle lui en envoie 24,000, et lui, furieux, de crier à l'avilissement de l'art. Mais Chardin lui demande s'il sait combien ont coûté les tableaux qui ornent Notre-Dame : quarante tableaux, à 300 livres, ci 12,000 livres, et portant la signature de peintres connus. Cette fois, il se tut.

Mandé pour faire le portrait de Louis XV, on l'introduit dans un salon qui reçoit le jour de tous côtés.

« Ah ! s'écrie-t-il, que veut-on que je fasse dans cette lanterne, quand il ne faut pour peindre qu'un seul passage de lumière ! — Je l'ai choisie exprès à l'écart, observe le roi, pour ne pas être dérangé. — Je ne savais pas, sire, réplique l'artiste, que vous ne fussiez pas le maître chez vous. » Un jour, il agaçait Louis XV par des éloges outrés sur les étrangers. « Je vous croyais Français, dit le roi. — Non, sire. ··· Vous n'êtes pas Français ? — Non, sire, je suis Picard, de Saint-Quentin. » Une autre fois, comme il plaignait la France de n'avoir pas de marine, Louis XV repartit sèchement : « Et Vernet, donc ! » — Avec les plus grandes dames, il conclut des espèces de traités. Il veut être le maître absolu de la pose, des traits ; enfreint-on la moindre clause, il ne revient plus : « Mon talent est à moi, » dit-il fièrement. — Pour punir les filles du roi, Mesdames de France, de rendez-vous manqués, il n'achève pas leurs pastels. Il rabroue le dauphin, mal instruit d'une affaire qu'il lui a recommandée : « Voilà comme vous vous laissez toujours tromper par des fripons, vous autres ! » Et il se vante de n'aller à la cour « que pour dire leurs vérités à ces gens-là ! » Avec cela une incroyable pénétration, l'art de faire le portrait du caractère dans le portrait de l'homme. Quand on a vu les La Tour rassemblés à Saint-Quentin, on garde une impression presque pareille à celle qu'on ressent après avoir contemplé les Rembrandt à la Haye et Amsterdam, les Franz Hals à Harlem, les Rubens à Anvers, les Vélazquez à Madrid. « Les visages pensent, parlent, s'avouent, se livrent à tous, dit Goncourt ; La Tour leur donne cet esprit et cette âme des yeux, *mens oculo-rum*, l'expression par où sort et jaillit la personnalité. » Il fait penser au mot d'un ami sur le portrait d'un grand silencieux : « On dirait qu'il va se taire. » Quel éclair dans cette vision qui l'élève à la dignité de miroir d'humanité : « Ils croient que je ne saisis que les traits de leurs visages, mais je descends au fond d'eux-mêmes à leur insu, et je les remporte tout entiers... » Et cette anatomie des âmes arrachera ce cri d'humilité à Gérard : « On nous pilerait tous dans un mortier, Gros, Girodet, Guérin et moi, tous les G., qu'on ne tirerait pas de nous un morceau comme celui-ci. » De même Cochin se trouvait dans une assemblée d'artistes où l'on critiqua la statue équestre de Louis XV par Bouchardon : et cependant chacun finissait par confesser que c'était là une œuvre majeure. Quand tout le monde eut opiné, Cochin se contenta d'observer : « Il faut que ce Bouchardon ait été un homme bien extraordinaire pour avoir pu faire avec tous ces défauts une si grande et si belle chose. » Les amours-propres se taisent quelquefois, et la république des artistes a ses juges impartiaux comme elle a ses envieux, ses zoïles et ses fous d'orgueil (1).

---

(1) Diderot, dans les *Lettres à Mlle Volland*, rapporte un trait de Falconet, le « Jean-Jacques de la sculpture » : « Son fils avait concouru. Les prix étaient exposés, et celui du jeune Falconet n'était pas bon. Son père le prit par la main, et, le conduisant dans le salon, il lui dit : « Tiens, juge toi-même. » L'enfant avait la tête baissée et ne répondait rien. Alors le père, se tournant vers les académiciens ses confrères, leur dit : « Il a fait un sot prix, et il n'a pas le courage de le retirer. Ce n'est pas lui, Messieurs, qui

La Tour était évidemment assez intéressé, et se brouillait parfois avec des amis pour une misère ; et puis vindicatif en diable, comme en témoigne son différend avec La Reynière. Le portrait ne lui semblant pas au point, La Tour réclame une dernière séance ; mais le financier envoie un domestique, il n'a pas le temps de venir lui-même. « Mon ami, dit La Tour, ton maître est un imbécile que je n'aurais jamais dû peindre... Ta figure me plaît, assieds-toi là, tu as des traits spirituels, je vais faire ton portrait. Je te le redis ; ton maître est un sot. — Mais, Monsieur, vous n'y pensez pas ! Si je ne retourne pas à l'hôtel, je perds ma place ! — Eh bien ! je te placerai... Commençons. » La Tour peint le valet, la Reynière le chasse, La Tour envoie le portrait au Salon, l'histoire s'ébruite, tout aussitôt le valet n'a plus que l'embarras du choix.

Devant Diderot, dans le salon de Mme Geoffrin, La Tour développe ses conceptions d'art : « Il n'y a dans la nature, ni par conséquent dans l'art, aucun être oisif. Mais tout être a dû souffrir plus ou moins de la fatigue de son état. Il en porte l'empreinte plus ou moins marquée. Le premier point est de bien saisir cette empreinte, en sorte que, s'il s'agit de peindre un roi, un général d'armée, un ministre, un magistrat, un prêtre,

---

l'emporte, c'est moi. » Puis il mit le tableau de son fils sous son bras et s'en alla. » Dans la même lettre, Diderot raconte les mouvements produits par une décision injuste de l'Académie de peinture, attribuant le premier prix de sculpture à un candidat qui le méritait infiniment moins que trois autres : dès lors les élèves ne se privaient nullement de protester avec violence.

un philosophe, un portefaix, ces personnages soient le plus de leur condition qu'il est possible. Mais comme toute altération d'une partie a plus ou moins d'influence sur les autres, le second point est de donner à chacun la juste portion d'altération qui lui convienne, en sorte que le roi, le magistrat, le prêtre, ne soient pas seulement roi, magistrat, prêtre de la tête ou du caractère, mais soient de leur état depuis la tête jusqu'aux pieds... » La Tour disait encore que « la fureur d'embellir et d'exagérer la nature s'affaiblissait à mesure qu'on acquérait plus d'expérience et d'habileté, et qu'il venait un temps où on la trouvait si belle, si une, si liée même dans ses défauts, qu'on penchait à la rendre telle qu'on la voyait, penchant dont on n'était détourné que par l'habitude contraire et par l'extrême difficulté qu'on trouvait à être assez vrai pour plaire en suivant cette route. »

Une autre fois, j'imagine, on établira chez Mme Geoffrin une sorte de concours entre des versiculets composés pour des portraits ou statues de gens connus. Et ces compliments rimés sont en général plats à faire plaisir; mais le XVIIIe siècle raffolait de cette littérature, et j'en donnerai quelques échantillons, meilleurs que les autres.

QUATRAIN POUR LE PORTRAIT DE Mlle LECOUVREUR.

Seule de la nature elle a su le langage ;
Elle embellit son art, elle en changea les lois ;
L'esprit, le sentiment, le goût fut son partage ;
L'Amour fut dans ses yeux, et parla par sa voix.

VOLTAIRE.

PORTRAIT DE LEIBNITZ.

Il fut dans l'univers connu par ses ouvrages,
Et dans son pays même il se fit respecter ;
Il éclaira les rois, il instruisit les sages ;
Plus sage qu'eux, il sut douter.

VOLTAIRE.

POUR LE BUSTE DU PRINCE HENRI.

Dans cette image auguste et chère
Tout héros verra son rival,
Tout sage verra son égal,
Et tout homme verra son frère.

BOUFFLERS.

N'a pas longtemps, de l'abbé de Saint-Pierre
On me montrait le buste tant parfait
Qu'on ne sut voir si c'était chair ou pierre,
Tant le sculpteur l'avait pris trait pour trait.
Adonc restai perplexe et stupéfait,
Craignant en moi de tomber en méprise ;
Puis dis soudain : « Ce n'est là qu'un portrait ;
L'original dirait quelque sottise. »

VOLTAIRE.

IMPROMPTU A PIGALLE, CHARGÉ PAR LE ROI DE FAIRE LES STATUES DU MARÉCHAL DE SAXE ET DE VOLTAIRE.

Le roi connaît votre talent :
Dans le petit et dans le grand
Vous produisez œuvre parfaite.
Aujourd'hui, contraste nouveau,
Il veut que votre heureux ciseau
Du héros descende à la trompette.

VOLTAIRE.

COUPLETS DE BOUFFLERS A UNE DAME QUI FAISAIT SON PORTRAIT.

D'un procédé sûr et nouveau
Vous vous servez, ma jeune Apelle :
Pour animer votre tableau,
Vous enflammez votre modèle.

Vous prenez cent tons différents,
Du plus sombre jusqu'au plus tendre ;
Pour vous peindre ce que je sens,
Quel est celui que je dois prendre ?

De mon secret votre talent
Vous instruira bientôt lui-même ;
Quand mon portrait sera parlant,
Il vous dira que je vous aime.

IMPROMPTU SUR LE PORTRAIT DE THOMAS CORNEILLE.

Voyant le portrait de Corneille,
Gardez-vous de crier merveille,
Et dans vos transports n'allez pas
Prendre ici Pierre pour Thomas.

GACON.

PORTRAIT DE LA MARQUISE DU DEFFAND.

Elle y voyait dans son enfance ;
C'était alors la Médisance.
Elle a perdu son œil et gardé son génie ;
C'est à présent la Calomnie.

RULHIÈRES.

ÉPITAPHE.

Ci-gît Callot... Dans la gravure
Et le dessin, voici son rang :
Nul, en copiant la nature,

> Sans être petit dans le grand,
> D'une main plus libre et plus sûre,
> Quel que fût l'objet qu'il rendît,
> Ne fut plus grand dans le petit.

Après les vers, la prose, et traits, anecdotes de ce genre étaient fort goûtés par le cercle de Mme Geoffrin.

Chardin, très modeste, disait volontiers que la peinture est une île dont il avait côtoyé les bords. Un jour qu'il peignait un lièvre mort guetté par un chat, son ami Le Bas entre, regarde le tableau, s'enflamme, offre de l'acheter. « *On peut s'arranger*, répond Chardin avec bonhomie ; *tu as une veste qui me plaist fort.* » Le Bas donne sa veste et emporte le tableau.

Et quelle grâce de bonté, quelle leçon de bienveillance pour les critiques amateurs, dans ces réflexions que Chardin développe au Salon devant Diderot : « Messieurs, Messieurs, de la douceur. Entre tous les tableaux qui sont ici, cherchez le plus mauvais ; et sachez que deux mille malheureux ont brisé entre leurs dents le pinceau, de désespoir de faire jamais aussi mal... Lemoine disait qu'il fallait trente ans de métier pour savoir conserver son esquisse, et Lemoine n'était pas un sot. On nous met, à l'âge de sept ou huit ans, le porte-crayon à la main. Nous commençons à dessiner, d'après l'exemple, des yeux, des bouches, des nez, des oreilles, ensuite des pieds et des mains. Nous avons eu longtemps le dos courbé sur le portefeuille, lorsqu'on nous place devant l'*Hercule* ou le *Torse* ; et vous n'avez pas été témoins des larmes que ce *Satyre*, ce *Gladiateur*, cette *Vénus de Médicis*, cet *Antée*, ont fait couler. Soyez

sûrs que ces chefs-d'œuvre des artistes grecs n'excite-
raient plus la jalousie des maîtres s'ils avaient été livrés
au dépit des élèves. Après avoir séché des journées et
passé des nuits à la lampe, devant la nature immobile
et inanimée, on nous présente la nature vivante, et tout
à coup le travail de toutes les années précédentes semble se réduire à rien... Il faut apprendre à l'œil à regarder la nature ; et combien ne l'ont jamais vue et ne la
verront jamais !... C'est le supplice de notre vie... Le
talent ne se décide pas en un moment... Des années
précieuses se sont écoulées avant que le jour de dégoût,
de lassitude et d'ennui ne soit venu. L'élève est âgé de
dix-neuf à vingt ans, lorsque, la palette lui tomban t
des mains, il reste sans état, sans ressources et sans
mœurs ; car d'avoir sans cesse sous les yeux la nature
toute nue, être jeune et sage, cela ne se peut. Que
faire, que devenir ? Il faut se jeter dans quelques-unes
de ces conditions subalternes, dont la porte est ouverte
à la misère, ou mourir de faim. On prend le premier
parti. Et, à l'exception d'une vingtaine qui viennent ici
tous les deux ans s'exposer aux bêtes, les autres ignorés,
et moins malheureux peut-être, ont le plastron sur la poitrine dans une salle d'armes, ou le mousquet sur l'épaule
dans un régiment, ou l'habit de théâtre sur les tréteaux.
Ce que je vous dis, c'est l'histoire de Belcourt, de Lekain et de Brizard, mauvais comédiens (?) de désespoir
d'être mauvais peintres... Celui qui n'a pas senti la difficulté de l'art ne fait rien qui vaille ; celui qui l'a sentie
trop tôt ne fait rien du tout, et croyez que la plupart
des hautes conditions de la société seraient vides si

l'on n'y était admis qu'après un examen aussi sévère
que celui que nous subissons... »

Boucher, dont le joli fut le génie, et la volupté l'idéal,
selon le mot de Goncourt ; Boucher, qui n'employait
ni modèle, ni esquisse, au grand étonnement de Rey-
nolds, et lui répondait qu'il s'en était servi dans sa
jeunesse et n'y recourait plus, Boucher dessinateur
intime, familier et protégé de Mme de Pompadour, est
nommé premier peintre du roi à la mort de Van Loo,
et comme Louis XV lui marquait sa surprise de le
trouver plus vieux qu'il ne pensait : « Sire, observa l'artiste, l'honneur dont Votre Majesté m'a comblé va me
rajeunir. » Grand travailleur et grand épicurien, donnant leçon les portes ouvertes, et disant qu'il ne savait
conseiller que le pinceau à la main, aimable, aimé de
ses élèves et de ses confrères, ayant conscience de son
talent, mais sans vanité, il composa dix mille dessins
ou croquis, près de mille tableaux : Néra, de La Haye,
Grandcourt, Fontaine, Dazincourt, d'Argenville, se disputent ses œuvres. Un jour que Devorge contemplait
l'*Enlèvement des Sabines* du Poussin, Boucher s'approche du jeune artiste et l'interroge : « Vous trouvez donc
cela bien beau ? — Je ne puis me lasser de l'admirer. —
Mon ami, repart Boucher, tâchez d'en mieux profiter
que moi. »

Charles-Nicolas Cochin fils, graveur ordinaire du roi,
homme droit et adroit, *ayant du manège*, secrétaire
perpétuel de l'Académie royale de peinture et de sculpture, protégé de Mme de Pompadour, ami, conseiller
intime du surintendant Marigny, gouvernant sous son

nom l'art du temps, comblé de faveurs, pourvu de lettres de noblesse, professeur du goût public dans le *Mercure de France*, esthéticien de l'art contemporain dont il formule les principes, les règles de jugement, les doctrines, mène tout de front, société, travail, affaires, plaisirs, semble vouloir rivaliser de grâce et d'agrément avec les mondains les plus raffinés. Goncourt déclare qu'il est l'oracle de la table (1) aux lundis artistiques de Mme Geoffrin, le dessinateur décorateur des fêtes et des pompes de Louis XV. Point de femme, point d'enfants, il reste célibataire, avec sa sœur, sa mère, une cousine, trois femmes bien dévotes et jansénistes, passe toutes ses soirées avec ses amis.

M. Rocheblave, dans sa savante étude, le loue justement d'avoir mis son habileté au service de sa charité, d'avoir été, tout ensemble, homme du monde, homme de cœur, artiste délicat et bon critique d'art.

Et voici un compliment de Grimm pour Eisen, hommage à celui-ci, satire pour certains poètes : « Messieurs, vous vous faites trop imprimer. Si vous ne finissez, nous dirons incessamment que vous nous vendez les jolies images de M. Eisen pour faire passer vos vers, qui ne le sont pas du tout. »

Mme Geoffrin inspire une sympathie fort mince à l'un de ses habitués qui l'appelle « la forte dame du lundi, la tsarine de Paris », et la croit peu sûre. C'est Caylus, le type de l'amateur au xviiie siècle, un Mécène doublé

---

(1) « Qui veut se livrer à la société de Paris, disait-il, ne manque pas d'occasions de gueule. »

d'un antiquaire, grand seigneur et paysan du Danube, passionné de dessin, de musique, un des fondateurs de cette science de l'archéologie que Winckelmann passe pour avoir créée de toutes pièces, dont le travail fut la grande passion, et le plaisir la grande affaire, même après que son printemps et son été eurent fait le saut par la fenêtre : « je veux de l'amour ou du tempérament ; sans cela je condamne », disait-il. Acteur et auteur pour théâtre de société, fabricant de parades et organisateur de la littérature obscène à laquelle il donne des fonds, des recueils, des académies pour rire, un dîner périodique, le dîner du *Bout du banc,* chez sa maîtresse Mlle Quinault ; dîner où Maurepas, Pont-de-Veyle, Voisenon, Crébillon fils, Moncrif, Marivaux, le Grand Prieur de Vendôme, Piron, etc., font assaut de verve et de brocards. Il débute en amateur et finit en érudit, est à tu et à toi avec les artistes, a l'humeur protectrice, la compétence, la libéralité, l'influence. Membre de l'Académie royale, académicien honoraire des Inscriptions, adorant l'antiquité *comme sa maîtresse,* et se prenant à tout dans sa curiosité universelle (1), « il y a des poupées pour tous les âges, » déclare-t-il ; poussant la simplicité au point de laisser tomber

----

(1) « La maison du financier Crozat fut bientôt le rendez-vous habituel de Watteau et Caylus. Pierre Crozat, un de ces bourgeois riches et éclairés qui rendirent tant de services à l'art au XVIIIe siècle, avait amassé dans son cabinet célèbre de véritables trésors. Non content d'imiter et de continuer les Mortemart, les Lorangère, les Le Brun, par le goût judicieux qui présidait à la réunion de ses tableaux et de ses statues, il s'était, l'un des premiers en France, attaché à recueillir les dessins originaux des grands

un titre de duc, et de s'habiller presque en manœuvre, véritable bourru bienfaisant, athée de croyances, ne connaissant point le doute, exprimant volontiers ses jugements avec une brutalité choquante qui fait songer à Duclos, un autre cynique du siècle, et à l'observation de la comtesse de Rochefort, comme ce dernier contait des histoires fort salées sous ce prétexte que seules les honnêtes femmes savent les entendre : « Prenez garde, Duclos, vous nous croyez aussi par trop honnêtes femmes. » Esprit fécond et vigoureux au surplus, il n'aime en tout que les originaux et que les morceaux « qui font sentir un auteur capable d'inventer son art. »

Et il ne cache pas davantage ses goûts et ses dégoûts : l'influence et le salon de sa mère, les charmants souvenirs que « cet Hamilton femelle » lui dicta, ont entraîné sa prédilection littéraire pour le xviie siècle (1) ; d'où ses antipathies pour les gens de lettres du xviiie siècle, dont la présomption, la turbulence oratoire,

---

peintres, surtout des Italiens, pour en former une vaste collection. Mariette n'en avait que seize cents... Crozat était parvenu au nombre énorme de dix-neuf mille... Caylus, admis chez Crozat vers 1719, jouissait de ces richesses. Il étudiait, comparait, discutait avec Watteau, qui, dans les dernières années de sa courte existence, vivait complètement chez le financier, où il avait le logement et la table... » Rocheblave, page 27.

(1) A propos de la mort du frivole Villeroy, Caylus écrit fortement : « C'est un beau sujet de morale et qui nous doit bien engager à nous occuper de tout ce qui peut nourrir et amuser l'esprit. La vieillesse de ceux qui vieillissent ainsi est une belle ruine dont la solidité plaît aux passants et ne leur inspire que du grand. » Parfois aussi Caylus a de ces traits concis et ramassés qui sentent le peintre moraliste : « On a trouvé dans un couvent deux Jésuites qui s'y étaient retirés, un vieux et un jeune. Le

les flagorneries et palinodies l'agacent souverainement,
et qu'il évite autant que possible. Sa correspondance
avec Paciaudi et l'abbé Barthélemy témoigne en maint
endroit de cette aversion : « Je connais peu Diderot, parce
que je ne l'estime point ; mais je crois qu'il se porte
bien. Il y a de certains bougres qui ne meurent point...
Duclos a de l'esprit et point d'imagination ; ses pou-
mons facilitent sa loquèle. — Je vous envoie deux coïon-
nades de Voltaire. »

— Et, à propos de la liaison de celui-ci avec Mme du
Châtelet :

> Les Amours voyant Arouet
> Assis aux pieds de son idole,
> Dirent en le montrant au doigt :
> « Folle d'un fol, fol d'une folle. »

A leur tour, les gens de lettres, qui se sentent haïs,
lui rendent la monnaie de sa pièce, raillent cette espèce
de domination qu'il a usurpée sur les artistes, et dont
il abusait, à les entendre, en favorisant les talents médiocres qui le courtisaient. Marmontel l'appelle un charlatan d'érudition ; Diderot pousse ce cri féroce (1765) :
« La mort nous a délivrés du plus cruel des amateurs,
le comte de Caylus (1). »

---

vieux n'avait plus que le souffle, on l'a laissé ; mais le jeune ayant
été convaincu d'avoir colporté, on l'a envoyé à la Bastille. Ainsi
va le monde : ils y envoyaient autrefois, on les y envoie aujour-
d'hui. » Et encore, dans le portrait du P. Petrucini : « Jamais il
n'a eu avec qui que ce soit plus d'esprit qu'il n'en a eu besoin, et
certainement il en a eu toujours assez... »

(1) M. Rocheblave a très bien signalé la jalousie, l'hostilité plus
ou moins accusée, au XVIIIe siècle, entre les gens du monde à
prétentions littéraires et les écrivains à prétentions mondaines.

— Et il lui décoche cette épitaphe peu attique :

Ci-gît un antiquaire acariâtre et brusque.
Ah ! qu'il est bien logé sous cette cruche étrusque !

Mais les vrais savants rendirent pleine justice à Caylus : aujourd'hui encore, on reconnaît en Allemagne son mérite. Winckelmann lui décerne un brevet d'immortalité, et son ami Mariette fit graver ces vers au-dessous de son portrait par Cochin :

Misanthrope par volupté,
Il cultiva les arts en philosophe aimable,
Et fut trop un homme estimable,
Pour n'être pas taxé d'originalité.

« Caylus, conclut finement M. Rocheblave, évoque à nos yeux quelque chose de très rare et de disparu, l'aristocratie intelligente de l'ancien régime, active par désœuvrement, artiste par tempérament, travaillant comme elle se battait, pour l'honneur. En lui revit le type d'une race. L'Allemagne est fière de ses professeurs et de ses savants ; l'Italie s'enorgueillit de ses cardinaux lettrés et de ses Mécènes ; l'Angleterre s'applaudit de ses riches lords dont les cabinets surtout firent le mérite, les Hamilton, les d'Arundel ; la France, elle, a ses gentilshommes, artistes, érudits, inventeurs, qui le disputent aux plus habiles. Ils ont le pas partout, et par droit de science et par droit de naissance. Caylus est en France le premier, le plus illustre ancêtre d'une lignée de nobles patrons de l'art, savants, bienfaisants et modestes, qui comptent dans leurs rangs un duc de

Blacas, un comte de Clarac, un duc de Luynes, un Adrien de Longpérier, pour ne parler que des morts. Aussi généreux que les trois premiers, non moins érudit que le quatrième, Caylus incarne, au siècle dernier, cette chose délicate et française entre toutes, l'amateur (1). »

Aux noms prononcés par M. Rocheblave, il faut ajouter celui du duc de Choiseul, et, en dehors de l'aristocratie proprement dite, les financiers Crozat (2). Remarquons en passant que le XVIIIe siècle a eu la passion

---

(1) Tous les amateurs ont la foi, la religion de l'art, tous n'ont pas le goût, et je cueille dans le *Journal* des Goncourt ce mot d'un brocanteur avisé sur quelque bibelot douteux : « Il trouvera son malade ! »

Une ballade d'Uhland met en scène trois compagnons qui se rencontrent devant le cercueil d'une vierge. Le premier soupire : *Je l'aurais aimée;* le second : *Je l'aime encore;* le troisième : *Je l'aimerai toujours.* Ainsi raisonnent les amateurs. *Je l'aurais aimée,* symbolise l'occasion qu'on a laissé échapper : *Je l'aime encore,* le demi-regret; *je l'aimerai toujours,* le cri de l'amoureux tenace et convaincu. Rappelons à ce propos une admirable réponse d'amateur, citée par Diderot : « Vous connaissez l'immense et riche collection du vieux Cayeux. Nous l'avons couchée en joue, mais infructueusement. Le bonhomme me dit : « Monsieur, je ne mets point de prix à mon bonheur. Quand vous auriez rempli ma chambre de louis, il n'y en aurait toujours qu'un. Celui-là vu, j'aurais vu tous les autres. Au lieu que sur mes soixante mille estampes, il n'y en a pas deux qui se ressemblent. » Que répondre à cela ? Rien, surtout quand un homme aime mieux boire de l'eau, manger des croûtes et voir des estampes. »

(2) Parmi les curieux célèbres du XVIIIe siècle, nommons encore : le duc d'Aumont, pour lequel Pierre Gouthière travailla dix ans, la comtesse de Verrue, le comte de Fontenay, « le plus grand connaisseur en porcelaines » de son temps; Randon de Boisset, le duc de Tallard, la duchesse de Mazarin, le comte de Lassay, Mme de Pompadour, Mme du Barry, le baron de Besenval, le duc de Chaulnes, le marquis de La Mure, Le Noir-Dubreuil, Harand de

des collections de petites choses : coquilles, vases de Chine montés en bronze doré, émaux, etc. Mais, hélas ! il laissait partir pour l'étranger ses vrais trésors, si bien goûtés et captés par Frédéric II et Catherine II. Chose singulière, le charmant siècle ne comprit point Watteau : le Régent, homme de goût et voluptueux raffiné, fit peindre ses appartements en style classique par Coypel, et n'eut pas un instant la pensée de faire décorer un salon par Watteau ; il ne le devina point, ou

---

Presle, Baudard de Saint-James, Vivant Denon, Antoine de La Roque, Jean de Jullienne, Blondel de Gagny ; Laurent de La Live de Jully ; Gaignat;

A propos des amateurs et artistes du xviii° siècle, une femme de grand mérite, Mᵐᵉ Gabrielle Delzant, m'écrivait : « Au xviii° siècle, les sentiments moraux sont si tièdes, sauf dans le cœur de Mᵐᵉ de Choiseul et de la maréchale de Beauvau, qu'il me semble que vous pouvez bien les passer sous silence, et parler plutôt des amateurs et des artistes. Mon mari est de mon avis, et croit que le xviii° siècle a deux expressions : son art et l'Encyclopédie. S'occuper des petits-maîtres, Eisen, Gravelot, Marillier, Moreau jeune, Binet, c'est entrer dans la bibliothèque des jolies femmes possédant toutes ces livres à images, où elles trouvaient, dessinées et parées de mythologie, leurs élégantes et faciles amours. Les pastels de La Tour ne sont-ils pas des pages d'histoire ? *L'Embarquement pour Cythère*, de Watteau, ne nous donne-t-il pas la couleur des idées des belles de ce temps-là ? — L'honnête homme du xviii° siècle est devenu l'amateur, qu'il soit fermier général ou grand seigneur montant dans les carrosses du roi. — Menez-nous dans le cabinet de M. de Caylus et de M. de Marigny, à l'Opéra, à la Comédie, plutôt que vers l'amitié ou le mariage. L'amitié de Mᵐᵉ du Deffand et de Mˡˡᵉ de Lespinasse ne fut ni assez longue ni assez heureuse pour mériter votre attention. Combien Mᵐᵉ de Rémusat avait plus droit à vos éloges ?...

> Vénus au fond des mers dormirait ignorée,
> Si l'art d'Apelle, un jour, ne l'en eût retirée.

« Qui sait ? L'art d'Apelle serait peut-être ignoré sans l'amateur. »

bien, imbu de traditions à perruques, il crut de la dignité de sa charge de donner dans l'art ennuyeux. Les plus beaux Watteau sont à Potsdam : le grand Frédéric avait des goûts de petite maîtresse en fait de mobilier.

« Ah ! mon ami Falconet, écrivait Diderot en 1772, combien nous sommes changés ! Nous vendons nos tableaux et nos statues au milieu de la paix ; Catherine les achète au milieu de la guerre. »

Pour donner une sensation plus complète des Lundis gastronomiques et artistiques de Mme Geoffrin, je résumerai une lettre de cet Henry Costa de Beauregard dont le descendant a si bien dit l'existence. Cet aïeul débarquait à Paris, âgé de quinze ans à peine, ses cartons pleins de toiles qui le firent bientôt proclamer un petit prodige. Après avoir dit ses impressions sur Greuze, Boucher, Vien, Van Loo, sur la duchesse de Choiseul, le cabinet de M. de Gagny, il nous entretient de Mme Geoffrin. Cette « bonne grosse femme » commence par le traiter familièrement de *petit drôle, petit bonhomme, petit garçon* (il est vrai qu'elle ne se gênait pas davantage pour appeler : *mon gros coquin,* l'historien anglais Hume). Puis elle l'invite au dîner du lundi suivant, lui et ses portraits, car elle l'avait averti qu'elle ne le recevrait qu'avec ses cartons. Parmi les convives figuraient : Mariette, le célèbre collectionneur d'estampes, le marquis de Marigny, le duc de La Rochefoucauld, Marmontel, Cochin. « Chacun avait apporté quelque chose, Vernet un tableau nouvellement arrivé d'Italie et que l'on croit du Corrège ; M. de La Rochefoucauld, un petit tableau peint en camaïeu sur marbre, et incrusté par un procédé que personne ne connaît ; M. Mariette, un petit portefeuille plein de ses plus belles estampes ; M. Cochin, des dessins à la plume, et moi, mes tableaux. J'ai été fort surpris que tout le monde me connût. Mme Geoffrin, en me présentant, disait : « M. le comte de Costa, dont vous avez sans doute entendu parler. — Quoi ! c'est lui ! — Oui vraiment, oui beaucoup. — Je n'ai point été trop embarrassé, et la maîtresse de maison ne m'a point si fort traité de petit bonhomme.

« Les dîners comme celui dont je vous parle se renouvellent deux fois par semaine ; c'est un pêle-mêle utile et instructif de grands seigneurs et d'artistes. Mme Geoffrin a le ton brusque et vif ; pour la fille d'un ancien valet de chambre de Mme la Dauphine, elle m'a paru fort à son aise au milieu de ces grands seigneurs et de ces grands esprits.

« Le pauvre Marmontel faisait piteuse mine ; on veut absolument rôtir son *Bélisaire*, Fréron, qui n'est point de ses amis, le déchire à belles dents ; la Sorbonne et Monseigneur de Paris prohibent l'ouvrage.

« Sur la fin du dîner, est survenu le vieux président Hénault. C'est un bonhomme tout décrépit, sourd, et que l'on porte à bras, mais avec cela d'une gaieté charmante ; il n'y en a eu que pour lui. Il m'a adressé le plus gracieux sourire quand on est parvenu à lui faire entendre mon nom.

« Mme Geoffrin a lu à table une lettre que vient de lui écrire le roi de Pologne Poniatowski, qui l'aime tendrement. Pour moi, cette lettre est bien ce que j'ai ouï lire de mieux écrit. Puis est venue une lettre de Voltaire ; Fréron y est plus horriblement traité que jamais. C'est pitié de dépenser tant d'esprit en sottises... »

Cette fraternité intellectuelle des gens de qualité et des artistes ne fait-elle pas songer au mot du P. Paciaudi pendant son séjour à Paris : « Je croyais voir ces soupers d'Athènes, où l'on ne s'entretenait que d'arts et de sciences (1) ? »

Après avoir accompagné les artistes chez les gens du monde, il faut montrer une artiste (2) recevant ses confrères et la plus brillante compagnie, Mme Vigée-Lebrun (1755-1842), peintre favori des rois, des reines, de l'aristocratie, membre de l'Académie royale de peinture avant 89. Malheureuse par les siens, mariée à un homme intelligent, mais débauché et joueur, qui exploite de la

---

(1) Alors, comme aujourd'hui, les *cabinets* se dispersaient presque toujours à la mort des possesseurs, et Gabriel de Saint-Aubin, fidèle habitué des ventes publiques, écrivait à ce propos : « Au soin que je prens à compléter mes catalogues, vous imaginés que je prens beaucoup d'intérêt à la variété des prix, au progrès des arts, au bénéfice ou au déchet des marchands : point du tout, les ventes sont pour moi une comédie, où chaque acteur joue naïvement son rolle ; la vanité des uns, la cupidité des autres, la ruse de celuy-ci, la méfiance de celui-là ; je les conais à peu près tous, et vois les différents ressorts qui les font mouvoir. Tout cela m'amuse et fait passer le tems à bon marché ; je suis même pour quelque chose dans la pièce, ma figure un peu singulière prette à la caricature, et j'amuse quelquefois les gens qui m'amusent. » Le trait n'a pas vieilli.

(2) M. Charles Gueullette nous révèle un autre salon d'artiste, celui de Prudhon. Voir aussi GONCOURT : *L'Art du XVIIIe siècle*, III, page 430. Les salons d'artistes ne manquent pas au XVIIIe siècle.

manière la plus vilaine son talent, elle se console par le travail et la société, trouve le moyen de peindre 662 portraits, 15 tableaux, 200 paysages, etc., de donner toutes ses soirées au monde : elle ne fit pas moins de 25 portraits de Marie-Antoinette qui chantait avec elle, la traitait comme une amie, et demeura toujours l'objet de son culte. Mais aussi, tant que dure le jour, elle ne souffre pas qu'on la dérange, et elle excelle à défendre son temps, son travail et ses amis. Le soir elle redevient la femme aimable et charmante qui tire de chacun ce qu'il a de meilleur : une abeille dans le jardin de la société. Certains jours, l'affluence était telle dans son modeste logis que, faute de chaises, des maréchaux de France s'asseyaient par terre. Artistes et gens du bel air s'attiraient les uns les autres, et entendaient la meilleure musique qu'on fît à Paris. Grétry, Sacchini, Martini, lui donnent la primeur de leurs opéras, chantés par Garat, Asvédo, Richer, Mme Todi ; la maîtresse de maison elle-même fait sa partie dans ces concerts, et Grétry disait que sa voix avait des sons argentés. Pour la musique instrumentale, le violoniste Viotti, Jarnovick, Maestrino ; le prince Henri de Prusse, excellent amateur qui amenait son premier violon ; Salentin jouait du hautbois ; Hulmandel et Cramer, Mme de Montgeron, du forte-piano. Sous leurs doigts spirituels, les touches semblaient frémir, rire ou pleurer. Point de conversation politique : la littérature, les anecdotes du jour font les frais de la causerie. On racontait les incidents de la grande querelle entre les partisans de Gluck et les partisans de Piccini ; le quatrain d'Arnault, gluckiste forcené, contre Marmontel, enragé picciniste :

> Ce Marmontel, si lent, si lourd,
> Qui ne parle pas, mais qui beugle,
> Juge la peinture en aveugle,
> Et la musique comme un sourd ;

la réponse de Marmontel à l'abbé :

> L'abbé Fatras,
> De Carpentras,
> Demande un bénéfice.
> Il l'obtiendra,
> Car l'Opéra
> Lui tient lieu de l'office.

On se réunissait à neuf heures chez cette aimable femme ; on causait, on jouait des charades. Delille, celui *qui mit des mouches à Virgile et brillanta les Géorgiques*, Lebrun-Pindare, Boufflers, le vicomte de Ségur, lisaient quelquefois leurs vers. On juge avec quel empressement des femmes telles que la marquise de Groslier, Mme de Verdun, la comtesse de Sabran, Mme Le Couteulx du Molay, la comtesse de Ségur, la marquise de Rougé, Mme de Pezay, accueillaient les *Trois jours de la vie*, de Boufflers, ou l'*Histoire d'une épingle*, du vicomte de Ségur. Et cet auditoire savait applaudir ; tandis qu'aujourd'hui les publics mondains, par égoïsme, par genre, manifestent de moins en moins, semblent des banquises, croient avoir le droit de parler dans un salon où l'on joue la comédie, où l'on chante, comme s'ils étaient à l'Opéra. J'ai vu représenter du Musset, dire ses plus beaux vers devant des gens qui semblaient n'avoir d'yeux ou d'oreilles que pour leurs papotages particuliers ou la toilette de la voisine. Passe pour les dames, et encore! Leur réserve fait partie, paraît-il, d'un mystérieux code de pudeur sociale d'après lequel les gens de la bonne compagnie rient et gesticulent le moins possible. Fontenelle n'a jamais ri ; il se contentait de sourire. Et puis les femmes ont pris l'habitude d'écouter l'auteur ou l'acteur comme elles écoutent le sermon prononcé en chaire. Mais les hommes n'ont pas d'excuse. Comment faut-il rappeler qu'un silence glacial est une sorte d'impertinence envers la maîtresse de maison, une preuve de snobisme, un manque de tact toujours, un défaut de goût, de sensibilité délicate, lorsqu'on se trouve en présence d'une œuvre de talent; qu'il en va de l'enthousiasme comme de l'amitié : on est jugé par les sentiments qu'on ressent, qu'on inspire, qu'on manifeste ; qu'enfin ce n'est rien d'applaudir en dedans ; qu'il faut applaudir avec les mains, tout au moins avec les yeux, avec les lèvres ; qu'on ne saurait mieux payer sa dette à son hôte ?

La prose, les récits plaisants alternent avec les vers. Voici, par exemple, Poinsinet, poète naïf et souvent mystifié. Un jour, on réussit à lui persuader qu'il existait une charge d'écran du roi, qu'il devait se placer devant un feu ardent afin d'apprendre à s'en rendre digne. Pour peu qu'il voulût s'éloigner : « Ne bougez pas, disait-on ; il faut vous habituer à la grande chaleur, sans cela, vous n'aurez point la charge. »

Le père de notre héroïne faisait le portrait d'une jolie

femme : arrivé à la bouche, il s'aperçoit qu'elle grimace sans cesse pour la rendre plus petite. — Impatienté de ces mines, il lui dit avec sang-froid : « Ne vous tourmentez pas ainsi, Madame ; pour peu que vous le désiriez, je ne vous en ferai pas du tout. »

Ou bien c'est une cliente de Mme Vigée-Lebrun, la duchesse de Mazarin, qui est sur la sellette. Elle passait pour avoir eu trois marraines à sa naissance : la fée Richesse, la fée Beauté, la fée Guignon. Qu'elle entreprît quelque chose, un accident venait se jeter à la traverse. Un soir qu'elle avait à souper soixante personnes, elle commanda un énorme pâté dans lequel se trouvaient enfermés une centaine d'oiseaux vivants ; on ouvre le pâté ; la gent emplumée et effarouchée tourbillonne, se pose sur les visages, dans les cheveux des femmes ; les rires se changent en mauvaise humeur, en cris d'effroi ; il fallut se lever de table. Un jour, elle offre une fête rustique dans son hôtel, et, à un signal donné, la porte s'ouvre devant un troupeau de moutons bien lavés et conduits par des bergères non moins lavées. Malheureusement, les dames s'effrayèrent, les moutons aussi, l'un d'eux saute par une fenêtre, les autres suivent en vrais moutons de Dindenaut, et dans la panique et la bousculade, meubles, parures, toilettes, jardin, tout fut mis à sac. La duchesse étant devenue fort grosse, on passait un temps infini à la corseter ; un visiteur s'étant présenté pendant cette opération capitale, une de ses femmes courut à la porte et dit : « N'entrez pas avant que nous ayons arrangé les chairs. » En revanche, cet embonpoint excitait l'admiration des ambassadeurs turcs, qui, tout d'une voix, la proclamèrent la plus belle personne de la cour.

Les belles dames professaient déjà un goût passionné pour les petits chiens, et Mme Lebrun dit un soir à la marquise de Groslier : « Je voudrais qu'ils pussent parler, ils nous conteraient de si jolies choses ! — S'ils parlaient, ma chère, ils entendraient, et seraient bientôt corrompus. »

L'abbé Delille, surnommé *Chose Légère,* un des fidèles de Mme Lebrun, avait autant de grâce dans l'esprit que de faiblesse dans le caractère, avec des traits de bonhomie dignes de La Fontaine. Comptiez-vous sur lui pour dîner ? Si quelqu'un venait le chercher à l'improviste, il se laissait enlever, et vous l'attendiez en vain. Un jour que Mme Lebrun lui reprochait un manque de parole de cette sorte : « Je me persuade, dit-il en guise d'excuse, que celui qui vient me chercher est plus pressé que celui qui m'attend. » Et il la régalait d'une histoire du comte d'Espinchal, l'homme le mieux informé de tout Paris, allant partout, connaissant les ducs et les comédiens, les grandes dames et les grisettes, et plus au fait de mille choses que ne l'était le lieutenant do police lui-même. Se trouvant au bal de l'Opéra, où fréquentait alors la meilleure compagnie, il remarqua un homme qu'il ne connaissait pas, chose inouïe, et qui courait de tous côtés, avec des airs désespérés. « Vous paraissez en peine, Monsieur, lui dit d'Espinchal en l'abordant ; si je pouvais vous être bon à quelque chose, j'en serais charmé. — Ah ! Monsieur, je suis le plus malheureux des hommes ! Imaginez que ce matin, arrivé d'Orléans avec ma femme, celle-ci m'a tourmenté pour la mener au bal de l'Opéra, où je viens de la perdre ; et elle ne sait pas même le nom de l'hôtel, de la rue où nous sommes descendus. — Calmez-vous, je vais vous conduire près d'elle. Madame votre femme est assise dans le foyer, à la seconde fenêtre. » Le mari se confond en remerciements. « Mais comment se fait-il, Monsieur, que vous ayez deviné ? — Rien de plus simple. Madame étant la seule femme du bal que je ne connaisse pas, j'avais bien pensé qu'elle devait être arrivée de province très nouvellement. »

A dix heures, les dix ou douze invités de Mme Vigée-Lebrun se mettaient à table ; un souper très simple, composé d'une volaille, d'un poisson, d'un plat de légumes et d'une salade, assaisonné de courtoisie, de grâce, d'esprit et de beauté, où maint convive racontait des histoires dignes de celles de Mme de Maintenon. Le peintre d'histoire Doyen y était fort goûté, et l'on savait, en le voyant entrer, qu'il sortirait toujours de lui quelque trait original ; car il avait l'esprit et l'éloquence de la chose dont il parlait.

Le roi de Suède, visitant les travaux de Doyen dans la chapelle des Invalides, grimpa sur tous les échafaudages jusqu'à la coupole. « Sire, dit Doyen, si vous continuez ainsi à vouloir tout voir par vous-même, vous serez moins trompé que les autres. » Une autre fois, pendant une visite du roi de Danemark aux galeries du Palais-Royal, chez le duc d'Orléans, Doyen fit cette observation à son voisin : « Remarquez que les rois,

quelque petits qu'ils soient de stature, regardent toujours de haut en bas, et jamais de bas en haut. Voilà
pourquoi ils aperçoivent si difficilement les gens de
mérite, parce que ceux-ci se tiennent volontiers un peu
haut. » Doyen avait l'esprit preste et tendu vers les saillies humoristiques. Quelqu'un ayant calomnié devant
Mme Vigée-Lebrun son ami le poète Lebrun, elle fondit
en larmes. « Je ne prétends pas que tout ceci soit vrai,
remarque Doyen, mais vous êtes trop jeune, ma chère
amie, pour savoir que la plupart des beaux esprits ont
tout à la maison de campagne, et rien à la ville ; autrement dit, tout dans la tête et rien dans le cœur. »

Pour faire diversion, il servait à la compagnie la vengeance d'un confrère. Fragonard(1) faisait un portrait de
la Guimard en Terpsichore ; il se brouilla avec elle avant
de l'avoir achevé, et la danseuse lui donna un successeur. Curieux de savoir ce qu'il en advenait, l'artiste
s'introduit par surprise dans son hôtel, pénètre jusqu'au salon, et, apercevant une palette, des couleurs,
saisi d'un désir de vengeance, il efface des lèvres de
Terpsichore le sourire qu'il remplace par la fureur des
Euménides. Puis il se sauve, et l'on juge de l'exaspéra-
tion de la Guimard rentrant un instant après avec quelques amis venus tout exprès pour admirer le portrait, et
ne trouvant plus qu'une charge.

Beaucoup plus tard, Girodet se vengea d'une façon à
peu près semblable de Mlle Lange : celle-ci ne voulait

----

(1) Goncourt l'appelle « le Chérubin de la peinture érotique, le
petit poète de l'*Art d'aimer* du temps. »

pas recevoir son portrait, lui reprochant un défaut de ressemblance. Irrité de ce caprice, Girodet peignit la comédienne en Danaé, mais il remplaçait la pluie d'or par une pluie d'écus et de monnaie de billon ; un dindon faisait la roue au fond du tableau. Le portrait ne passa que vingt-quatre heures au Salon, et c'était assez pour qu'il défrayât toutes les conversations.

Lebrun-Pindare, qui figure parmi les familiers de Mme Vigée, fut, à tout prendre, un assez vilain homme : secrétaire des commandements du prince de Conti, protégé des grands, pensionné par le roi, il n'hésitait pas alors à comparer Calonne à Sully ; plus tard, il poursuivra Marie-Antoinette de ses calomnies rimées, deviendra le poète officiel de la Convention, reprendra sa lyre pour chanter Napoléon, prodiguera sa muse vénale au succès. Fontane l'appelle un poète de mots. Il excelle dans l'épigramme où se déploie librement son talent amer, irascible : n'attendez pas de lui la malicieuse ironie, l'imagination riante, l'enjouement de Piron ; il ne s'amuse point, il se venge ; il se venge de ses ennemis, de ses amis, de ses bienfaiteurs, il attaque, il mord, il lance un trait presque toujours empoisonné.

Lebrun lit ses odes, ses épîtres, ses épigrammes les moins vives chez Mme Vigée ; car chez elle il rentrait ses griffes le plus possible : les odes sont oubliées, les épigrammes survivent, et j'en citerai quelques-unes.

> Chloé, belle et poète, a deux petits travers :
> Elle fait son visage et ne fait pas ses vers.

Chloé désignait la comtesse Fanny de Beauharnais ;

Lebrun était son ami, son hôte, nettoyait peut-être aussi ses vers. Elle se reconnut dans le distique, et résolut de se venger. Un jour donc, après un grand dîner, les convives rentrent au salon, chuchotent, s'exclament, s'empressent vers la cheminée, tandis que Lebrun prend son chapeau et s'esquive. Il avait aperçu un élégant petit cadre au milieu duquel s'étalaient les deux vers, avec cette légende explicative : *Vers faits contre moi par M. Lebrun qui dîne aujourd'hui chez moi.* Mais cette légitime représaille était une arme à deux tranchants : l'anecdote se répandit, et tout ce que Mme de Beauharnais y gagna, c'est que le public biffa le pseudonyme pour écrire à la place le nom véritable. Arnault raconte à ce propos qu'un jour, Rivarol, abordant Lebrun, lui dit : « Connaissez-vous le distique sur la vicomtesse de Beauharnais ? » Lebrun hésite, puis répond : « Non. — Alors écoutez-le », reprend Rivarol, et il le récite. « Eh bien, maintenant, comment trouvez-vous l'épigramme ? — Pas mauvaise. — Je le crois bien. — Et de qui est-elle ? — Ne devinez-vous pas ? — De vous, peut-être ? — Est-ce que cela ne vous paraît pas possible ? — Au reste, conclut Lebrun, pourquoi ne l'auriez-vous pas faite ? Je l'ai bien faite aussi, moi. »

Voici d'autres épigrammes de Lebrun, et quelques impromptus, qui firent prestement le tour des salons.

Dialogue entre un pauvre poète et l'auteur :
On vient de me voler. — Que je plains ton malheur —!
Tous mes vers manuscrits. — Que je plains le voleur !

DÉSILLUSIONS.

Maîtresse, amis, faisaient mon bien suprême :
Je l'avouerai ; je croyais, comme un sot,
Avoir la chose, et n'avais que le mot.
Car à Paris vous savez comme on aime.
On me trompait ; je me trompais moi-même.
La vérité, le temps, m'éclaira bien !
Et désormais, libre de tout lien,
Maîtresse, amis, n'ont plus rien qui m'occupe.
Mais est-ce vivre, hélas ! que n'aimer rien ?
Dieux ! rendez-moi le bonheur d'être dupe !

SUR UNE DEMOISELLE POÈTE ET MÈRE.

Cette muse, assez profane,
A fait deux œuvres, dit-on,
L'une en dépit d'Apollon,
L'autre en dépit de Diane.

SUR AIMER ET ADORER.

Lise, en t'adorant moins, je t'aime mieux encore :
On n'aime pas longtemps la beauté qu'on adore.

SUR UNE BEAUTÉ DANS SON HIVER.

Quoi ! Belle Iris, vous auriez soixante ans !
N'en croyez rien ; ne soyez pas si sotte :
Les almanachs sont des impertinents,
Et le temps même un vieux fou qui radote.

IMPROMPTU SUR LA FLEUR ET LE PAPILLON.

Le papillon, chose frivole,
Près de la fleur coquette est assez bien placé :
Le papillon est une fleur qui vole,
La fleur un papillon fixé.

Comme on voit, Lebrun maniait assez joliment le madrigal; et Mme Vigée goûtait fort celui qu'il adressa au comte de Vaudreuil, chez lequel il avait par mégarde oublié un volume d'Horace :

Une Grâce, une Muse, en effet m'a remis,
Les jolis vers, dictés par le dieu du Parnasse
     Au plus céleste des amis,
A Mécène Vaudreuil, qui chante comme Horace.
Eh quoi! l'ennui des cours n'a donc rien qui vous glace
Quoi! votre luth brillant n'est jamais détendu!
Vous puisez dans votre âme un art divin de plaire,
Et vous joignez toujours le bien dire au bien faire.
Horace avec plaisir chez vous s'était perdu ;
Vous en avez si bien l'esprit et le langage,
     Que par un charmant badinage
     Vous me l'avez deux fois rendu.

S'il commit de méchantes actions, Lebrun eut parfois du courage et de la dignité : la recommandation de Mlle Corneille à Voltaire, son amitié pour Buffon et pour André Chénier, voilà des traits qui compensent un peu ses fautes. On connaît cette belle strophe à Buffon :

     Flatté de plaire aux goûts volages,
     L'esprit est le dieu des instants.
     Le génie est le dieu des âges :
     Lui seul embrasse tous les temps.

Buffon était en effet sa grande admiration, et, après Buffon, Montesquieu, qu'il range avec Bossuet au premier rang des *génies lyriques s'ils l'eussent voulu*. Mais n'est-il pas curieux de constater que Lebrun vit dans

mémoire des lettrés par l'esprit, et non par le génie
nt il se croyait plein ?

David, qui fréquentait aussi le salon de Mme Lebrun,
ssa tout d'un coup d'y venir. Elle lui en fit d'aimables
proches. « Je n'aime pas, dit-il, me trouver avec des
mestiques de condition. — Comment avez-vous pu
marquer, reprit-elle, que je traite les personnes de la
ur mieux que d'autres personnes ? Ne me voyez-vous
s accueillir tout le monde avec les mêmes égards ?
n ! je crois que vous avez de l'orgueil, que vous souf-
ez de n'être pas duc ou marquis ! Pour moi, à qui les
res sont parfaitement indifférents, je reçois avec
aisir tous les gens aimables. » Et David, dont le carac-
re n'était pas à la hauteur du talent, la poursuivit de sa
ine, de ses calomnies. Plus tard, après l'émigration,
voulut rentrer en grâce. Elle le méprisait, elle détes-
it sa conduite pendant la Révolution, elle refusa.

Hubert-Robert, le peintre de ruines et de paysages
tiques, lui fut au contraire un ami dévoué. C'était, de
us les artistes, le plus mondain, pratiquant tous les
orts, tous les plaisirs, plein d'esprit, de gaieté, pas-
nt à s'amuser tout le temps qu'il ne consacrait pas
travail. A soixante ans passés, devenu fort gras, il
uait aux barres, à la paume, au ballon, courait mieux
e personne, faisait rire aux larmes avec ses saillies
écolier. N'imagine-t-il pas un jour de tracer sur le par-
et du salon une longue raie avec du blanc d'Espagne,
is, costumé en saltimbanque, un balancier aux mains,
marcher gravement, courant sur cette ligne, imitant
bien les attitudes et les gestes d'un danseur de corde,

que l'illusion était parfaite et rappelait à Mme Lebrun le jeu de Monvel dans l'*Abbé de l'Épée!* Au moment où, en quittant la scène, il saluait les personnages de la pièce, elle se leva et lui rendit son salut.

Élève à l'Académie de Rome, âgé de vingt ans à peine, Hubert-Robert paria six cahiers de papier gris, avec ses camarades, qu'il monterait tout seul au sommet du Colisée. Il y arriva en risquant cent fois sa vie ; mais, lorsqu'il fallut descendre, n'ayant plus les saillies des pierres qui avaient aidé l'ascension, on dut lui jeter par une des fenêtres une corde à laquelle il s'attacha ; et, bercé dans l'espace, il eut encore le bonheur de rentrer dans l'intérieur du monument.

Mme Vigée-Lebrun avait son franc-parler comme Doyen, et des reparties assez heureuses. Monsieur, frère du roi, le futur Louis XVIII, dont elle fit le portrait, lui chantait parfois, pendant les séances, des chansons fort communes, et de la voix la plus fausse. « Comment trouvez-vous que je chante, Madame Lebrun ? lui demandait-il un jour. — Comme un prince, Monseigneur, » répondit-elle tranquillement.

Son frère ayant lu devant elle un chapitre du *Voyage du jeune Anacharsis*, l'idée lui vint de costumer à la grecque quelques jolies femmes, pour faire une surprise à MM. de Vaudreuil et Boutin. Son atelier fournirait les costumes, et le comte de Parois, son voisin, possédait une belle collection de vases étrusques qu'il mit aussitôt à sa disposition, et qu'elle plaça sur une table dressée sans nappe. La fille de Joseph Vernet, Mme de Bonneuil, Mme Vigée, entrent et sont métamorphosées

Athéniennes. Voilà le poète Lebrun affublé du lau-
er de Pindare et du manteau d'Anacréon ; Dorat-Cu-
ères s'empare d'une guitare baptisée lyre pour la cir-
nstance ; le prince Henri Lubomirsky est déguisé en
nour ; MM. de Rivière, Ginguené et le sculpteur Chau-
t semblent des dieux contemporains de Périclès.
mme Mme Lebrun portait toujours des robes blanches
forme de tunique, il lui suffit de poser sur sa tête un
ile et une couronne de fleurs. Sa fille et Mlle de Bon-
uil, arrangées en Hébés, tenant un vase antique, mi-
ent le geste de servir à boire ; et, lorsque Vaudreuil et
utin arrivent, ils trouvent leurs amis chantant un
œur de Gluck, le *Dieu de Paphos* et *de Gnide,* que Cu-
ères accompagnait sur sa lyre. Leur stupéfaction égale
ur ravissement. On les conduit à la table, on leur of-
 le vin de Chypre, le miel de l'Hymette et le raisin de
rinthe ; Lebrun récite des odes d'Anacréon traduites
r lui, mille saillies jaillissent de la situation, plus
e jamais le plaisir joue le personnage du bonheur. Le
uper grec fit un tel bruit qu'on ne manqua pas de
re qu'il avait coûté vingt mille francs ; et, pendant
migration, l'amphitryon apprit qu'elle en avait dé-
nsé quatre-vingt mille : en réalité, il lui avait coûté
inze francs.

Le grand homme des salons de la duchesse de Poli-
ac et de Mme Vigée-Lebrun, l'ami de cœur de toutes
s deux, c'est le comte de Vaudreuil, favori du comte
Artois, le seul homme qui, selon la princesse d'Hénin,
t parler aux femmes dans le monde. Vaudreuil pla-
it par un assemblage de petits talents : une politesse

qui semblait partir du cœur, cette grâce de contradiction qui fait qu'on semble demander pardon de n'avoir pas tort, l'art de conter, de chanter avec goût les couplets à la mode, de rimer des madrigaux, de jouer la comédie. Grimm le proclame le meilleur acteur de société qu'il y eût à Paris, et c'est toujours lui qui remplit les rôles d'importance sur le théâtre de la reine Marie-Antoinette. On attribua cependant une assez forte bévue à ce gentilhomme si accompli, la première fois qu'il vint chez la maréchale du Luxembourg. « Monsieur, lui dit-elle après souper, on assure que vous chantez fort bien, et je serais charmée de vous entendre ; mais, si vous avez cette complaisance, ne me chantez point d'ariettes, point de grands airs : un pont-neuf, un simple pont-neuf. » Vaudreuil, ignorant que la maréchale eût d'abord été duchesse de Boufflers, entonne d'une voix sonore le premier vers du quatrain de Tressan :

> Quand Boufflers parut à la cour...

A l'instant même, on tousse, on éternue. Il poursuit :

> On crut voir la mère d'Amour.

L'agitation redouble. Après le troisième vers :

> Chacun s'efforçait de lui plaire,

Vaudreuil s'arrête, voyant la stupéfaction peinte sur tous les visages.

« Achevez donc, Monsieur, » reprit la maréchale.

Et elle fredonna elle-même le dernier vers :

> Et chacun l'avait à son tour.

Les flatteurs de Vaudreuil l'appellent Mécène, le sur-
nomment l'Enchanteur. Dans son hôtel de Paris, dans
sa maison de Gennevilliers, grands seigneurs, savants,
gens de lettres, artistes, s'empressent, se confondent :
on trouvait au salon des instruments, des crayons, des
couleurs, des pinceaux, et chacun de composer, de
peindre ou de causer, selon son goût ou son talent.
Joseph Vernet exécuta plusieurs tableaux impor-
tants pour sa galerie ; Mme Vigée-Lebrun fit son
portrait, ainsi qu'une *Bacchante assise* et une *Vénus
liant les ailes de l'Amour*. On lui demanda de solliciter
un supplément de pension pour le jeune Chaudet, lau-
réat de l'Académie des beaux-arts. « Qu'est-il besoin,
répond-il, d'en parler à autrui ? » Et il s'engage, séance
tenante, à fournir annuellement les deux cents livres
nécessaires. Le chanteur Garat, entre autres, figure
dans sa clientèle ; Vigée, auteur et acteur de son théâtre,
lui dut deux places ; Écouchard Lebrun, une pension de
deux mille écus.

Ses collections étaient réputées : il avait entassé chez
lui des curiosités de tout genre. « Tableaux d'Italie, de
Flandre, de Hollande et de France, dessins montés des
trois écoles, d'autres en feuilles, figures de marbre et de
bronze, vases des mêmes matières, porcelaine coloriée
du Japon, d'ancien craquelé fin, d'ancien violet, bleu
céleste de la Chine, et autres porcelaines ; pierres antiques gravées en relief et en creux, montées en bagues ;
boîtes en cailloux, émaux du célèbre Petitot, miniatures
de la Rosalba, et autres de piqué en écaille, etc. »

A trois reprises, 1784, 1787, 1796, le désordre de ses

affaires obligea Vaudreuil à vendre une partie de sa galerie. La vente de 1784, la plus importante, produisit 300,000 livres ; les *Mémoires* de Bachaumont nous disent le prix des toiles qui, achetées pour le compte de Louis XVI, ont passé depuis au musée du Louvre (1). Ce sont notamment :

Pietro de Cortose : *Alliance de Jacob et Laban.*	30,000 livres.
Guerchin : *Loth et ses filles,* acquis en 1819 avec quatre autres tableaux.	100,000 livres.
Rubens : *Portrait d'Hélène Fourment et de deux de ses enfants.*	20,000 livres.
Gérard Dow : *Portrait de femme âgée,* et Schalker : *Vieillard tenant une lettre.*	2,500 livres.
Van de Velde (Adrien) : *La Plage de Scheveningen.*	6,801 —
Karl du Jardin : *Le Gué.*	2,400 —
— *Le Pâturage*	8,901 —
Paul Potter : *La Prairie*	15,000 —
Van Dyck : *Portrait du président Richardot*	16,001 —
Deux Rembrandt : *Philosophes en méditation*	13,000 —

Mme Vigée-Lebrun avait exposé au Salon le portrait de Calonne peint assis, jusqu'à mi-jambe, ce qui inspirait à Sophie Arnoult cette réflexion humoristique : « Mme Lebrun lui a coupé les jambes afin qu'il reste en place. » On ne s'en tint pas là, malheureusement, et les contes les plus absurdes coururent sur le paiement du portrait : le contrôleur général avait donné à l'artiste beaucoup de papillotes enveloppées dans des billets de caisse ; celle-ci avait reçu une somme énorme qui obérait le trésor. En réalité, le ministre lui avait envoyé quatre mille francs en billets dans une boîte de vingt

---

(1) Voir la belle étude de M. Léonce Pingaud sur *Vaudreuil pendant l'Émigration,* 2 vol. in-8°.

louis. Comme elle s'indignait contre les libelles, son mari la consola un peu en disant : « Laissez-les faire ; quand vous serez morte, je ferai élever dans mon jardin une pyramide qui ira jusqu'au ciel, et je ferai graver dessus la liste de vos portraits : on saura bien alors à quoi s'en tenir sur votre fortune. » Au reste, elle avait pour l'argent une telle insouciance qu'une dame lui ayant offert mille écus pour un portrait, elle répondit que M. Lebrun ne voulait pas qu'elle en fît à moins de cent louis.

Elle trouva d'autres dédommagements dans l'accueil empressé de la bonne compagnie en France et à l'étranger, la sympathique estime de Marie-Antoinette et de la famille royale, dans les ovations qu'on lui prodiguait à l'Académie de peinture. Quelque temps après son mariage, elle assistait à une séance de l'Académie française où La Harpe lut un discours sur les talents des femmes. Quand il dit ces vers :

> Moderne Rosalba, mais plus brillante qu'elle,
> Lebrun, de la beauté le peintre et le modèle,
> Joint la voix de Favart au souris de Vénus,

le roi de Suède, la duchesse de Chartres, toute la salle, se levèrent, se retournant vers elle et l'applaudissant longuement.

« Quand je vous regarde, et que je songe à votre renommée, lui dit un ami, il me semble voir des rayons autour de votre tête. — Ah ! répondit-elle avec un soupir, il y a bien quelques petits serpents dans ces rayons-là ! »

M. Pierre, premier peintre du roi, s'opposait à son
élection comme membre de l'Académie royale de peinture, mais elle avait pour patron Joseph Vernet ; le roi,
la reine, la protégeaient aussi, et Mme Valleyer-Coster,
peintre de fleurs, faisait déjà partie de l'Académie.
Elle fut reçue le même jour que Mme Guyard-Labille,
et les madrigaux retentirent :

> Au Salon, ton art vainqueur
> Devrait être en lumière.
> Pour te ravir cet honneur,
> Lise, il faut avoir le cœur
> De Pierre, de Pierre, de Pierre.

Parmi les salons où fréquente Mme Lebrun, citons
ceux de la princesse de Rohan-Rochefort, du comte de
Vaudreuil, du duc de Nivernois, la maréchale de Rochefort, Boutin, Le Peletier, Watelet, Mme du Molay,
Mme Auguier, sœur de Mme Campan ; M. de Rivière,
chargé des affaires de la cour de Saxe, chez lequel elle
joue la comédie et l'opéra, où tous les acteurs étaient
bons, sauf Talma, alors au début de sa carrière ; — la
marquise de Chambonas, le sculpteur Le Moine qui ras-
semblait une foule d'hommes célèbres dans des soupers
fort gais : c'est là qu'elle connut Lekain, Gerbier,
Grétry, La Tour. A cette époque, la mode régnait de
chanter au dessert : la marquise de Bonneuil, qui avait
une voix superbe, chantait avec son mari des duos de
Grétry ; puis venait le tour des jeunes filles que ce quart
d'heure de Rabelais musical mettait au supplice.

La Terreur fut une triste époque pour les objets d'art ;
le 10 août 1792, au sac des Tuileries, on jette par les

fenêtres le mobilier royal ; celui du château de Versailles, du Garde-Meuble, est adjugé à vil prix, contre des assignats, aux revendeurs, marchands de ferraille, chaudronniers ; les cabinets des condamnés à mort, des émigrés, ont le même sort. Que de merveilles exposées, vendues au coin de la borne, accaparées pour toujours par les pays étrangers, qui avaient à Paris des agents aux aguets !

Charles Brifaut conte un trait du peintre Gérard qui, pour ne pas faire partie du jury chargé de condamner Marie-Antoinette, avait simulé une fracture de la jambe. « Un jour cependant, comme il se croyait seul dans la maison, il éprouve le besoin d'exercer cette jambe prétendue malade : il se lève, va, vient dans sa chambre, se hasarde sur les marches de l'escalier, qu'il parcourt en gambadant et en riant, lorsque tout à coup la porte de l'appartement voisin s'ouvre et le montre dans sa divertissante attitude à une femme venue en visite chez Mme Gérard. A cette apparition, le prétendu souffreteux reste tout ébahi, il se juge perdu ; Fouquier-Tinville et consorts vont apprendre sa ruse antipatriotique... Mais celle dont la vue l'a fait trembler, c'est Mme Fourcroi, la femme de l'illustre savant ;... elle a reconnu l'étourdi ;... elle arrive à lui, elle lui prend la main, et avec l'accent le plus adorable : « Soyez tranquille, Monsieur Gérard, j'ai la vue basse, dit-elle, je ne reconnais personne. » A ce mot charmant, le mot du salut, il s'élance vers elle, la serre dans ses bras et lui dit : « Restez là, je vais vous peindre ; j'ai besoin de placer un ange dans mon premier tableau. »

En résumé, les artistes de talent, quelquefois aussi les autres (mais les contemporains jugent si mal les distances !), ont leurs grandes entrées dans le monde du XVIIIᵉ siècle, à la condition, bien entendu, d'être gens de bonne compagnie. Du reste, le type bohème et rapin, qui a fleuri momentanément en France à l'époque de l'apogée du romantisme, était inconnu au XVIIIᵉ siècle, ou, s'il y en avait quelques-uns, c'étaient des « espèces » que l'on ne voyait pas (1). C'est fort bien pour le XVIIIᵉ siècle, et nous lui marquerons un bon point, d'autant plus que le XVIIᵉ, plus porté aux choses de la littérature que des arts, ne lui avait pas préparé les voies. Je n'oublie pas que Louis XIV, dans un accès de bonhomie, fît monter le vieux Lenôtre dans sa chaise roulante pour le promener à travers les jardins de Versailles, ce que, par parenthèse, il n'aurait pas fait pour un duc et pair ; mais, avec un jardinier, cela ne tirait pas à conséquence. Je le vois travaillant à ses bâtiments avec Jules Hardouin-Mansard, qui, disait-on, mettait dans ses projets des fautes si grossières que le roi posait tout aussitôt le doigt dessus ; et alors Mansard de s'exclamer sur ce prince qui en savait plus que lui. Je le vois se faisant peindre par Rigaud, sculpter par Coysevox, Girardon et autres, mais il ne les reçoit pas, et la cour fait comme lui ; il y a dans le travail du pinceau ou du

---

(1) Mon excellent ami, M. Henri Chabeuf, président de l'Académie de Dijon, dont la compétence esthétique égale l'érudition littéraire, pourra retrouver dans les pages qui suivent un écho de nos causeries et de nos correspondances. Qu'il soit ici remercié des souvenirs conservés et utilisés de nos entretiens.

ciseau une part de besogne purement matérielle qui met dans l'opinion d'alors le peintre ou le sculpteur bien au-dessous de l'écrivain et du poète.

Louis XIV, tout en ayant du sang des Médicis dans les veines, n'a pas leurs goûts artistiques ; il aime les belles choses, ou du moins les belles choses un peu lourdes, selon la formule du temps, mais dédaigne un peu beaucoup ceux qui les font (1). Le grand dauphin, celui que la cour a appelé pendant si longtemps, et le roi lui-même, « Monseigneur, » est un gros homme perdu de graisse et d'engourdissement intellectuel ; mais il s'entend admirablement en meubles, et ses appartements de Versailles sont la merveille du palais.

Dangeau mentionne en passant la mort du « bonhomme Mignard. » Saint-Simon, très bon observateur en toutes choses, est fier de posséder un tableau unique de Carrache, *Pomone et Vertumne,* donné à son père par Montmorency allant à l'échafaud ; il fait faire à Rigaud le portrait de l'abbé de Rancé, mais vous chercheriez en vain dans ses Mémoires, où il y a tant de mots jetés sur les arts, une parole sur un artiste. Il mène Rigaud à la Trappe, un peu comme il y aurait conduit un menuisier.

Ah ! que Paris et la cour sont loin de Florence, la véritable Athènes moderne ; de Venise, de Rome, de la cour même de François Ier ! Celui-ci fut vraiment un

---

(1) M. Bonnaffé parle de Charles Hérault, peintre de Louis XIV, qui tenait boutique ouverte à la foire Saint-Germain, et dressait son étalage de tableaux en plein vent.

artiste, et il n'y a pas mieux chez les Médicis que ce roi qui traite si bien Benvenuto Cellini d' « ami » et conquiert la *Joconde* pour la France ! Je sais bien que Léonard de Vinci n'est pas mort dans ses bras : c'est une anecdote vraie comme un mot historique ; mais prenez la chose comme un symbole.

Les Bourbons ne furent pas des princes artistes comme les Valois, oh ! non ; mais, à tout prendre, ils font encore assez bonne figure. Quant à la société du xviiie siècle qu'on vient de voir se familiarisant avec les artistes, ne nous pressons pas trop de croire à une évolution démocratique. Tous ces seigneurs, ces nobles, allaient volontiers s'amuser chez les artistes, mais les recevaient peu chez eux. Ces grands personnages ennuyés -- nul siècle ne s'est plus ennuyé que le xviiie ; Kaunitz, dans son journal, note cet ennui mortel de la cour et de la ville, — allaient chez les artistes, chez Mme Lebrun, par exemple, comme ils allaient chez Ramponneau ou aux Porcherons (. Ils allaient là où on s'amuse, mais invitaient . ι leurs réunions intimes les gens de talent qu'ils honoraient de leurs visites intéressées. Il y a bien de la condescendance dans cette familiarité qui tenait les gens à distance plus que la hauteur et la morgue. On jouait au protecteur éclairé, au Mécène, mais je n'aurais pas conseillé

---

(1) « Vous avez là des goûts de vitrier, Monsieur le baron, » disait le comte de Saint-Léger à son fils, qui annonçait de bonne heure une vocation singulière pour la peinture. Ce gentilhomme, en plein xviiie siècle, croyait aveuglément que tout peintre était vitrier, et que tout vitrier était peintre.

à l'artiste si bien traité de se familiariser et de traiter d'égal à égal ce seigneur débonnaire qui semblait se mettre si bien de plain-pied avec lui.

Il y a certes quelques exceptions : M. de Jullienne, l'ami délicat et dévoué d'Antoine Watteau, ce grand artiste que l'école classique a pris pour un peintre d'éventails, et qui a dans les veines du sang de Rubens, le Rubens du *Jardin d'amour* s'entend, et non celui de la *Descente de Croix;* ce Watteau-là fut le meilleur poète du pinceau qu'ait produit le riche xviiie siècle; — Blondel de Gagny; Lalive de Jully; Caylus; Vaudreuil; mais les trois premiers sont des financiers plutôt que des seigneurs.

Cependant une œuvre mystérieuse s'élabore dans les profondeurs de la société. Ce n'est pas impunément que la bonne compagnie fait fête à Rousseau; un nivellement lent s'opère dans les âmes, et quand on regarde les choses d'en haut, j'entends de loin, — le xviiie siècle est pour nous si lointain ! — on voit se former déjà, confuse encore, cette société nouvelle où le talent, sous quelque forme qu'il se présente, sera au niveau de tous les dons de la fortune et de la naissance. Le xviiie siècle nous a donné l'apparence, le xixe siècle la réalité. Un duc de Luynes semble faire en son temps la même chose que les grands seigneurs du temps de Louis XV et de Louis XVI ; il y a cependant une différence, elle est immense : nous n'avions au xviiie siècle qu'un masque ; au xixe, c'est le visage qui se montre.

Cette démocratisation était d'ailleurs impossible au xviiie siècle : le préjugé de la naissance était encore trop fort. On voulait bien faire le libéral, l'homme éclairé et familier ; on eût trouvé fort mauvais d'être pris au sérieux. Marie-Antoinette voulut être la première grande dame de son royaume plutôt que la reine : on sait ce qu'il en advint.

Mais l'œuvre du XVIIIe siècle n'en est pas moins démocratique dans l'art comme dans la littérature. Voyez son art, en effet. Au XVIIe siècle, sous Louis XIII, il y a un mouvement marqué vers cette peinture familière, intime, qui va trouver son expression suprême dans l'art hollandais : avec moins de perfection que les maîtres d'Amsterdam et de Rotterdam, les bons Lenain nous montrent le pauvre et honnête monde des artisans et des laboureurs ; Abraham Bosse nous donne dans ses estampes non seulement l'image des nobles empanachés et des nobles dames, mais encore du monde moyen que Furetière peindra au naturel dans son *Roman bourgeois*. Mais voici venir Louis XIV, et il n'y a plus qu'un art en France, celui de Versailles, dont je suis fort éloigné d'ailleurs de dire et de penser trop de mal. Au XVIIIe siècle, si Watteau fréquente plus à la Comédie Italienne qu'aux champs ; si Boucher se montre un élève lointain des délicieux Vénitiens décadents, que du reste il ne connaissait guère ; si Largillière, le vrai Van Dyck français plutôt que Rigaud, continue la tradition solennelle des portraits à perruque et des dames en grand habit de cour, Nattier, Van Loo, celle des images officielles des rois et des princesses en tenue mythologique, — un autre art est né et se développe. Chardin, l'excellent Chardin, « grand magicien, » disait Diderot, nous peint des intérieurs bourgeois et les accessoires de la vie bourgeoise. Voyez ses natures mortes qui égalent les meilleures qu'aient peintes les Hollandais comme David de Heem ou Kalf! Ah ! ce ne sont plus les accessoires mythologiques empruntés au matériel de l'Opéra, dont use et abuse le siècle précédent, mais des fontaines de cuivre, des marmites, des chaudrons, le mobilier enfin d'un ménage bourgeois.

Boucher lui-même peint des pastorales, des paysanneries, fausses comme des mises en scène d'opéra-comique, bien entendu; mais l'intention y est, et Loutherbourg, Huet, d'autres encore, marchèrent sur ses traces avec un peu plus de vérité ; oh! pas beaucoup plus, cependant il y a quelque progrès.

Quant à Greuze, il est bien le peintre qui convient à ce xviiie siècle finissant dans la sensibilité, la sensiblerie plutôt, et le pleurnichement. Avec cela sensuel en diable ; et ses ingénues sont des drôlesses, pires que les demoiselles d'opéra peintes si facilement par Boucher, « ce délicieux *faussaire*, » aurait dit Renan. J'aime mieux la gaieté un peu libre mais franche de Fragonard, sans compter que Fragonard est un bien autre peintre que Greuze.

Ce xviiie siècle est, du reste, inépuisable ; et, par-delà la première rangée, le front de bataille des talents connus, on en distingue d'autres à l'infini. Connaissez-vous Aved? Pas trop, n'est-ce pas ? Eh bien ! c'est un excellent peintre de portraits, et qui figure en bon lieu au Louvre, sur la cimaise. On a toujours bien fait le portrait en France, sans que notre école puisse cependant présenter au concours un nom égal à ceux de Léonard, Raphaël, Titien, Holbein, Vélazquez, Van Dyck, Rembrandt. Mais regardez les gens de la société peints au xviiie siècle ; ils se ressemblent tous, et cette uniformité ne tient pas seulement au costume et à la coiffure poudrée ; il y avait une uniformisation, une banalisation, si vous voulez, universelle des caractères et des esprits, et cela se voit. Il y a plus d'individualité dans ce tiers état sain, vigoureux, moral, qui aspire à être, non pas seulement quelque chose, mais tout, et le sera. La Tour, et ce Perronneau, un très grand artiste qui serait au tout premier rang s'il n'y avait pas La Tour, nous apportent l'image entière, complète, du monde du xviiie siècle, depuis le roi et la favorite jusqu'aux actrices, aux abbés, aux bourgeois. Ah ! le merveilleux évocateur des âmes que ce La Tour ! C'est peut-être, malgré la fragilité du genre qu'il a fait sien, le premier des portraitistes français ; quelquefois même, à force de chercher la vérité, il la noie dans le détail : aussi certaines de ses préparations sont-elles peut-être supérieures à ses œuvres achevées. Il lui arrive d'effacer un portrait merveilleusement réussi, parce qu'il n'a pu atteindre à la vérité absolue, telle qu'il la voit : ainsi, ne pouvant rendre comme il le voudrait le regard de Mme de Charrière, il déchire un chef-d'œuvre.

Allez au Louvre. Oh ! je sais bien qu'il n'est pas *chic* d'aller au Louvre ; allez-y tout de même, cherchez, surtout dans la galerie Lacaze, les portraits du xviiie siècle, contemplez longuement, à côté du *Gilles* de Watteau, certain portrait de femme, anonyme quant à la personne représentée et à l'auteur. C'est une bourgeoise, point jeune ni belle, sans prétention d'ailleurs à la jeunesse ni à la beauté, mais de bon ton, d'esprit posé et net, intelligente et cultivée, cela se voit, un peu froide peut-être. On vous dira que c'est Mme Geoffrin, n'en croyez rien, — que ce beau portrait est d'Aved, ne le croyez qu'à demi. Mais qu'importe le nom, puisque vous avez là une œuvre représentative, comme on dit aujourd'hui, de toute une classe ? Arrêtez-vous au salon des pastels, là où trône, sans naturel d'ailleurs, ce qui est un trait de vérité, Mme de Pompadour, cherchez les La Tour, et aussi ces portraits de Chardin et de la bonne Mme Chardin ; puis, si l'odeur des livres ne vous fait pas peur, allez à la Bibliothèque Nationale, demandez les volumes d'estampes de Saint-Aubin, de Cochin, de Moreau jeune. Je ne vous réponds pas de la simplicité, mais du charme ; jamais l'art n'a été plus aimable, plus délicat, n'a su mieux exprimer ce qu'il y avait de factice mais d'exquis dans cette société prête à périr.

Et comme tout alors est fait pour la joie de vivre ! Grâce du décor intérieur qui en aucun temps n'a été poussée plus loin ; perfection inouïe du moindre objet d'usage : un étui pour cire à cacheter est devenu une pièce de musée. Le xviiie siècle compte par douzaines des ciseleurs, des émailleurs à faire pâlir d'envie Benvenuto Bellini : tout cela c'est du marivaudage en art, mais n'est pas Marivaux qui veut.

Dans son originale étude sur les *Transformations de l'amateur d'art*, M. Aynard fait ressortir les caractères propres du collectionneur au xixe siècle, inventeur, apôtre, considérant l'ensemble des arts, plus éclectique que celui d'autrefois, souvent désintéressé, pas toujours, car on a vu poindre une variété nouvelle, l'amateur-spéculateur, « plus redoutable que le marchand, » encouragé dans ce sport aussi passionnant que lucratif par la fréquence des ventes publiques qui font du bibelot une sorte de valeur de bourse. « Nous connaissons maintenant l'avidité sentimentale, » remarque M. Aynard, qui décrit en même temps deux phénomènes contradictoires, deux tendances antagonistes et très puissantes : la vulgarisation et la concentration des œuvres artistiques ; l'amateur de plus en plus nombreux, les loges des concierges elles-mêmes parées d'objets d'art ou de faux art, les grands magasins installant des comptoirs de bibelots, l'importance croissante des musées et des expositions ; l'artiste placé très haut dans l'estime générale, et si bien relevé de cette déchéance morale qui pesa trop longtemps sur lui, que les bourgeois lui font fête, l'invitent avec empressement et le recherchent pour leurs filles ; l'art popularisé par une énorme surproduction, par les ligues pour la protection des monuments et des paysages, par la photographie, la carte postale illustrée. « Ainsi se créent des légions d'amateurs minuscules, des dilutions de chercheurs et de curieux, qui trouvent dans les exactes images qu'ils collectionnent ou qu'ils reproduisent eux-mêmes un simple et excellent moyen d'éducation de l'œil, du sentiment, et de contracter quelque vénération pour autre chose que l'utile... C'est la menue monnaie de l'art. »

En même temps s'affirme le phénomène de la concentration, causée par une hausse inouïe de toutes les œuvres d'art depuis cinquante à soixante ans, hausse qui raréfie l'amateur moyen, et que la concurrence américaine développe avec une brutalité magnifique. Cet amateur modeste et passionné évoque le temps où le *Gilles* de Watteau attendait son acquéreur dans une boutique du quai Voltaire, ayant son prix de 300 francs inscrit à la craie sur la figure ; — où le sous-préfet de Boussac foulait aux pieds les fameuses tapisseries dites *à la Licorne*. Et il soupire en songeant que c'était le bon temps, en répétant le mot d'un autre amateur : « Après la gloire d'avoir fait les belles choses, l'honneur de les aimer. »

« Le xixᵉ siècle, qui, conclut M. Aynard, a produit de grandes et fortes individualités artistiques, n'a pu cependant, faute d'un sentiment commun ou d'une foi commune, se donner un style et dégager sa personnalité. Il a trouvé du moins une compensation en étant le premier à instaurer la justice distributive dans l'appréciation des œuvres d'art ; et, s'il ne lui a pas été donné, excepté dans le paysage et dans la musique, de découvrir de nouvelles sources de sentiment, il lui a été accordé de tout comprendre... Tout comprendre ou tout admirer en art a été l'une des consolations de ce temps inquiet et complexe, où nos sentiments heurtés en tous sens ne savent plus où se fixer. Les écrivains et les amateurs d'art du xixᵉ siècle se sont donc adaptés à leur temps en se montrant avant tout de larges et intelligents critiques. C'est en cela qu'ils se sont élevés plus haut que leurs prédécesseurs... Pour la première fois il était donné aux amateurs d'embrasser toute la matière artistique. On avait enfin le courage de pouvoir admirer ensemble l'art antique et l'art chrétien, de s'imaginer le

Beau vase athénien plein de fleurs du Calvaire.

«... L'amateur peut garder un beau rôle, s'il le veut. Si les précieux produits des anciens arts doivent lui échapper, il lui restera la prescience des contemporains. Il lui appartiendra encore de distinguer, avant les autres, ceux des artistes vivants que la postérité jugera dignes de son regard. Une fonction plus large lui incombera aussi. S'il aime vraiment l'art, de possesseur privé il tendra à sauvegarder et améliorer la possession générale. Il se rangera parmi ceux qui se sont donné la tâche de faire respecter tous les monuments d'art, petits ou grands, encore épars dans notre pays... »

Rappelons, en terminant, quelques noms d'amateurs du XIXe siècle, de ceux qui ont contribué à accroître le patrimoine artistique, et, dans une certaine mesure, le patrimoine moral de la France; car, je l'avoue, la thèse de l'art corrupteur, les lourds paradoxes de P.-J. Proudhon (1), ne me plaisent guère, et je suis plutôt tenté de croire que le beau est le bon, que l'élégance du goût part souvent, pas toujours, de l'élégance de l'âme.

____

(1) P.-J. PROUDHON : *Du principe de l'art et de sa destination sociale.*

Le premier de tous, le duc d'Aumale, le donateur de ce Chantilly si chargé de gloire pendant quatre siècles, par ses héros et ses héroïnes, ses fêtes, les rois des peuples et les rois de l'esprit qui l'ont visité, par sa forêt, son palais et les chefs-d'œuvre qui l'emplissent, par tout ce qui fait ce don extraordinaire que ne sauraient égaler les milliardaires américains les plus généreux.

Seroux d'Agincourt, Boisserée, Denon, le chevalier Wicar ; Revoil et Debruges-Dumesnil, qui réunirent de précieuses collections d'objets d'art du moyen âge et de la Renaissance ; le comte de Pourtalès, à la vente duquel le Louvre acquit le portrait d'un condottiere par Antonello de Messine, un chef-d'œuvre du genre sec.

Le maréchal Soult avait une magnifique collection de tableaux, presque tous espagnols : deux de ses Murillo, deux Zurbaran, un Herrera le Vieux, sont maintenant au Louvre.

La galerie d'Aguado, marquis de las Marismas, vendue en 1843, ne comprenait guère, elle aussi, que des tableaux espagnols. On vantait beaucoup à la même époque les collections de M. de Sommariva, où figura *la Psyché* de Prudhon, devenue propriété nationale.

Le comte Duchâtel a laissé au Louvre cinq tableaux de premier ordre. Charles Sauvageot, simple musicien à l'Opéra, qui collectionnait à la même époque les petits objets de la Renaissance, et les donna au Louvre, a servi de type à Balzac pour son *Cousin Pons;* mais le personnage a été transformé par la toute-puissante imagination du romancier.

N'oublions pas : du Sommerard, qui avait réuni des trésors dans l'hôtel de Cluny ; le docteur Lacaze, qui dota le Louvre d'une collection royale où se trouve le *Gilles* de Watteau ; le duc de Luynes, qui, vers 1860, offrait à la Bibliothèque impériale sa belle collection de camées, intailles et médailles ; Eugène Piot, qui légua au musée du Louvre, entre autres choses précieuses, le buste en bronze de Michel-Ange ; His de la Salle qui laissa au Louvre et au musée de Dijon une série de dessins superbes ; les Dutuit, de Rouen, dont on peut contempler au Petit Palais des Champs-Élysées la collection si patiemment réunie, léguée par le survivant des deux frères à la Ville de Paris. M. Grandidier, de son vivant même, donne au Louvre une curieuse collection d'objets d'Extrême-Orient ; exemple suivi par M. et M\u1d50\u1d49 Charles Hayem, qui offrirent au musée du Luxembourg de très beaux Gustave Moreau. Le legs Thomy-Thierry a enrichi notre musée de tableaux modernes de haute valeur, et de la série à peu près complète des petits bronzes de Barye, retouchés par l'artiste lui-même : ces petits bronzes étaient ardemment recherchés en Amérique, et le Louvre n'en possédait que quelques-uns (1).

----

(1) En province, le musée de Montpellier est constitué pour la plus grande partie par les donations Fabre et Bruyas ; celui de Bayonne par Bonnat ; celui de Lille a reçu la collection de dessins du peintre Wicar, et la fameuse tête de cire attribuée à Raphaël. Le musée d'Agen s'est fort accru par le legs de M. de Chaudordy, et le musée de Dijon par les donations Devosge et Trimolet, cette dernière constituant à elle seule tout un musée.

Les plus belles pièces de la collection Soltikoff sont allées au British Museum, cependant la France en a gardé plusieurs ; quant à la collection Basilewski, elle est incorporée au musée impérial de l'Ermitage, à Saint-Pétersbourg.

Il y a plusieurs donations Rothschild : morts et vivants, dans cette famille, perpétuent la tradition des grands et magnifiques amateurs. J'ai vu des merveilles chez le baron Alphonse de Rothschild, à Paris et à Ferrières ; chez la baronne James de Rothschild, la baronne Leonino, dont les Guardi rivalisent avec les plus beaux Turner, le baron Henri de Rothschild, qui possède entre autres cinquante-six Chardin de tout premier ordre. La restauration de l'Abbaye des Vaux-de-Cernay fait grand honneur à la baronne Nathaniel et à la baronne Henri de Rothschild. Mentionnons encore la curieuse collection de boîtes et tabatières laissées au Louvre par M. et Mme Lenoir, les dons intelligents de la princesse Mathilde aux musées du Louvre et de Versailles.

Voici tantôt quarante-six ans, un M. Beaucousin, qui avait réuni trente-deux tableaux des écoles italienne et flamande, songeait à les offrir au Louvre, et, sans d'ailleurs s'expliquer à fond, il engagea le conservateur Villot à examiner sa collection. Villot eut la maladresse de faire l'entendu, de discuter les attributions : bref, il indisposa si bien le possesseur que, changeant d'avis, celui-ci présenta ses tableaux à la National Gallery, qui les acheta sans marchander pour un prix presque dérisoire.

« La collection Thiers, qui encombre plusieurs salles du Louvre, est, m'écrit un connaisseur, le triomphe du goût bourgeois. Un homme qui fait reproduire à l'aquarelle les fresques de Raphaël et de Michel-Ange au Vatican, est un homme jugé. Il se trouve cependant parmi ce fatras quelques bons bronzes antiques et florentins. »

Le baron Pichon avait de tout, et en pièces rares ; des livres surtout : c'est lui qui se risqua à payer 6,000 francs le fameux calice provenant du trésor de Charles V, déclaré faux par tous les conservateurs de musées, et reconnu plus tard pour une merveille unique. Bien entendu, il est aujourd'hui au British Museum.

Les collections du marquis d'Hertford, les plus belles peut-être qu'un particulier ait jamais possédées, passées à sir Richard Wallace, furent transportées en Angleterre au moment de la guerre de 1870, et données par la veuve française de sir Richard Wallace à l'État anglais. L'intention première du propriétaire était de les laisser à la France, mais les événements de 1870 lui inspirèrent, hélas ! la pensée que les trésors de l'art étaient mieux sauvegardés en Angleterre qu'en France. Mû par une pensée du même ordre, Carraud laissait ses collections au musée national de Florence.

Énumérer toutes les collections qui se sont faites, défaites, refaites depuis un demi-siècle seulement, serait chose impossible : je signale du moins les collections Davillier, Timbal, Morny, Secrétan, Gatteaux, Crosnier, Laroche-Lacarelle, Heim, Lutz, Goncourt, Muhlbacher,

Sellière, Double, Groult, Doisteau, Chéramy, Camondo, Charles Hayem, Faucigny-Lucinge, d'Alcochete, Charles Drouet, etc. Aujourd'hui, les collections sont comme des nuages qui s'assemblent et se dissipent en un instant. C'est M. de Camondo qui possède la fameuse pendule de Falconet où les Trois Grâces, disait Diderot, montrent tout excepté l'heure : on dit qu'elle est destinée au Louvre.

Et donc les artistes du xviiie, du xixe siècles, s'érigent historiens, poètes, parfois juges et critiques de la société. De même que le philosophe fait souvent aimer la sagesse, de même le peintre, le sculpteur, le musicien, font aimer l'art; et, si les amateurs suscitent les artistes, pareillement les artistes multiplient les amateurs, comme le chemin de fer crée l'industrie, le commerce, dans un nouveau pays qu'il sillonne. Greffiers de vérité, créateurs d'idéal, ils embellissent, et d'aventure raillent, maltraitent les hommes et les choses : ils disent les grandeurs un peu guindées du xviie siècle, le sensualisme païen de son successeur ; ils attestent aussi sa sensibilité profonde qui sans doute dégénère en afféterie avec quelques-uns, le culte restitué de la nature, son libéralisme généreux, sa pitié sincère pour la souffrance, le grand cri de protestation qu'il pousse contre les abus. Goûts et antipathies, passions et passionnettes, croyances et chimères, modes, toilettes, fêtes, vertus et ridicules, sont évoqués par leurs mains agiles, interprètes de la pensée et de l'observation. Par eux, l'art n'a pas été seulement un entremetteur, mais aussi un propagateur des jouissances délicates qui donnent du prix à la vie, un apôtre de tolérance et d'humanité.

En voyant ce xviiie siècle si multiple dans toutes ses manifestations, si inconséquent, si frivole, si dur parfois, si grossièrement sensuel, et en même temps si délicat, dont l'art fait prime aujourd'hui sur le marché de la haute curiosité, nous qui connaissons l'avenir qui lui était voilé, nous estimons que le châtiment a, et de beaucoup, dépassé les fautes. Et il nous revient à la mémoire cet apologue de l'homme qui a le mieux incarné l'esprit de son temps, Voltaire. Vous savez le conte : Babouc a été envoyé sur la terre à Persépolis — lisez Paris — pour juger s'il y a lieu de détruire cette grande ville dont les iniquités ont été rapportées à Ituriel. Babouc va, est indigné, irrité, et en même temps charmé. Et voici comment il s'y prit pour rendre compte : il fit exécuter par un habile artiste une statuette composée de tous les métaux, des terres et des pierres les plus précieuses et les plus communes. « Détruiriez-vous cette statue, dit-il à Ituriel, parce que tout n'y est pas or et diamant ? » Ituriel entendit à demi-mot : il résolut de ne pas même songer à corriger Persépolis, et de laisser aller le monde comme il va, car, conclut-il, « si tout n'est pas bien, tout est passable. »

Tel sera notre jugement sur le xviiie siècle. Les hommes ne font pas toujours ce qu'ils croient faire ; ce qu'ils commencent pour un objet, Dieu l'achève pour un autre. Ce siècle apparaît comme une cuve immense, où fermentent, mêlés à des matières viles, les esprits les plus généreux : les écumes ont été éliminées,

es esprits épurés ont passé dans le sang des généra-
ions qui ont suivi, esprits de tolérance, d'humanité, de
oûts délicats. Nous vivons sur le fond du XVIIIe siècle
lus que sur celui du XVIIe; ce sont deux grands siècles
ui en ont préparé un autre non moins grand, mais au-
rement, le XIXe. Puissent nos neveux saluer de même
elui qui commence!

MANIEURS D'ARGENT ET FERMIERS GÉNÉRAUX

Chez toutes les nations civilisées, dans l'Inde, en Chine, en Phénicie, en Judée, en Égypte, chez les Grecs, les Romains, sous des noms, à l'abri de métiers divers, on voit fleurir une classe d'hommes, les manieurs d'argent, vers lesquels la fortune se précipite comme les fleuves roulent vers l'Océan, tantôt serviteurs et tantôt usuriers de leurs pays, soit qu'ils obéissent à l'équité et que leur conscience les élève au-dessus des tentations vulgaires, soit que leur fonction les ait corrompus, et que les sophismes de la raison d'État ou de l'intérêt personnel aient achevé d'anéantir en eux le sens moral. Parmi ces hommes, beaucoup, sans doute, ont mérité les anathèmes des prédicateurs, les invectives des moralistes : créatures incommodées d'une âme, sourds à la voix de la pitié, de la justice, pratiquant la théorie du droit divin du succès, toujours prêts à tourner la loi, pourvu qu'ils aient l'air de la respecter, tenant pour axiome que les affaires c'est l'argent des autres, et y ajoutant ce corollaire : Ce qui est à nous est à nous, ce qui est au voisin est encore à nous, — transposant, en un mot, les vieux errements du pillage, du massacre, remplaçant la pique, la hache et l'épée par la ruse et le calcul, trompant les démocraties aussi bien que les

is, faisant servir la liberté comme le régime absolu-
te à leur égoïsme, justifiant avant, pendant et après
mot de Bourdaloue sur l'origine des grandes fortunes;
ont fourni de terribles arguments aux fauteurs de
olutions violentes, aux poètes et aux théoriciens du
cialisme.

D'autres, au contraire, ont recherché la fortune en
servant les règles de la probité, et cette même vertu
r a servi de garde-fou dans ce sentier bordé d'abî-
es où sombrent les scrupules de la conscience. Ceux-
n'ont point soutenu l'État comme la corde soutient le
ndu ; mais, à des heures difficiles, ils lui ont apporté
s soldats, des vaisseaux, et, par une manœuvre op-
rtune, tel grand financier a servi sa patrie aussi utile-
nt qu'un bon général, qu'un diplomate habile. Ceux-
s'ils ne se mêlent pas directement à la politique, font
uvre de bons citoyens, car leur vie porte témoignage
ur la paix sociale, atteste qu'on peut faire ses affaires
ns nuire au prochain ; ils ont fondé le crédit, cette
himie, cette algèbre de la richesse, le crédit qui est à
rgent ce que l'électricité est à l'antique patache de
s pères, le crédit qui attaque et renouvelle la nature,
rce les isthmes, les montagnes ; ils ont contribué au
ogrès, servi la science, la littérature et l'art, qui ont
soin d'ordre et de tranquillité. Lamartine leur rendait
ommage en ces termes : « Quand vous voulez de la
uie, il faut vouloir des nuées. Les réservoirs de l'in-
ustrie sont précisément au crédit et à l'argent ce que
s nuées sont à la pluie qui féconde la terre. »
Mais, comme les choses humaines sont contradictoires

et compliquées, comme leur antinomie déconcerte les théories géométriques, il y a eu, il y a des hommes qui n'eurent pas des notions très distinctes sur le tien et le mien, cupides pour eux-mêmes, désireux en même temps d'augmenter la fortune publique, serviteurs habiles du prince, confondant les intérêts de l'État et les leurs, aussi sévères contre les malversations des autres qu'indulgents à eux-mêmes. Qui ne connaît le mot d'un ministre disgracié pour ses concussions : « Ils ont eu tort de me renvoyer ; j'avais fait mes affaires, j'allais faire les leurs ? » N'est-il pas trop vrai, malheureusement, que certaines gens se sentent pousser mille délicatesses dès qu'ils ont cent mille livres de rentes, et qu'on pourrait citer de très grands ministres qui quittent le pouvoir gorgés de millions mal acquis ? Tout le monde n'a pas la probité austère d'un duc de Richelieu, d'un Guizot, d'un Cavaignac, d'un Jules Ferry, d'un Méline.

Qu'ils s'appellent publicains, banquiers, argentiers, traitants, maltôtiers (1), Lombards, fermiers généraux, partisans, spéculateurs, les mots ne manqueront jamais à la chose, et l'argent n'a guère cessé de jouer un rôle ici-bas. Seulement, il avait des rivaux autrefois, il n'en rencontre pas d'autres aujourd'hui que l'opinion publique ; encore se vante-t-il souvent de la faire en l'achetant. Cependant, il a subi son éclipse, une demi-éclipse au moyen âge, alors que la terre, l'homme de la terre, le seigneur féodal, le dominent, que l'Église le con-

---

(1) Ronsard les surnomme les *Chrysophiles*, Marguerite de Valois les *Poltrons*, et Piron *d'honnêtes cartouchiens*.

damne. Le moyen âge, qui ne distingue pas la banque de l'usure, personnifie l'argent dans le juif spolié, hué, insulté, affublé d'une livrée dérisoire, enfermé dans son ghetto ; il le persécute, l'excommunie, l'accuse de sorcellerie, méprise l'épargne et le lucre, l'industrie, le commerce, défend le prêt à intérêts. Un juif traverse furtivement une rue de Lemberg, un gamin qui l'aperçoit lui lance la pierre, qu'il évite en se baissant ; la pierre va briser la vitre d'un orfèvre, qui assigne le juif et obtient des dommages-intérêts. Jacques Cœur découvre l'avenir du monde industriel, fonde le commerce du Levant, organise l'impôt ; on l'accuse de concussion, d'empoisonnement, de magie. Longtemps humble et caché, l'argent prend sa revanche : voici que, forcé de payer rançon, le haut baron vient trouver son détenteur et dépose un instant à sa porte son orgueil.

Les rois d'affaires apparaissent : Philippe le Bel, Charles V, Louis XI, en France ; Henri VIII, en Angleterre ; Ferdinand le Catholique et Charles-Quint, en Espagne. « Les Fugger trônent à Augsbourg dans leur chambre d'or, prêteurs des rois, usuriers des princes, bailleurs de fonds des élections impériales. Lorsque Charles-Quint vint loger chez eux, ils allumèrent, avec un reçu de huit cent mille florins qu'il leur avait souscrit, le fagot de cannelle placé dans la cheminée de sa chambre. Parfum magnifique, digne de l'autel d'un César romain, que l'empereur leur paya, en disant dédaigneusement, lorsqu'il vit en France les joyaux de la Couronne : J'ai, à Augsbourg, un tisserand qui pourrait acheter tout cela. »

De même, les petites républiques de la Péninsule ont leur pavillon marchand qui tient tête aux étendards blasonnés. Qu'est-ce que les Médicis, sinon des banquiers couronnés? Qu'est-ce que la Hollande, sinon un chantier d'armateurs? « L'or brut, dit Paul de Saint-Victor, se purifie dans le creuset de l'art, se transforme en chefs-d'œuvre merveilleux. L'Italie réalise alors cette scène éblouissante du second *Faust* de Gœthe, où Plutus, le dieu de la richesse, apparaît non plus aveugle et difforme, comme dans les caricatures de Lucien et d'Aristophane, mais beau, grandiose, auguste, vraiment divin, couché sur les tapis d'un char triomphal, et caressant sa barbe asiatique d'une main chargée de bagues. Ce marchand, qui monte l'escalier de la Bourse de Londres, son parapluie sous le bras, pensionne le grand Mogol, détrône des rajahs, lève des armées dont les bagages sont portés à dos d'éléphants... Ce négociant d'Amsterdam, qui fume sur le seuil de sa noire boutique en Europe, est un épicier; à Java, c'est un nabab, un prince, presque un roi. »

En France, où son avènement est plus tardif, l'argent reste aussi plus longtemps égoïste, improductif; il tardera davantage à faire de l'argent. Moqués, chansonnés au théâtre, détestés par le peuple, les traitants n'en sont pas moins les exécuteurs des hautes œuvres du fisc, des bourreaux d'argent, dans le sens tragique et cruel du mot. Le roi ayant affermé la France à soixante fermiers généraux, ils règnent avec une « rapacité tyrannique sur leur domaine compliqué d'impôts, de traites, de tailles, de capitations, de gabelles. Leur pri-

rilège est une concussion patentée, le budget de la
France, tel qu'ils l'ont établi, l'organisation du pillage. » Pourvu qu'ils paient au maître la location con-
venue, ils demeurent à peu près libres de pressurer
ses sujets jusqu'aux os. On pense à ces axiomes de
corsaires : le budget est une mer, qui n'y boit pas est
un sot ; le budget est un grand gâteau, y mord qui
veut (1).

Est-ce la Rome des deux derniers siècles de la République, est-ce le moyen âge, le XVIIe siècle ou les temps
modernes auxquels pense M. de Vogüé, lorsqu'il écrit :

Toute réunion d'hommes, qu'elle le veuille ou non,
est toujours en travail d'une aristocratie qui puise ses
éléments dans la force prépondérante à l'heure où elle
se constitue. Or, sur la table rase, il n'est resté qu'une
puissance indiscutable : l'argent... L'argent était monté,

---

(1) H. Thirion : *La Vie privée des financiers d'autrefois ; Madame
le Prie.* — Chéruel : *Mémoires sur Fouquet.* — Lair : *Nicolas Fouquet*, 2 vol. — Delahante : *Une famille de finance au XVIIIe siècle.*
— Baudrillart : *Histoire du Luxe*, t. IV. — Gaston Boissier : *Cicéron et ses amis*, pp. 330 et s. — Antonin Deloume : *Les Manieurs
d'argent à Rome.* — Émile Belot : *Histoire des Chevaliers.* — Hum-
bert : *Essai sur les finances et la comptabilité publique chez les Romains.* — D'Hugoues : *Une province romaine sous la République.* —
Vicomtesse de Janzé : *Les Financiers d'autrefois.* — Dezobry :
Rome au siècle d'Auguste. — Geffroy : *Du rôle de la richesse dans
l'ancienne Rome sous la République*, dans *Revue des Deux-Mondes*,
er juin 1888. — *Les anciens Banquiers florentins* dans *Revue des
Deux-Mondes*, 1er février 1873. — A. Vuitry : *Les Abus du Crédit à
la fin du règne de Louis XIV*, dans *Revue des Deux-Mondes des
15 décembre 1883, 15 janvier 1884 ; les Excès de la spéculation au début du règne de Louis XV*, même revue, 15 mars, 15 avril 1884. —
Correspondance entre M. de Saint-Fonds et le président Dugas, t. II.
— Émile Paz et Louis Gratien : *La Finance d'autrefois.* — *Journal de*

d'une poussée irrésistible, au sommet du corps social, comme monte au-dessus des taillis un arbre en pleine sève, quand on abat les voisins qui lui disputaient l'air et la lumière. »

Aussi les fortunes des traitants, des partisans et fermiers généraux éclatent-elles invraisemblables, monstrueuses, et tandis que, aux plus beaux jours du règne de Louis XIV, en 1675, un gouverneur du Dauphiné écrit à Colbert que beaucoup de paysans de sa province ont mangé pendant l'hiver des écorces d'arbres et de l'herbe bouillies, ils étalent un faste choquant.

Il y eut cependant, sous le règne de Henri IV, quelques poursuites contre les financiers. Le partisan Largentin fut mis en prison, et son procès eut lieu. Les *Mémoires de l'Histoire de France*, après avoir parlé de ses malversations, y joignent ce trait : « Au dernier

---

d'Argenson. — Léonce DE LAVERGNE : *Economistes français du XVIIIe siècle.* — Paul DE SAINT-VICTOR : *Hommes et Dieux.* — Jules LEMAITRE : *Dancourt, la comédie après Molière.* — *Historiettes de Tallemant des Réaux.* — *Correspondance de Grimm.* — Ernest BERTIN : *Les Mariages dans l'ancienne France.* — *Mémoires de Gourville, Marmontel, Saint-Simon, Dufort de Cheverny, du duc des Cars, d'Hénault.* — W. DE SWARTE : *Les Financiers amateurs d'art aux XVIe, XVIIe et XVIIIe siècles.* — Gustave DESNOIRESTERRES : *Grimod de La Reynière et son groupe.* — René DOUMIC : *Le Moyen de parvenir,* à propos des *Mémoires de Gourville,* dans *Revue des Deux-Mondes* du 15 mai 1895. — Louis ÉTIENNE : *Les Financiers au théâtre,* dans *Revue des Deux-Mondes,* 1er et 15 octobre 1870. — Oscar DE VALLÉE : *Les Manieurs d'argent.* — Pierre CLÉMENT et LEMOYNE : *Les derniers fermiers généraux.* — Louis REYBAUD : *Les derniers fermiers généraux,* dans *Revue des Deux-Mondes,* 15 septembre 1874. — Vicomte D'AVENEL : *Richelieu et la monarchie absolue; le Mécanisme de la vie moderne, le prêt populaire,* dans *Revue des Deux-Mondes* du 1er janvier 1901.

voyage du roi à Fontainebleau, Largentin, étant venu prendre congé de Sa Majesté, lui dit que bientôt il s'y acheminerait pour lui baiser les mains et recevoir ses commandements, et ajouta : « Ce voyage me coûtera dix mille écus. — Ventre Saint-Gris, répondit le roi, c'est trop pour un voyage de Paris à Fontainebleau. — Oui, sire, réplique Largentin, mais j'ai autre chose à faire, qui est de prendre le modèle des frontispices de votre maison, pour en accommoder une des miennes que j'ai en Champagne. » A quoi le roi se prit à rire, il n'y répondit rien pour lors ; mais quand on lui porta la nouvelle de sa prison au Châtelet : « Comment? dit-il ; veut-il prendre le modèle des frontispices du Châtelet ? »

Et les épigrammes vont leur train sur le compte de la gent exploitante. Ménage rapporte celle-ci :

Certain maltôtier, étant devenu très riche aux dépens du public, demandait à son médecin le secret de jouir de sa fortune pendant cent cinquante ans. « Paracelse, dit l'Esculape, a fait un livre par lequel il promet mille ans de vie à quiconque pratiquera ses secrets. — Et combien Paracelse a-t-il vécu ? — Quarante-huit ans seulement. — C'était donc un fourbe, un charlatan ! — Monsieur, reprit le médecin, c'était un très habile homme, mais il ne se soucia pas de demeurer longtemps en ce monde, où certes il n'avait pas ses aises comme vous. »

Quelques jours après, on afficha de nuit ces vers à la porte du maltôtier :

> La vie est dans le sang, c'est une vérité
> > Généralement reconnue :
> > Sur ce principe, continue,
> Suce le sang du peuple en toute liberté,
> Alain : tu parviendras à l'immortalité.

Voici quelques épitaphes et ponts-neufs sur des financiers et traitants.

Gourville :

> Ci-gît, justement regretté,
> Un savant homme sans science,
> Un gentilhomme sans naissance,
> Un très bon homme sans bonté.

Un autre :

> De la France ici gît le plus fameux traitant :
> Après avoir atteint sa soixantième année,
> Il ne voulut jamais songer à l'Hyménée ;
> Plût à Dieu que son père en eût fait tout autant !

D'un financier, fils de fossoyeur :

> Ci-gît qui fut plus riche que son père,
> Quoiqu'à peu près avec mêmes talents :
> Car l'un mettait les morts en terre,
> L'autre dépouillait les vivants.

Sur Savalette, fils d'un vinaigrier :

> Cet homme dont l'humeur
> Est plus aigre que la liqueur
> Que vendaient autrefois ses pères,
> Prodigue aussi ses biens
> Pour ses plaisirs magnanimes,
> Traite ses chiens comme des frères,
> Et ses frères comme des chiens...

Ceci est du Regnard :

> Que servir un joueur est un mauvais métier !
> Ne serai-je jamais laquais d'un sous-fermier ?
> Je ronflerais mon soûl la grasse matinée,
> Et je m'enivrerais le long de la journée :
> Je ferais mon chemin : j'aurais un bon emploi ;
> Je serais dans la suite un conseiller du roi,
> Rat de cave ou commis ; et que sait-on ? peut-être
> Je deviendrais un jour aussi gras que mon maître.
> J'aurais un bon carrosse à ressorts bien liants ;
> De ma rotondité j'emplirais le dedans.
> Il n'est que ce métier pour brusquer la fortune ;
> Et tel change de meuble et d'habit chaque lune,
> Qui, Jasmin autrefois, d'un drap d'Usseau couvert,
> Bornait sa garde-robe à son justaucorps vert.

Louis XIV, parlant des financiers du temps de sa jeunesse, les définit : « Gens d'affaires, qui, d'un côté, couvraient les malversations par toutes sortes d'artifices, et les découvraient de l'autre par un luxe insolent et audacieux, comme s'ils eussent craint de me les laisser ignorer (1). »

La satire n'épargne pas davantage les fournisseurs

---

(1) Louis XIV, ayant visité Saint-Cloud, y fut traité avec magnificence par Hervard. Le cardinal Mazarin demanda à ce dernier : « Vous avez dû dépenser des millions ici. » Hervard, qui ne voulait pas qu'on le crût enrichi aux dépens de l'État, s'en défendit et finit par énoncer le chiffre de cent mille écus. Le lendemain, il recevait la visite d'un notaire du roi, qui le priait, au nom du roi, de céder sa résidence à Monsieur ; l'acte de vente, tout dressé, portait le prix de trois cent mille francs. Hervard s'exécuta en rechignant ; le domaine lui revenait à deux millions au moins. Le trait est conté par Dulaure, mais tout ce que dit Dulaure n'est point parole d'Évangile.

des armées : « La guerre en France n'appauvrit pas tout le monde. Il y a des gens qui s'enrichissent pendant ce fléau. Une nouvelle race de régisseurs et de commis appauvrit plus la monarchie que les taxes et les impôts. Les armées exigent un service et des vivres. Il faut des directeurs, des régisseurs, des magasiniers, des contrôleurs, des inspecteurs, seconde race de sangsues qui tirent le sang le plus pur des peuples, et qui leur font une guerre plus funeste que l'ennemi. Tout commis qui fait ici une campagne dans les vivres a de quoi vivre jusqu'à la fin du monde. Je le crois bien ; un homme qui retranche la subsistance à deux mille hommes ne saurait manquer de subsistance. Les hôpitaux, les armées surtout, font faire de grandes fortunes. Ce sont aujourd'hui les mines les plus abondantes des richesses. Celles du Pérou ne rendent pas tant. »

« Bientôt on ne connaîtra plus en France que trois états : le roi, les financiers et les esclaves. »

Rappelons encore ce passage d'un mémoire où Mlle Petit, danseuse de l'Opéra, compare les fermiers généraux à ses camarades : « Ceux-ci et celles-là entrent généralement dans le monde sans biens, et en gagnent, les uns d'un coup de plume, les autres d'un... abandon gracieux de leurs personnes. Les financiers sont détestés des malheureux aux dépens desquels ils s'enrichissent ; les filles sont adorées de ceux mêmes qu'elles ruinent... »

Dangé fut chansonné de son vivant et après sa mort. Le marquis de Bièvre déclara que depuis son décès on pouvait traverser la place Vendôme, où était son hôtel, *sans danger*. Le défunt était, en effet, un coupeur de bourses *di primo cartello*.

La Bruyère, si dur pour les partisans, indique en même temps les causes de la révolution qui, en plein xviie siècle, est en train de s'opérer par le crédit du tiers-état et des manieurs d'argent : « Pendant que les grands négligent de rien connaître, je ne dis pas seulement aux intérêts des princes et aux affaires publiques, mais à leurs propres affaires…, des citoyens s'instruisent du dedans et du dehors d'un royaume, étudient le gouvernement, deviennent fins et politiques, savent le fort et le faible de tout un État, songent à se mieux placer, se placent, s'élèvent, deviennent puissants, soulagent le prince d'une partie des soins publics. Les grands qui les dédaignaient les révèrent ; heureux s'ils deviennent leurs gendres ! » Les *hommes de rien, aux airs de néant*, entrent en foule dans les hauts emplois, dans les ministères, pendant le règne de Louis XIV, ce règne de « *vile bourgeoisie*, » dira Saint-Simon avec un mépris aussi hautain que comique.

Ni avant ni pendant le système de Law, ni après, l'ironie ne chôme, et du moins elle remplace la justice, la morale, qui sommeillent pendant cette maladie de l'État, entretenue par l'imagination, le rêve et la cupidité, maladie morale où la moitié de la France, de 1718 à 1720, perdit son honneur. Car il ne suffit pas de soutenir que Law fut un Christophe Colomb ou un Descartes du crédit, et le plus grand poète de son temps : il en est d'abord le premier corrupteur, et fournit une preuve éclatante de la distinction entre le luxe utile et le luxe dangereux.

Un écrivain lui reproche justement d'avoir retourné l'État « ainsi qu'un fripier retourne un habit. » D'Aguesseau disgracié, exilé à Fresnes pour avoir combattu cet empirique, a le droit d'écrire qu'il eut contre lui la *cabale des sept péchés mortels* mis en mouvement par Law : *Sancta divitiarum majestas !* Un poète a dit qu'il fallait ensemencer la terre d'Évangiles : l'évangile de l'agiotage n'en a pas besoin, il pousse, fructifie et se réensemence tout seul.

« Une Mississipienne, toute brillante de pierreries, se trouvait hier au soir, avec ses deux filles, aux premières loges de la Comédie-Française. Son air bas, que la nature avait copié parfaitement dans ses filles, décelait cette famille, malgré leurs oripeaux magnifiques. Un petit-maître, voulant savoir à fond ce qu'était cette dame, l'attendit au sortir de la Comédie. Il la vit monter avec ses filles dans un carrosse aussi superbe que celui d'un ambassadeur. Deux troupes de laquais étaient prêtes à environner le carrosse devant et derrière. Un laquais, qui avait la figure d'un Adonis, demanda respectueusement: « Où Madame veut-elle qu'on la conduise ? » Elle répondit : « *Cheux nous.* » Cette expression grossière mit en joie toute la livrée, qui en fit sur-le-champ un écho. Le petit-maître ayant prié le beau laquais de lui définir cette dame : « Monsieur, dit-il, c'est une blanchisseuse de linge fin qui est tombée sans se blesser d'un quatrième étage dans un carrosse. »

Les mémoires du temps parlent aussi d'un enrich
la veille qui commande un carrosse chez le bon fr

« Mais de quelle sorte ? interroge celui-ci. — Une ber..

des plus belles, réplique le parvenu. — Mais encore ! La doublera-t-on de velours cramoisi ? — Oui, de l'or, de l'argent, du velours cramoisi, n'importe. Vous ne sauriez la faire trop belle. Tenez, voici des arrhes. (Il lui tend quatre mille livres en billets de banque.) Adieu, la rue Quincampoix m'appelle. — Monsieur, Monsieur ! crie le carrossier tandis qu'il s'éloigne, quelles armes voulez-vous ? — Toutes les plus belles, mon ami, toutes les plus belles. »

On rapporte que du Cluzel menaçait en ces termes quelque ivrogne étendu au travers de sa route : « Coquin, fais-moi place ; je ne sais ce qui me retient de te donner cent coups de ma canne *à pomme d'or.* »

La Palatine, mère du Régent, raconte gaillardement ce trait : « Law est poursuivi au point qu'il n'a de repos ni jour ni nuit. Une duchesse lui a baisé la main devant tout le monde. Or, si les duchesses agissent ainsi, que lui baiseront donc les autres femmes ? »

Ce vertige de l'agiotage ne pouvait manquer d'exciter la verve des chansonniers (1).

---

(1) On me permettra de rapprocher de ce pont-neuf le couplet de Ponsard sur l'agiotage.

> ... Les joueurs y sont partagés en deux corps,
> Les faibles d'un côté et dans l'autre les forts.
> Grâce aux gros bataillons qu'ils tirent de leur caisse,
> Ceux-ci font à leur choix ou la hausse ou la baisse ;
> Si bien que l'un des camps étant maître des cours,
> Toujours gagne pendant que l'autre perd toujours.
> A ce duel inégal joins l'œuvre des habiles:
> Les uns ont su d'abord les nouvelles utiles ;
> Les autres, inventant et semant de faux bruits,

> Les engagements, de nos jours,
> Ne se font plus par les amours.
> Un nouvel intérêt perfide
> Qui fait préférer le magot
> Au tendre amant que l'amour guide,
>   C'est l'Agio...

> Beautés, pour avoir de l'argent,
> L'amour est un mauvais agent.
> Volez, pillez, faites l'escompte,
> Vous en aurez tout aussitôt ;
> Et la fortune la plus prompte,
>   C'est l'Agio.

Accusations, pamphlets, épigrammes, médisances et calomnies contre les traitants, rempliraient aisément des volumes ; reconnaissons loyalement que le chapitre des bonnes actions serait assez long, et qu'ici aussi l'axiome de Montaigne se confirme pleinement.

Voici, entre autres, un financier, Rivier, enrichi dans les fournitures de chevaux pour l'armée, dont l'exemple rachète bien des péchés ; le président Dugas nous le présente en ces termes : « Sa générosité et sa magnificence égalent tout ce qu'on raconte de plus beau en ce genre... Il sut que M. de Surville, lieutenant-général, je pense, des armées du Roi, était pressé par ses créanciers et

---

> De la frayeur publique ont recueilli les fruits.
> D'autres, par les appâts d'un dividende énorme,
> Haussent les actions d'une entreprise informe ;
> Puis les laissent, aux yeux d'acquéreurs stupéfaits,
> Retomber à zéro dès qu'ils s'en sont défaits.
> Et dis, si les maisons par les Grecs fréquentées,
> Ont jamais employé cartes plus biscautées.

hors d'état de payer. Il était son ami, il fut, sans lui rien dire, payer tous ses créanciers et prit des quittances. Ensuite, étant allé chez M. de Surville, comme il le trouva triste et inquiet : « Qu'avez-vous, lui dit-il, e vous vois tout chagrin ? — J'ai bien raison, reprit M. de Surville ; je suis accablé de dettes et je ne sais où prendre de quoi payer. — N'y a-t-il que cela ? Reprenez votre gaieté ; tenez, voilà vos quittances. » Il avait prêté cent mille francs à M. de Barbezieux sur son billet. Après la mort de celui-ci, sa mère, informée de cette dette, envoya chercher M. Rivier et lui dit : « Je sais que mon fils vous devait, il a mangé prodigieusement ; il faudra que nous prenions quelque arrangement pour vous payer. — Madame, répondit-il, que cela ne vous inquiète point, M. de Louvois et M. de Barbezieux m'ont assez fait gagner. » Il lui fit voir le billet qu'il avait apporté, et, le jetant au feu : « Voilà, dit-il, la quittance. » Ceci est plus beau, à mon sens : il payait secrètement dans les monastères la dot des filles de condition qui n'avaient pas de quoi se faire religieuses. Il avait été compagnon maréchal, parlait le premier et sans peine de son premier métier ; un jour même il lui arriva de donner une leçon de ferrage à un apprenti auquel il dit ensuite : « Mon enfant, que cela ne te fâche ; j'ai fait ce métier avant toi. » Passant dans un endroit où il avait exercé, il demanda s'il n'y avait pas là un vieux maréchal, dit qu'il voudrait lui parler, se fit reconnaître, et lui servit jusqu'à sa mort une pension. »

Le duc des Cars rapporte que d'Herveley, garde du

Trésor royal et beau-père de La Borde, vint trouver celui-ci dans un temps où le public affolé réclamait des remboursements qui menaçaient le crédit d'Herveley. La Borde commença par élever des difficultés : depuis dix-sept ans il était hors de tout, et le gouvernement lui devait beaucoup d'argent ; enfin, passant dans son cabinet, il dit à son gendre des Cars : « Il faut bien faire quelque chose pour ce pauvre diable-là. » Et il écrivit rapidement quatre lettres ainsi conçues : « Monsieur, à la réception de la présente, je vous prie de faire partir à mon adresse tout l'argent monnayé que vous pourrez trouver sur votre place, signé : La Borde. » Les lettres étaient envoyées à Lyon, Bayonne, Amsterdam, Londres. Quelques jours après arriva la réponse de Lyon, à peu près ainsi conçue : « Monsieur, sur la vôtre de cette date, nous avons l'honneur de vous prévenir que nous chargeons à la diligence de ce jour quinze cent mille francs en argent... tout en or, et que ces envois se succéderont à chaque départ des diligences, jusqu'à contre-ordre de votre part. » Mêmes réponses de Bayonne, Londres, Amsterdam ; il fallut mander bien vite de suspendre les envois ; la panique fut ainsi conjurée, et d'Herveley tiré d'embarras.

Plus tard, Beaumarchais prônera, dans ses *Deux Amis*, les hommes d'argent ; mais Beaumarchais n'est-il pas, lui aussi, un financier, et sa défense a-t-elle le véritable caractère de l'impartialité ?

Feuilletez Saint-Simon, Tallemant des Réaux, Mme de Sévigné, Le Sage, Dancourt, les historiens, les sermonnaires, les livres de Chéruel sur Fouquet, de MM. Hanotaux et d'Avenel sur le cardinal de Richelieu, vous serez pleinement édifié. Au XVIIe siècle, le peuple lapidait quelquefois les traitants, et on les pendait aussi de temps en temps ; au XVIIIe siècle, on se contente en général de leur faire rendre gorge, lorsque par aventure on porte la main sur eux : c'est là *le casuel du métier*, comme disait le roi d'Italie, après une tentative d'assassinat contre lui.

On connaît déjà Langlée, qui tenait la banque à la cour, chez les princes du sang, les plus grands seigneurs, Langlée, l'arbitre des modes, des fêtes, qui rabrouait les princesses et offrait de si belles robes à Mme de Montespan. En voici quelques autres : le partisan Portail, d'abord simple domestique, puis montant d'échelons en échelons, par tous les métiers, jusqu'à la fortune. Avec quelques camarades, il afferme cinq ou six hameaux, et il n'avait garde de se tromper, car, dit Tallemant, il savait, à une pinte près, ce qu'on buvait en chaque village de cette sous-ferme, soit de cidre, soit de vin. Il a de l'audace, de l'entregent, il voit pousser l'herbe à quinze pas devant lui, il a surtout la chance. Portail étant allé à Tours, où se trouvait le roi, des gens de Lyon lui confessent qu'ils pensaient à une affaire, mais ils n'ignoraient pas qu'il l'emporterait s'il se mettait sur les rangs ; aussi lui offrent-ils dix mille écus pour le dédommager. Il n'y pensait aucunement, feignit d'être venu tout exprès, et leur soutira trente mille écus sur cette vision. Devenu riche, il acheta la baronnie de Tressan, laissa deux garçons et deux filles ; l'une d'elles eut cinq cent mille livres de dot et épousa M. de Brissac. La noblesse de cour, qu'il ne faut pas confondre avec la noblesse de province, prenait les écus des traitants et se moquait d'eux comme Dorante se moque du Bourgeois Gentilhomme. « Il faut du fumier pour fumer les meilleures terres, » observait Mme de Grignan, après avoir marié son fils à la fille du fermier général Saint-Amand. Ainsi, selon le mot si juste de Michel Provins (M. de Langeron), le mariage est encore le moyen le plus rapide qu'on ait imaginé pour s'approprier légalement le bien d'autrui.

« Il n'est que trop vrai, s'exclame Balzac en plein xviie siècle, que ce malheureux intérêt, qui devait n'être connu que des banquiers de Gênes et d'Amsterdam, et n'avoir lieu qu'aux places du change, est maintenant le dieu de la cour, l'objet, la fin du courtisan. Il n'est que trop vrai qu'on lui sacrifie pensées, paroles et actions, qu'on lui fait servir l'esprit, le courage, la vertu, le vice, les bonnes actions et les mauvaises. De l'âme des fermiers et des receveurs, il a passé, ce malheureux intérêt, en celle des gentilshommes et des princes ; il entre dans les professions qui en sont apparemment les plus éloignées... » — « Certains magistrats, ajoute Furetière, ont pour meilleurs amis des gens qui s'appellent *Louis* et à qui ils ne refusent rien lorsqu'ils viennent les trouver de compagnie. L'amour a jeté la moitié des flèches de son carquois pour y trouver la place d'un trébuchet (à peser les pistoles)... L'amour mercenaire est tellement venu à la mode que, depuis la duchesse jusqu'à la soubrette, on fait l'amour à prix d'argent... »

Et voici l'opinion de Montesquieu dans les *Lettres Persanes* : « Le corps des laquais est plus respectable en France qu'ailleurs; c'est un séminaire de grands seigneurs, il remplit les vides des autres états. Ceux qui le composent prennent la place des grands malheureux, des magistrats ruinés, des gentilshommes tués dans les fureurs de la guerre; et quand ils ne peuvent pas suppléer par eux-mêmes, ils relèvent toutes les grandes maisons par le moyen de leurs filles, qui sont une espèce de fumier qui engraisse les terres montagneuses et arides. »

Travaux publics, entreprises industrielles, guerres étrangères, guerres civiles, tout aux traitants est matière à gain : la Cour des Aides, la Chambre des Comptes, ont grand'peine à sévir, et trop souvent ils se rient de leurs poursuites. Bouhier de Beaumarchais, condamné en 1624 à être pendu, exécuté en effigie, se voit gracié, déchargé même de l'amende en 1635, par le crédit de ses gendres La Vieuville et Vitry; sa femme était fort laide, ce qui ne l'empêcha pas, dit Furetière, d'avoir pour son argent des galants de bonne maison, comme le duc de Mayenne. Les financiers véreux achètent, au besoin, les conseillers d'État et les membres du Grand Conseil, s'assurent à coups de pistoles la complicité des agents du Trésor, des gouverneurs de provinces, des ministres eux-mêmes. Chateauneuf, La Vieuville, acceptent leurs pots-de-vin; Bullion laisse en mourant 700,000 livres de rente. Un secrétaire d'État, Émery, était bien vu de Mme de Guéménée, et comme l'on s'étonnait d'un pareil choix : « C'est, dit un plai-

sant, qu'elle veut convertir le bon larron. » Ils sont si
décidés à voler qu'ils se font accorder une absolution
anticipée : une clause des baux porte « que ni eux ni
les intéressés ne pourront être compris en aucunes
recherches de chambres de justice, ni taxés pour raison de ce, le Roi les ayant dès à présent déchargés. »
Un effroyable désordre dans les finances, un absurde
système de recouvrement des impôts, tout accroît et
leur audace, et la facilité de pêcher en eau trouble.
Encore se plaignent-ils souvent, et, à les entendre, on
croirait qu'ils s'exposent pour l'amour de Sa Majesté !
Parfois, ils consentent un sacrifice pour échapper aux
poursuites et demeurer tranquilles possesseurs du plus
gros de leurs rapines : ainsi Gourville rapporte cinq
cent mille francs et reste encore fort riche ; il a le vice
drôle, avisé, aimable, spirituel même, prend à droite, à
gauche, de tous les côtés, fournit des blés avariés à la
troupe, réalise un million au trente et quarante, ran-
çonne le tiers et le quart, finit par épouser secrètement
une fille de son ancien maître La Rochefoucauld ; et,
voici le plus fort, est bien vu du roi, de Mazarin, de
Lionne, de Le Tellier.

Malgré son faste, malgré la ruine de ses banques de
Lyon et de Genève, Samuel Bernard laissa encore
35 millions à sa mort ; ses prêts aux simples particuliers s'élevaient à 10 millions de francs, qui ne portaient
guère d'intérêts. Il tenait un grand état de maison, jouait
gros jeu ; sa table, pour le dîner seulement, lui coûtait
150,000 livres par an. Une de ses manies était de donner aux gens de qualité son portrait ; entrant un jour

dans la garde-robe d'un seigneur qu'il avait ainsi gratillé, il trouva son portrait au-dessus de la chaise percée. Une autre manie consistait à croire son existence attachée à celle d'une poule noire ; de fait, il ne lui survécut guère, mais il était octogénaire. Sa fille épousa M. Molé, président à mortier ; ses petites-filles furent duchesse d'Uzès, duchesse de Roquelaure, marquise de Clermont-Tonnerre, marquise de Lévis-Mirepoix ; lui-même avait été anobli (1), doté du comté de Coubert. Au reste, la noblesse, dès Louis XIII, est à la portée du premier venu, pour peu qu'il puisse acheter une terre titrée. A partir du xviie siècle, les mariages d'argent se pratiquent sur une grande échelle, sacs et parchemins éprouvent les uns pour les autres une invincible attirance. Antoinette Servien devint duchesse de Saint-Aignan ; Louise Boyer, duchesse de Noailles ; la fille de Feydeau, comtesse du Lude ; celle de Montmort, Mme de Thémines ; celle de Herbaut, comtesse de Palluau ; celle de Bure, marquise du Blé d'Uxelles ; Mlle Pauline de La Borde fut duchesse des Cars. On en citerait cent exemples. Mme de Termes épousa bravement Claude Viguier, et ses amies furent scandalisées. Et pourquoi ? Parce que le coq anoblit la poule, et que la poule n'anoblit pas le coq. — « Dieu pardonne, Madame ma mie, dit l'une d'elles, mais les hommes ne pardonnent pas. » Ils pardonnèrent cependant : et puis elle se souciait

---

(1) « L'argent a fait faire tous ces mariages, remarque Marais, et voilà ce que devient la noblesse... La folie de la France est d'entrer dans la famille (ou dans la caisse) de M. Bernard... »

davantage d'avoir un bel hôtel qu'un tabouret à la cour d'être couchée qu'assise, comme elle le confessa crûment.

Cette grande fortune s'en alla aux quatre coins de l'horizon, bientôt dispersée, éparpillée, presque évaporée. Le fils aîné de Samuel gaspilla des sommes immenses en folies de toute espèce, et, six ans après son père, mourut presque dans la misère. C'est la moralité fréquente de ces fortunes.

Antoine Crozat avait marié sa fille au comte d'Évreux, troisième fils de la duchesse de Bouillon, qui appelait sa bru : Mon petit lingot d'or ; son fils aîné devient marquis du Chatel ; le second, le président de Tugny, et le troisième, le baron de Thiers. Son frère, Pierre Crozat, surnommé *Crozat le Pauvre*, parce qu'il était moins riche, forme un des plus beaux cabinets de curiosités qu'un particulier ait possédés au xviii⁰ siècle : recueils d'estampes de tous les maîtres, dix-neuf mille dessins, quatre cents tableaux de choix, des sculptures à proportion, mille trois cent quatre-vingt-trois pierres gravées, témoignent de son goût. Il a des mandataires qui, pour lui, fouillent l'Italie, la France, achète des cabinets entiers aux héritiers Jabach, aux héritiers de La Noue, à Mlle Stella, au comte Malvasia, au cardinal Santa-Croce ; tout vient s'entasser, se ranger dans cet hôtel de la Porte Richelieu, où le dimanche il reçoit les artistes de talent, les connaisseurs, où l'on entend d'excellente musique, des quatuors auxquels le nonce du Pape ne dédaigne pas de s'associer, en faisant sa partie sur l'archiluth. Il lègue son hôtel de Paris et sa maison de Montmorency, « pour que ses tableaux et objets d'art ne soient pas changés de place, » à son neveu le marquis du Chatel, père de la duchesse de Gontaut et de la duchesse de Choiseul. Les financiers collectionneurs sont légion au xviiie siècle, et légion aussi les salons des femmes de la finance.

Saint-Simon, sur les financiers et les impôts de son temps, a des pages d'une âpreté terrible, des pages qui font penser à la peinture de l'enfer par Dante, à certains tableaux de Michel-Ange, d'Holbein, de Rembrandt.

« Les papiers de toutes les pièces dont le commerce se trouvait inondé, et qui tous avaient plus ou moins perdu crédit, faisaient un chaos dont on n'apercevait pas le remède : billets d'État, billets de monnaie, billets des receveurs généraux, billets sur les tailles, billets d'ustensile, étaient la ruine des particuliers, que le Roi forçait de prendre en paiement de lui, qui perdaient moitié, deux tiers et plus, avec le Roi comme avec les autres... Ces escomptes enrichissaient les gens d'argent et de finance aux dépens du public...

« La capitation doublée et triplée à la volonté arbitraire des intendants des provinces, les marchandises et les denrées de toute espèce imposées au quadruple de leur valeur ; taxes d'aides et autres de toute nature et sur toute sorte de choses : tout cela écrasait nobles et roturiers, seigneurs et gens d'église, sans que ce qu'il en revenait au roi pût suffire, qui tirait le sang de ses sujets sans distinction, qui en exprimait jusqu'au pus... Moins d'un mois suffit à la pénétration de ces humains commissaires pour rendre bon compte de ce doux projet (l'impôt du dixième) au cyclope qui les en avait chargés. Il revit avec eux l'édit qu'ils en avaient dressé, tout hérissé de foudres contre les délinquants. Ainsi fut bâclée cette sanglante affaire, et immédiatement après signée, scellée, enregistrée, parmi les sanglots suffoqués. La levée ni le produit n'en furent pas tels, à beaucoup près, qu'on se l'était figuré dans ce bureau d'anthropophages, et le roi ne paya non plus un seul denier à personne, qu'il faisait auparavant. »

La gent taillable et corvéable à merci se serait-elle consolée en lisant cette invective de Tite-Live ? « Partout où il y a un publicain, ou le droit public est anéanti, ou la liberté des alliés est perdue. » Car l'horreur de l'impôt finit par accabler les Romains des provinces plus encore que les Français, au point de rendre les fonctions municipales obligatoires afin d'en assurer le recouvrement. Voici un exemple que j'emprunte au livre de Dezobry : *Rome au siècle d'Auguste.*

« Quand Lucullus eut reconquis l'Asie sur Mithridate, il chassa les publicains, dont la cupidité avait ruiné cette province : les pères obligés de vendre leurs fils et leurs filles, les villes mettant à l'encan les offrandes consacrées dans leurs temples, les tableaux, les statues des dieux, et, si cela ne suffisait pas, leurs malheureux citoyens adjugés comme esclaves, voilà ce qu'on voyait un peu partout, — car les provinces étant toujours pays conquis aux yeux des publicains, ils en assimilaient la population aux prisonniers de guerre. Vains efforts : les publicains ne tardaient pas à revenir, et le mal recommençait. Le sénat trop souvent n'osait sévir ; ils

orrompaient les pontifes, les magistrats, les fonction-
aires petits e grands; on tremblait de s'aliéner un
rdre si puissant. »

> *Prima pereginos abscena pecunia mores*
> *Intulit, et turpi fregerunt secula luxu*
> *Divitiæ molles.*

Gaston Boissier nous révèle quelques procédés des
xploiteurs romains :

« Patriciens et chevaliers, d'ordinaire ennemis, s'en-
ndaient avec une rare concorde pour piller les pro-
inces. Les chevaliers, fermiers de l'impôt public,
'avaient qu'une pensée : ils voulaient faire fortune en
inq ans, durée ordinaire de leur bail. Aussi récla-
aient-ils sans pitié l'impôt du dixième sur les produc-
ons du sol, l'impôt du vingtième sur les marchandises,
ans les ports le droit d'entrée, le droit de pâturage
ans l'intérieur des terres, enfin tous les tributs que
ome avait imposés aux peuples soumis. Or, à qui les
alheureuses villes pouvaient-elles demander de l'ar-
ent, sinon aux banquiers de Rome, devenus depuis un
iècle les banquiers du monde entier ? C'est donc à eux
u'on s'adressait. Quelques-uns étaient assez riches pour
irer de leur fortune particulière de quoi prêter aux
illes ou aux souverains étrangers, comme ce Rabirius
ostumus, pour lequel Cicéron a plaidé, et qui fournit
u roi d'Égypte l'argent nécessaire pour reconquérir son
oyaume. D'autres, pour moins s'exposer, formaient des
ssociations financières dans lesquelles les plus illustres
omains apportaient leurs fonds. C'est ainsi que Pompée

était intéressé pour une somme importante dans une de ces sociétés en commandite... Brutus, qui le croirait ? avait la main dans ces trafics. Il avait prêté de l'argent à Ariobarzane, roi d'Arménie, et à la ville de Salamine, dans l'île de Chypre... Tous ces prêteurs, que ce fussent des particuliers ou des compagnies, des chevaliers ou des patriciens, étaient très peu scrupuleux, et n'avançaient leur argent qu'à des taux énormes, généralement à 4 ou 5 pour 100 par mois... La ville insolvable subissait les horreurs d'un siège en pleine paix, et d'un pillage officiel. Le proconsul qui refusait de se prêter à ces abus, et qui prétendait, suivant l'expression de Cicéror, empêcher les provinces de mourir de faim, soulevait naturellement les colères de tous ceux qui vivaient de la mort des provinces... »

On voit que les Romains ont connu le crédit, la commandite, l'agiotage. Les sociétés financières pullulent à Rome aux deux derniers siècles de la République : elles émettent des actions *(partes)*, font appel au concours des petites bourses, et l'on a remarqué que les livres de comptes des Romains étaient tenus avec une sorte de soin religieux. « Il n'est pas jusqu'à nos banquiers et agents de change, observe M. d'Hugues, dont on ne reconnaisse l'équivalent dans ces *Argentarii* ou *Trapezitæ*, qui tenaient caisse ouverte, au *Forum* d'abord, et dans les *Basiliques* ensuite. » Bossuet avait déjà dit, dans son *Histoire universelle* : « L'argent faisait tout à Rome. » S'il n'est pas de grand homme pour son valet de chambre, il n'y a pas non plus, pour l'historien, de grande nation sans alliage, sans un mélange fort répugnant parfois, d'abus, de cruautés et d'excès de tout genre. L'envers des vertus romaines était chose tout simplement effroyable. A quel prix un peuple, un indi·vidu, deviennent puissants, un don Juan joue son rôle, on ne s'en occupe guère, on n'écoute, on ne note pas assez les souffrances des vaincus, esclaves, serfs, ou simples dupes. Sénèque fait de l'usure ; Caton l'Ancien ne pressure-t-il pas sans pitié ses débiteurs ? Et n'est-ce pas de Pompée qu'on disait : « Tu vois les os des rois desséchés et vidés de leur moelle ? » Que dire de Brutus et de son agent, Scaptius, tenant assiégés les sénateurs de Salamine par une troupe de cavaliers empruntés au proconsul, et faisant mourir de faim cinq sénateurs pour être remboursé de prêts qui portent intérêt à 48 pour 100. Pendant quelque temps les financiers furent les maîtres de la politique intérieure et extérieure à Rome. La loi de Caïus Gracchus attribua aux chevaliers le pou-voir judiciaire : « Dès lors, dit Appien, les chevaliers eurent l'autorité, le sénat eut simplement l'honneur... d'un seul coup on abolit la puissance du sénat. » Florus ajoute : « Le pouvoir judiciaire déplacé, c'était le patri-moine de l'État supprimé. » Sempronius Asellio, magis-trat intègre, est massacré à Rome pour avoir voulu rappeler au respect des lois les prêteurs d'argent.. L'un d'eux se vantait d'avoir plus d'or que trois rois ; un autre projetait d'écrire à son intendant d'ajouter l'Apulie à ses domaines. La richesse avait asservi la religion elle-même. Beaucoup plus sans doute que la pure morale ne le comportait, Cicéron défendit les che-valiers : il fut leur avocat, leur client, leur ami, leur orateur politique : « Les publicains, dit-il quelque part, tiennent à moi comme à la prunelle de leurs yeux. » A l'entendre, il faut voir en eux l'ornement de la cité, la sauvegarde de la République.

Ailleurs il déclare : « C'est le besoin qui est la mesure des richesses... Celui qui désire beaucoup est pauvre. » Voilà une maxime qui peint et son auteur, et beaucoup de publicains. Reconnaissons du moins qu'il ne fut ni concussionnaire ni usurier, mais il profita largement des bonnes aubaines de toute sorte que lui ménageaient ses clients ; il spécula et reçut maintes fois des legs considérables. Comment expliquer sans cela une fortune de vingt-cinq à trente millions ? Bref, prétend Deloume, il se courba en acceptant la théorie du moindre mal.

La politique des Césars, qui ne pouvait s'accommoder d'une telle influence, lui porta un coup mortel en remplaçant les adjudicataires de l'État par des *procuratores*, représentants de l'État, fonctionnaires salariés et hiérarchisés, à qui était conféré le droit de juger dans les affaires les plus importantes. Les abus ne disparurent point assurément, mais ils furent atténués et se déplacèrent ; la politique de centralisation accentua la décadence du prestige des publicains.

En 1716, une Chambre Ardente de justice dresse une liste de huit rôles où se trouvaient les principaux partisans ; les Crozat étaient taxés à 6,600,000 livres ; les d'Ogny à plus de 2 millions ; Romanet à 4,453,000 livres ; Rey de Viancourt à 5,200,000 livres ; bien d'autres devaient rapporter une partie de leurs bénéfices. On espérait tirer de là 147 millions : on en eut à peine vingt.

D'aucuns avaient préféré devancer la justice; d'autres mirent la frontière entre eux et les exempts; beaucoup, soit par adresse, soit par protection chèrement achetée, ne figurèrent point sur les cahiers des enquêtes; plusieurs honnêtes gens payèrent pour des fripons avérés (1).

La Chambre de justice développa la corruption, la délation, devint odieuse au peuple; d'Aguesseau lui-même, à peine nommé chancelier, dut prononcer la clôture de ce tribunal institué par son prédécesseur. Quelques années plus tard, en 1720, beaucoup d'actionnaires de la Compagnie des Indes mirent à l'abri une fortune acquise, Dieu sait comment, en épousant des filles de personnages influents et peu fortunés : on appela celles-ci des *filles de protection,* parce qu'elles apportaient en dot à leurs maris l'impunité.

Lopez, les Puget, Montauron, Pléneuf, Guénégaud, d'Hervaert, Rambouillet, Samuel Bernard, sont célèbres à des degrés et pour des motifs divers. La maison de Lopez était comme un abrégé de la foire de Saint-Germain, tant elle renfermait de curiosités, tant y affluait le beau monde; et cela, notez bien, au milieu du xvii⁰ siècle. Lopez figure dans la société intime de Ri-

---

(1) On voit, dans le *Mémorial,* de quelle manière expéditive Napoléon fit rendre gorge à Masséna, « ce déprédateur intrépide, » pour trois ou quatre millions ; une autre fois, il mande Bourrienne chez Duroc qui adresse à ce maître fourbe cette laconique injonction : « L'Empereur m'a chargé de vous demander six millions ». Quel livre on pourrait écrire avec l'histoire d'Ouvrard et de ses pareils !

chelieu, des ambassadeurs, de la reine. Un peu plus tard, Louis XIV et Christine de Suède assisteront à un ballet chez La Bazinière.

Et ce Montauron, ancien commis et soldat aux gardes, si vain, si fastueux qu'on l'appelait : Son Éminence gasconne, que tout était *à la Montauron*, même des petits pains au lait qu'on appelait à la Montauron; que Corneille lui dédiait *Cinna* et le comparait à Auguste ; Montauron, si content de tutoyer les grands seigneurs, qui lui passaient tout en l'honneur de ses dîners et de ses prêts d'argent, chez lequel le duc d'Orléans et le grand Condé ne dédaignaient point de descendre quelquefois. Un jour, le duc de Chatillon lui dit: « Morbleu, Monsieur, nous sommes tous des gredins auprès de vous ! Faites-moi l'honneur de me prendre à vos gages, et je renonce à tout ce que je prétends de la cour. » Une autre fois, Roquelaure et quelques petits-maîtres viennent dîner chez lui, et, bien qu'il fût absent, se font servir à dîner. Loin de se fâcher, il donna l'ordre que dorénavant on servît chez lui, tant en son absence qu'en sa présence. Même devant Monsieur, frère du roi, les Comédiens du Marais attendent son arrivée pour lever la toile. A propos de tel de ses convives, il remarquait insolemment : « Celui-là est sur l'état de ma maison. » Il se targuait d'avoir les meilleurs officiers de France, mettait des armes à son carrosse et disait à son gendre : « Il n'y a que moi d'homme de condition dans les affaires. » Tant et si bien qu'il finit par se ruiner, et aussitôt les dîneurs de disparaître, les faiseurs de dédicaces de se taire, et Scarron de s'écrier :

> Ce n'est que maroquin perdu,
> Que les livres que l'on dédie
> Depuis que Montauron mendie ;
> Montauron, dont le quart d'écu
> S'attrapait si bien à la glu
> De l'ode ou de la comédie.

Mais voici le bouquet : Louis XIV se faisant, en 1708, courtisan de Samuel Bernard ; le trésor public est sec, toutes les bourses fermées ou épuisées, les armées et la maison du roi ne reçoivent ni solde ni gages, les folies de guerre semblent précipiter le pays vers sa complète ruine. Le contrôleur général Desmarets ayant présenté le financier au roi : « Vous êtes bien homme, lui dit Louis XIV, à n'avoir jamais vu Marly ; venez le voir à ma promenade, je vous rendrai après à Desmarets. » Bernard suivit, et, pendant qu'elle dura, le roi ne parla qu'à Bergheyck et à lui, les menant partout, leur montrant tout également, avec les grâces qu'il savait si bien déployer quand il avait dessein de commer. « J'admirais, dit Saint-Simon, et je n'étais pas le seul, cette espèce de prostitution du roi, si avare de ses paroles, à un homme de l'espèce de Bernard. Je ne fus pas longtemps sans en apprendre la cause, et j'admirai à les plus grands rois se trouvent quelquefois réduits. » Ravi, enthousiasmé, Bernard déclara qu'il risquerait sa ruine plutôt que de laisser le roi dans l'embarras; en effet, il vint au secours de l'État. De même, en 1712, il avançait au ministre de Suède 600,000 livres qui empêchèrent les troupes de Charles XII de se débander faute de paie : c'est que le comte de Sparre, en bon diplomate, lui avait demandé à dîner, et l'avait enjôlé par d'adroits compliments.

Le président Hénault parle de lui en ces termes : « Ce n'est point M. Jourdain, ce n'est point Turcaret, ce n'est rien de ce que l'on a joué à la comédie, parce qu'il n'y a jamais eu de fou de son genre. Il avait un orgueil extravagant qui, en quelque sorte, l'anoblissait il était insolent de bonne foi ; tout ce qui était chez lui de plus grand contribuait à sa folie, et il y en avait la moitié qui n'avait que faire de sa richesse. Les louanges les plus absurdes pâlissaient devant ses prétentions : il avait servi le roi dans les armées, c'était le Phœbus qui se souvenait d'avoir été au siège de Troie. Il avait eu des combats particuliers ; il avait aimé les plus belles princesses d'Allemagne (où il n'avait jamais été), il racontait les fêtes qu'il leur avait données. Je dois ajouter qu'il était généreux, *quel que soit le motif...* qu'il a rendu de grands services et que, dans le militaire surtout, il a aidé à de grandes fortunes et a empêché de grandes chutes. C'était *une maison de jeu*, de bonne chère, et le rendez-vous de la meilleure compagnie (1)... »

---

(1) A propos de Gentil Bernard, Voltaire glisse cette comparaison un peu tirée par les cheveux :

> En ce pays, trois Bernards sont connus :
> L'un est le saint, ambitieux reclus,
> Pêcheur adroit, fabricateur d'oracles,
> L'autre Bernard est l'enfant de Plutus,
> Bien plus grand saint, faisant plus de miracles ;
> Et le troisième est l'enfant de Phœbus,
> Gentil Bernard dont la muse féconde
> Doit faire encor les délices du monde
> Quand des deux saints l'on ne parlera plus.

Dieu sait s'il fut brocardé, chansonné, pour ses travers, ses défauts, même pour ses qualités ; mais, comme dit le proverbe persan, on ne jette des pierres qu'aux arbres chargés de fruits. Salluste caractérise ainsi les gens de son espèce : *alieni appetens et sui profusus :* désireux du bien étranger, prodigue du sien.

Un trait peu connu de Samuel Bernard. Le comte de Charolais, ayant besoin de deux cent mille francs pour ses équipages, va les lui demander sur l'heure du dîner.

Monseigneur, répond Bernard, on va servir ; voulez-vous que j'aie l'honneur de vous offrir un mauvais repas? » Le prince n'ose refuser, on sert un merveilleux festin, car le financier avait mis sa maison sur un tel pied qu'il eût pu recevoir le roi sans être prévenu. Après le dîner, Charolais demande à son hôte s'il pouvait compter sur le plaisir dont il l'avait prié. « Eh ! Monseigneur, dit celui-ci, il y a longtemps que la chose est faite ; voilà le reçu de votre trésorier. » Par exemple, il renvoyait sans miséricorde tel vieux serviteur qui avait commis la moindre faute; ainsi fit-il pour un valet de chambre qui avait introduit un personnage sans l'avertir auparavant ; mais, en le congédiant, il lui donna quinze mille francs (1).

La duchesse de Tallard fait le récit, un peu chargé sans

---

(1) Trois filles illégitimes de M⁰⁰ de Fontaine et de Samuel Bernard, M⁰⁰ Dupin de Chenonceau, d'Arty, de La Touche, jouent un rôle assez curieux dans l'histoire sociale du xvɪɪɪ⁰ siècle. M⁰⁰ Dupin, la seule « à qui l'on n'ait point reproché d'écart dans sa conduite, » eut un salon considérable, protégea Rousseau qui s'éprit

doute (1), d'une journée de Samuel Bernard à la Cour :
il dîne chez le duc de Noailles, soupe chez la duchesse
de Tallard qui le remercie du service d'argent rendu à
Louis XV et propose un brelan. « C'est, lui dis-je, un
jeu fort agréable ; on y joue ce qu'il plaît, on le quitte
quand on veut. — Pour moi, reprend Bernard, je ne le

---

d'elle, fut rembarré, et qu'elle garda quelque temps comme secrétaire ; c'est sur la demande de sa belle-fille que Jean-Jacques
écrivit plus tard son *Émile.* « Ce qui lui donne une physionomie
très particulière et très originale au milieu de ces philosophes, dit
George Sand, c'est qu'elle est plus avancée que la plupart d'entre
eux. Disciple de l'abbé de Saint-Pierre, elle affirme nettement que
tous les hommes ont un droit égal au bonheur. » Les paysans de Chenonceau, qui l'adoraient, la sauvèrent pendant la Révolution, et elle
ne s'éteignit qu'en 1799, âgée de quatre-vingt-douze ans. « Honneur
donc, conclut George Sand, à celle qui fut belle comme la maîtresse
d'un roi, sage comme une matrone, éclairée comme un vrai philosophe, et bonne comme un ange ! » Mᵐᵉ d'Arty, favorite du prince de
Conti, est pendant vingt ans la reine de la petite cour de l'Isle-Adam ;
on conte d'elle ce mot charmant. Elle était malade de la petite vé-
role : son confesseur l'exhortant à renoncer aux vanités du monde,
s'étonnait que le prince de Conti se présentât sans cesse pour
savoir de ses nouvelles : « Ah ! mon Père, que vous me rendez
heureuse ! Je m'en croyais oubliée. » Mᵐᵉ de La Touche, après deux
passades fort vives avec le duc d'Alincourt et le duc de La Tré-
moille, s'éprend éperdument du duc de Kingston, le suit en Angleterre, est abandonnée douze ans plus tard, et, grâce à son fils,
finit par obtenir le pardon de son mari : nouvel argument contre
ceux qui prétendent que le XVIIIᵉ siècle n'a point connu la passion.

A propos de cette aventure, la petite Cartou, des chœurs de
l'Opéra, que Kingston avait quelque temps entretenue, ne se fit
point faute d'interpeller d'Arty : « Dis un peu à ta femme et à sa
sœur que, si elles veulent nous enlever nos pratiques comme elles
le font, elles n'ont qu'à venir jouer nos rôles, car il n'est pas juste
que nous ayons la peine, et elles le profit. » Et d'Arty se dépêcha
de rapporter ce discours à sa femme et au prince de Conti en présence d'une nombreuse compagnie.

(1) BARRIÈRE : *Tableaux de genre et d'histoire,* pp. 92, 93.

itte jamais ; il m'amuse beaucoup, et j'y joue presque
us les soirs pour m'empêcher de dormir de trop bonne
ure. — Eh bien ! lui dis-je, pour vous tenir éveillé, je
rai votre partie et je vais proposer à ces dames d'en
re. » Le jeu commence, Bernard perd tout ce qu'il veut,
 laisse plumer, tire sans cesse de son gousset, de sa
ste, de nouveaux rouleaux d'or, et tout enivré de sa
oriole, plonge une main dans la gorge de Mme de Fla-
arens en lui disant : « Ma belle, qu'en pensez-vous ?
a-tout ! » — Stupéfaction de Mme de Flamarens, fou rire
néral et gaieté accrus par la bonne volonté de Bernard
perdre son dernier écu : « C'est à qui de nous fera :
a-tout (1) ! »
Mieux encore que Molière dans *la Comtesse d'Escar-
gnas,* que Lesage dans *Turcaret* (2), que Regnard

---

1) Comme on voit, le mal, si mal il y a, ne date pas d'hier.
A-t-il de l'argent ? En a-t-elle ? lit-on dans *la Capitale des Gaules.*
eu pourvoira au reste. Un douaire et une dot, il n'est pas ques-
n d'autre chose... On a besoin d'une femme ou d'un mari pour
re un remboursement, pour dégager une terre ou pour aug-
enter son train. On se marchande comme un meuble, et on se
re indifféremment au plus offrant et au dernier enchérisseur. »
lleurs : « La dot de presque toutes les épouses des seigneurs sort
 la caisse des fermes. »
2) Entre autres pièces de théâtre où les manieurs d'argent sont
is en scène au XVIIIe siècle, et parfois peu ménagés, nommons :
lomme de fortune, commandé à La Chaussée par Mme de Pompa
ur, et représenté sur son théâtre en 1751, après d'importantes
odifications opérées à la demande des financiers eux-mêmes ;
gioteur, d'Armand Charlemagne (1795) ; *le Thé à la mode ou le*
llier de sucre, de Ducancel (1796) ; *les deux Jocrisses ou le Com-*
erce à l'eau, d'Armand Gouffé ; *Tout le monde s'en mêle,* de
ayeur ; *les Parvenus d'aujourd'hui,* de Trial-Letour ; *Madame An-*
t, la Poissarde parvenue, de Maillot ; *les Modernes enrichis,* de Pujols.
 la première représentation de *l'Écossaise,* de Voltaire (1760), où

dans *la Critique du Légataire*, ou Baron dans *la Coquette* et *la Fausse Prude*, les comédies réalistes de Dancourt : *les Agioteurs*, *le Retour des Officiers*, *le Prix de l'Arquebuse*, *le Second Diable boiteux*, *l'Amour Charlatan*, *l'Été des Coquettes*, *le Vert-Galant*, *la Foire Saint-Germain*, dessinent de pied en cap les traitants, leur allure professionnelle, leur vie intérieure et extérieure, leur influence dissolvante sur les mœurs publiques.

Quelques-uns appartiennent à la bourgeoisie, la plupart sont fils de paysans ou de laquais ; l'un arrive à force d'âpreté, de dureté de cœur, l'autre par le proxénétisme. Sans foi, ni loi, ni morale, voilà le trait commun... « Je portais la queue de Madame, qui était bien jolie et qui avait bien des amants. Les intrigues de Madame rapportaient beaucoup, et, outre cela, pour récompense, on me mit portier en sortant de page. Cela me valut de l'argent. Ceux qui avaient affaire de Monsieur, ceux qui avaient affaire de Madame, il m'en venait de tous côtés : je me trouvai au bout de trois ans plus de huit mille livres. » Une fois parvenu, l'ancien petit usurier s'en donne à cœur joie, se venge des dures

---

Fréron était pris à partie, un financier agaçait si fort Saint-Foix par ses marques d'approbation, qu'il lui dit : « Monsieur, cela aura bien de la peine à être aussi plaisant que *Turcaret*. » Le mot est raconté autrement par Collé. Deux fermiers généraux, gendres de Bouret, s'extasiaient devant la comédie des *Philosophes* ; à les entendre, aucune pièce, depuis Mollère, ne valait celle-là. Saint-Foix, impatienté, finit par dire : « Je souscris, Messieurs, à tous les éloges que vous donnez aux *Philosophes*, cependant vous m'avouerez que *Turcaret* est encore au-dessus de cette comédie. »

années de privations et d'humiliations, étale son faste, sème l'argent, mais en le semant, il le fait sonner et le compte encore. Sa galanterie aligne des chiffres. Donnet-il un souper à sa maîtresse, il lui établit le compte du menu : « Je ne sais si ce maraud de rôtisseur m'aura envoyé de bonne viande, mais il me l'a bien fait payer. Ce faisan-là coûte 12 francs ; les deux perdrix, 9 livres 10 sols, et 13 francs l'oiseau de rivière et la bécasse. Ces coquins-là gagnent plus que nous. »

« Excusable ! réplique Dargentac, gentilhomme décavé, devenu homme d'affaires, au banquier Trapolin. Monsieur, tout le monde l'est. La fortune porte son excuse avec elle. Par quelque route qu'on la fasse, quand on l'a faite, on n'a jamais tort. »

Le Trapolin des *Agioteurs* de Dancourt fait songer à Gobseck, à Mercadet, au Vernouillet des *Effrontés*, au Vertillac des *Faux Bonshommes*, au Prudent Formichel de la *Famille Benoîton*, il est bien plus fouillé, plus vivant, plus représentatif et symbolique que Turcaret. Dancourt le peint dans son antre, criant, gesticulant, ensorcelant ses dupes, faisant à son gré la hausse et la baisse sur le marché, audacieux, pratiquant l'usure en gros et en détail. Quel mot de superbe inconscience dans cette réponse à son frère qu'il a pris avec lui, et qui s'avise de lui rappeler ses origines : «Ces gueux-là, quand cela commence à faire fortune, cela est d'une insolence ! »

« La pièce, dit Jules Lemaître, est remarquable par le mouvement et l'énergie, la vérité et la variété des personnages. Autour de l'exubérant Trapolin se meuvent, comme autour de leur général, de saisissants profils de tripoteurs d'argent : le vieux Zacharie, calmé par l'âge, prudent et froid ; le procureur Durillon, un requin qui a de l'onction et de la tenue ; le mystérieux Craquinet, qui ne fait que passer, agent subalterne et respectueux ; Cangrène, un gredin dont la spécialité est d'avoir des scrupules ; le garçon de bureau Dubois qui tutoie son maître dans le tête-à-tête, reçoit ses confidences, et dont Trapolin dit quelque part : « Voilà un garçon qui ira loin, il est dur, sec, impitoyable. » Au contraire, Turcaret n'est pas essentiellement un financier. Il a plutôt les ridicules du parvenu en général, que les ridicules, vices ou travers propres à l'homme d'argent. Je ne vois chez lui l'allure professionnelle, je ne sens la dent du monstre que dans la petite scène avec son commis M. Rafle... *Turcaret* est un grand vaudeville de mauvaises mœurs qui ressemblerait très fort à une comédie rosse du Théâtre-Libre, n'étaient la différence des vocabulaires et l'usage des périphrases et des sous-entendus. »

Et Dancourt conclut spirituellement, dans une autre pièce, par ces paroles qu'il prête à Jupiter : « Non, mon enfant, je ne suis plus à la mode... Depuis que cet aveugle Plutus a répandu dans l'univers un certain genre d'hommes qu'il favorise, et qui sont devenus les maîtres de toutes les richesses des autres, les femmes n'ont point d'égards au rang et à la dignité, l'éclat seul des trésors les éblouit, et j'aurais toutes les peines du monde, moi qui te parle, à trouver, à l'heure qu'il est, une petite grisette de la première main. Comme ce

ont gens grossiers, pour qui l'Amour a trop de délicaesse, ils l'ont révoqué à la pluralité des voix, et on a
onné son emploi à la débauche. »

S'il n'existe point d'étude d'ensemble sur les financiers
t traitants du xviie siècle, ceux du xviiie siècle ont plu-
ieurs historiens, et je dois signaler tout particulière-
nent : M. Thirion : *La Vie privée des financiers du
XVIIIe siècle;* Mme la vicomtesse de Janzé : *Les Finan-
iers d'autrefois;* Delahante : *Une famille de finance au
XVIIIe siècle* (1). Entre les financiers des deux siècles, il
n'existe pas de différences très profondes : mœurs, ca-
actères, attitudes, prétentions, demeurent sensiblement
es mêmés, avec cette nuance toutefois qu'au xviiie siè-
le l'importance des hommes d'argent a encore grandi,
que les préjugés contre eux s'effacent de plus en plus,
que leurs salons se multiplient, que leur luxe paraît plus

---

(1) Voir encore : SÉNAC DE MEILHAN : *Du Gouvernement de la
France; Portraits.* — MERCIER : *Tableau de Paris.* — *Les Folies du
marquis de Brunoy.* — NICOLARDOT : *Ménage et finances de Vol-
aire.* — Léon SAY : *Turgot.* — GRIMAUX : *Jeunesse et mort de La-
oisier,* dans *Revue des Deux-Mondes,* 15 février, 15 décembre 1887.
— André JOUBERT : *Les Fermiers généraux sous la Terreur,* dans
Correspondant, 25 février 1869. — GONCOURT : *Portraits du XVIIIe siè-
le.* — GRASSET-MOREL : *Les Bonnier.* — FEUILLET DE CONCHES :
Les Salons d'autrefois. — LEVASSEUR : *Recherches historiques sur le
système de Law.* — Alexandre DUMAS : *La Question d'argent.* —
Baron DE MARICOURT : *Madame de Souza et sa famille,* pp. 83 et s.
— DESNOIRESTERRES : *Épicuriens et Lettrés,* p. 187; *La Comédie sati-
rique au XVIIIe siècle.* — Honoré BONHOMME : *Grandes dames et Pé-
cheresses.* — NISARD : *Papiers sur Suard.* — Ernest BERTIN : *Les
Mariages dans l'ancienne Société française.* — *Journal et Mémoires
de Charles* COLLÉ, I, pp. 77, 108, 137, 215, et II, pp. 150, 250.

affiché, leurs folies plus scandaleuses, qu'ils règnent, en quelque sorte, avec Mme de Pompadour, que l'État est à leur discrétion sous Louis XV.

On ne saurait donc souscrire sans réserve à certaines diatribes dans le genre de celles-ci : il y a là des affirmations beaucoup trop absolues. « Les premiers richards, écrit Diderot, s'entendaient mieux que leurs successeurs. Ils n'avaient garde de faire parade de leurs énormes fortunes. Ils avaient une apparence modeste. Ils mouraient, et leurs enfants trouvaient des tonnes d'or. Bonnier est un des premiers qui ait étalé tout le faste de l'opulence, et je trouve à cela plus de maladresse encore que d'impudence. »

Un autre écrivain signale une nouvelle diminution des caractères : les classes dirigeantes, magistrats, gentilshommes, gueusant les emplois des fermes générales. « J'ai vu, dans ma jeunesse, les bas emplois des finances être des récompenses de laquais. On y trouve aujourd'hui plus de gentilshommes que de roturiers. »

« C'est Grimod du Fort et Dupin qui nous perdront, gémissaient les confrères timorés, en faisant ouvrir les yeux sur les profits immenses que l'on peut retirer des fermes générales de Sa Majesté ! »

« Tout, même la langue, dit Baudrillart, atteste alors cette révolution opérée par la richesse, par le luxe et l'amour de l'argent. Spéculer au XVIIe siècle, c'était méditer sur la métaphysique. Cela signifie, au XVIIIe siècle, jouer à la hausse ou à la baisse. On disait le *système de Descartes;* on dira le *système de Law.* Les mots ne font que traduire ce déplacement des idées. L'imagination humaine regardait en haut. Elle regarde autour d'elle, souvent en bas. »

Quoi qu'il en soit, les financiers du xviiie siècle singent les grands seigneurs, jouent au Mécène, ont des musiciens à gages, protègent les gens de lettres, reçoivent la meilleure compagnie, donnent chez eux la comédie, et même écrivent des pièces de théâtre que corrigent leurs parasites. On les voit acheter des châteaux historiques, construire des maisons de campagne, des petits hôtels où semblent se donner rendez-vous toutes les merveilles de l'art. Plus que jamais, leurs filles épousent des gentilshommes, qui trop souvent dissipent la dot de celles-ci. Girard marie sa nièce au duc de Brancas; la fille de Dangé épouse le marquis de Paulmi; celle de Villemorin, le marquis de Béranger; Grimod d'Orsay épouse successivement une princesse de Croy, puis une princesse de Hohenzollern; les filles d'Hocquart seront duchesse de Cossé-Brissac, marquise d'Ossun, comtesse de Montesquiou; la fille de Pléneuf devient marquise de Prie, maîtresse de M. le duc de Bourbon, et gouverne la France. C'est maintenant la règle générale; par exception seulement, les filles de MM. les fermiers généraux se contentent de bourgeois.

D'autre part, leur moralité a gagné; il se forme parmi eux des dynasties qui tiennent à la considération et méritent l'estime; les affaires, devenues plus vastes, plus compliquées, exigent des connaissances approfondies. Sans aller jusqu'à prétendre, avec Delahante, qu'en général la ferme se composait de très honnêtes gens, de respectables pères de famille, véritables fonctionnaires publics, pourvus d'une place qui, par l'économie, peut les mener à la fortune, on doit convenir que le nombre de ces derniers ne cessait de s'accroître, et qu'ils forment la majorité à partir de 1760. Tous ne sont pas des épicuriens, des pachas, des proconsuls, et j'accepterais, dans une certaine mesure, ce jugement de Duclos :

« La finance n'est pas du tout aujourd'hui ce qu'elle était autrefois... Les financiers d'antan étaient peu communicatifs ; la défiance leur rendait tous les hommes suspects, et la haine publique mettait encore une barrière entre eux et la société. Ceux d'aujourd'hui sont très différents. La plupart, qui sont entrés dans la finance avec une fortune faite ou avancée, ont une éducation très soignée, qui en France se proportionne plus aux moyens de se la procurer qu'à la naissance. Il n'est donc pas étonnant qu'il se trouve parmi eux des gens fort aimables. Il y en a plusieurs qui aiment et cultivent les lettres, qui sont recherchés par la meilleure compagnie, et qui ne reçoivent chez eux que celle qu'ils choisissent... On en fait encore des plaisanteries d'habitude, mais ce ne sont plus de ces traits qui partaient autrefois de l'indignation que les traités et les affaires odieuses répandaient sur toute la finance... »

Ainsi les fermiers généraux se partagent en plusieurs classes ; quelques-uns cumulent, la majorité se renferme dans une spécialité.

Il y a les grands travailleurs, les utiles conseillers de la troupe, ce qu'on appelait, vers 1770, le *Bataillon sacré des fermes générales* ; ce ne sont pas les plus nombreux ; on n'en connaît que cinq : Bouret, Puissant,

Douet, Gigault de Crisenoy et Saint-Amand ; mais derrière les hommes de talent se groupe la phalange des hommes moyens, appliqués, ceux qu'on appellerait aujourd'hui les ronds de cuir. Tout de même ne prenons pas au pied de la lettre les épigrammes du marquis de Mirabeau et de Diderot.

« Quand on sait bien ses quatre règles, écrit en 1764 le marquis de Mirabeau, qu'on peut conjuguer le verbe avoir, et qu'on est laborieux, on est un aigle en finance. » — « Savez-vous lire ? demande Diderot à un jeune homme qui cherche sa voie. — Oui. — Un peu calculer ? — Oui. — Et vous voulez être riche à quelque prix que ce soit ? — A peu près. — Eh bien ! mon ami, faites-vous secrétaire d'un fermier général, et continuez dans cette voie. »

Puis les collectionneurs, les lettrés ;

Les mondains ;

Les débauchés, les libertins, comme ce Thevenin de Margency qui fut surnommé le *Syndic des galantins*. Diderot ne dit-il pas de l'un d'eux qu'il a dépensé deux millions sans faire un bon mot ni une bonne action ?

Les fermiers généraux forment un des gros bataillons, le bataillon d'élite, et, à tout prendre, le plus recommandable de l'armée des manieurs d'argent; mais ils ne composent pas toute l'armée, et ils eurent cette malchance de grouper contre eux toute l'impopularité qui enveloppait la corporation entière. Pourquoi ? Sans doute parce qu'ils faisaient plus de bruit que les autres, mais surtout parce qu'ils jouaient le rôle odieux par excellence, la levée de l'impôt, d'une partie des impôts du moins, et que les impôts, comme les traites (1), les gabelles, étaient fort mal assis et répartis, plus mal encore recouvrés, avec un appareil de fiscalité, de peines qui en décuplaient la rigueur. Les fermiers généraux de l'ancienne monarchie, ce sont les publicains de l'empire romain. J'essaierai de résumer en quelques pages les travaux de MM. Delahante, Thirion, Paz, Gratien, etc., sur ce singulier organisme économique.

« On désignait sous le nom de Fermes Générales, dit Delahante, une société financière chargée à forfait du recouvrement de la plupart des contributions indirectes. » Les rois y rencontraient les avantages qu'ils ne trouvaient pas ailleurs : la certitude et la fixité du revenu ; et puis ils se flattaient ainsi de rejeter sur des tiers l'impopularité qui s'attache aux collecteurs d'impôts. On demandait d'ailleurs beaucoup à cette compagnie : une solvabilité indiscutable, une indépendance plus apparente que réelle, car la perception de l'impôt touche de trop près à la politique pour que le pouvoir puisse s'en désintéresser. On la voulait encore temporaire ou perpétuelle ; temporaire en ce qui concerne les conditions du bail, perpétuelle en ce qui concernait le personnel. On

---

(1) « Les fermiers généraux, affirme Delahante, tenaient dans la société de leur temps une place intermédiaire entre la Cour et la Bourgeoisie, à peu près égale à celle de la Magistrature. » Il faut encore nommer parmi les bons serviteurs de la Ferme pendant la seconde moitié du XVIIIe siècle: MM. de Borda, Dangé de Bagneux, de Laage de Bellefaye, de Parseval, J. Delahante, de Monteloux, de Saint-Hilaire, de Luzine, Paulze, Pignon, Roslin, Rougeot, d'Arlincourt, Lavoisier, de Saint-Cristau, Couturier. De fréquents mariages renforçaient ce patriarcat de la Finance.

voulait l'unité administrative dans les rapports de la Ferme avec le gouvernement, pour ne pas avoir à persuader ou influencer toutes les sociétés individuellement; d'autre part, on ne voulait pas instituer l'autorité d'un chef qui, maître d'une pareille corporation, aurait pu en faire un centre dangereux pour la monarchie ; on ne voulait pas créer un connétable des finances. »

Les baux, consentis pour six ans, indiquaient : 1º les diverses contributions que le gouvernement entendait affermer (au XVIIIᵉ siècle ce sont les gabelles, les traites, les tabacs et les entrées dans Paris) ; 2º le chiffre de la ferme et l'époque des versements ; 3º les sommes que la compagnie devait fournir, soit pour le rachat du matériel, soit à titre de fonds de roulement ; 4º les rémunérations fixes des associés. Certains baux stipulaient deux prix : le *prix rigoureux*, celui que les fermiers devaient payer en tout cas ; le *prix espéré*, celui au-delà duquel commençait le bénéfice, toute la marge entre les deux prix revenant au gouvernement. Dans les derniers baux on stipula le partage des bénéfices entre l'État et la Ferme. Celle-ci représenta pour celui-là un produit, toujours croissant, de cent à cent soixante millions pendant le XVIIIᵉ siècle.

Le nombre des fermiers fut de quarante, puis de soixante ; chacun apportait comme fonds d'avance 1,500,000 livres, l'État payait 10 pour 100 pour le premier million, 6 pour 100 pour les 500,000 livres restantes. Ils touchaient un traitement fixe de 24,000 livres par an pour droit de présence, de 4,200 pour frais de bureau, de 1,500 par mois quand ils étaient en tournée.

Le traité était signé pour le roi par le contrôleur général, auquel la tradition assignait un pot-de-vin de trois cent mille livres à la charge du Fermier.

Le fermier apparent était un homme de paille qui donnait son nom au bail. Le fermier réel était une société commerciale de capitalistes qui se réunissaient pour cautionner l'adjudicataire général, et tout administrer au moyen de la procuration donnée d'avance par celui-ci. Ces associés, connus sous le nom de *Fermiers généraux du roi*, avaient un autre nom, le seul légal : *Cautions de l'adjudicataire général ;* ils étaient agréés par le roi ; celui-ci admettait aussi un certain nombre de personnes à faire partie de la Ferme Générale avec le titre d'adjoints. On était adjoint à un titulaire dénommé, avec lequel on faisait corps ; c'était un fermier général en deux personnes. L'adjoint non rémunéré, mais survivancier, coadjuteur avec succession future, était presque toujours fils ou neveu du titulaire.

Comme le remarque Delahante, la Ferme Générale, sous le rapport de sa constitution légale, présentait le caractère singulier d'une réunion de fonctionnaires publics embrigadés dans une société commerciale, pseudonyme ou en participation. Point de chef unique, ni de chef collectif ; chaque associé remplissait un ou plusieurs postes dans une de ces trois catégories :

Les Comités ;

Les Correspondances ;

Les Tournées.

Le Contrôleur Général fixait lui-même chaque année

ce qu'on appelait les *départements de Messieurs les Fermiers Généraux.*

Les Comités décidaient ; les principaux se nommaient : comité des Caisses, comité des grandes Gabelles, comité des petites Gabelles, comité des Tabacs, comité des Traites (1), comité des Retraites, comité du Personnel, comité du Contentieux.

Les Correspondances exécutaient ; les correspondants transmettaient les décisions des comités aux directions de province qui formaient leurs circonscriptions, et dans lesquelles ils exerçaient le pouvoir exécutif. La seule atténuation à leur pouvoir consistait dans cette règle que toute lettre émanant de la Ferme devait être signée par six Fermiers Généraux.

Les associés chargés de faire les tournées de vérification en province prenaient le titre de *tourneurs.*

Ce général en chef à quarante ou soixante têtes avait sous ses ordres une armée de directeurs, chefs, sous-chefs de bureaux, inspecteurs, contrôleurs, employés de tous grades, brigadiers.. C'était sa force, mais c'était

---

(1) Les traites se composaient de droits divers sur la circulation des marchandises, droits perçus non seulement à la frontière, mais encore dans l'intérieur du royaume sur les marchandises passant d'une province à une autre. Les gabelles étaient le monopole, réservé à l'État, de la vente du sel à des prix supérieurs au prix de revient, prix constituant l'impôt, comme cela se pratique encore en France pour le monopole du tabac. Les ordonnances draconiennes contre la contrebande n'empêchaient pas celle-ci de se pratiquer sur une grande échelle ; toutefois, bon an mal an, cinq ou six cents faux sauniers étaient condamnés au bagne. Les autres revenus affermés étaient les tabacs, les postes, les poudres et salpêtres, les aides (droits sur le vin).

aussi sa plaie. Les nécessités du service exigeaient un si grand nombre d'hommes, et forçaient à les rétribuer si peu, qu'on était obligé de les recruter partout. « Ces hommes vivaient en face des populations dans un état d'isolement et d'hostilité, espèce de Bohémiens méprisés et abhorrés. Le public les désignait sous le nom de gabelous, emprunté au plus impopulaire des impôts. Ce nom a survécu longtemps dans la rancune du peuple, il n'a pas même complètement disparu devant la tenue irréprochable des sujets qui composent le service actif des douanes, des contributions indirectes et des octrois. »

Delahante rapporte ce mot d'un directeur des Douanes qui avait débuté dans la Ferme, et devant lequel on attaquait la réputation de ses anciens patrons : « Je ne crois pas, dit-il, que les Fermiers généraux aient jamais été des voleurs ; mais ce que je puis affirmer, c'est qu'ils ont toujours été indignement volés. » L'organisation administrative de la Ferme laissait filtrer de nombreux abus, le personnel inférieur était dur, brutal, peu scrupuleux ; les impôts, peu élevés en somme, si l'on compare le budget d'alors avec le budget d'aujourd'hui, semblaient intolérables par les vexations qui en accompagnaient le recouvrement.

Les Fermiers généraux réalisaient de larges bénéfices, diminués par les pensions et les croupes. Celles-ci étaient des parts d'association ou de commandite dans ces places, tantôt librement consenties, tantôt imposées par le Roi. Celles-là consistaient en des sommes fixes et annuelles, assignées par Sa Majesté sur ces places au profit de certaines personnes. Les unes et les autres restèrent secrètes jusqu'en 1773 ; à ce moment, l'abbé Terray, voulant réaliser par le nouveau bail une forte augmentation de revenus pour l'État, se demanda s'il ne pouvait y parvenir en supprimant ces faveurs parasites, et il envoya à chaque fermier général une circulaire confidentielle qui enjoignait de dresser l'état général des croupes et pensions. Un commis infidèle déroba une copie de l'État, et sa divulgation produisit un joli scandale.

Ainsi le Roi en personne figurait pour des croupes d'un quart ou de moitié dans trois places, si bien qu'il s'était accordé lui-même et occupait en fait une place entière de Fermier général; 6,000 livres à la disposition de la Dauphine, de la comtesse de Provence, de Madame, de Madame Adélaïde, de Madame Sophie. Croupe d'un quart et pension de 12,000 livres à la famille de Mme de Pompadour sur deux places ; 200,000 francs de croupe à Mme du Barry, un quart à Mlle de Romans, 40,000 livres de pension à Mme et Mlle Bontemps, femme et fille du valet de chambre de Louis XV. Parmi les pensionnaires figuraient aussi : la nourrice de feu le duc de Bourgogne, une chanteuse du concert de la Reine, un officier de la Petite-Écurie, les huissiers des cabinets du Roi ou du comte d'Artois, etc. Les croupes et pensions représentaient environ deux millions, il est vrai que les bénéfices des fermiers s'évaluaient à 6 ou 7 millions. Inutile d'ajouter que la causerie parlée ou écrite ne laissa point échapper une si belle occasion.

Les contribuables n'étaient pas entièrement livrés ;

le Contrôleur Général ou ministre des Finances, les Parlements, les Cours des comptes, au besoin des Chambres de justice, pouvaient arrêter et punir les coupables; mais le faisaient-ils suffisamment? Les accusés allaient parfois à la Bastille, trop rarement au bagne : les grosses mouches passaient à travers les toiles d'araignées de la loi.

Un argument très grave contre la Ferme, c'est que l'État était toujours tenté de lui demander des avances, de telle sorte que les revenus étaient dévorés par anticipation.

Un certain nombre de fermiers généraux sont gens de qualité, du moins appartiennent à d'anciennes familles : tels les Lallemant de Betz, Nantouillet, Beaufort, Héron de Villefosse, La Live de Bellegarde, Dupleix de Bacquancourt, Villemur, Rolland, Lantage de Séricourt, Thiroux de Lailly, Durey d'Arnoncourt, Mazade, Hocquart. Saint-Valry, à quatre-vingt-dix ans, continue de porter le titre de *doyen des petits-maîtres*. Gresset, dit-on, le désignait dans ce vers du *Méchant :*

Ce sont les vétérans de la fatuité.

Durey d'Arnoncourt était perpétuellement tiraillé entre ses goûts de galanterie, son faste et son avarice. Dans une heure de générosité, il avait souscrit 1,200 livres de rente à une fille, mais pour le temps seulement où elle lui garderait sa tendresse. Elle distingua un cavalier plus jeune, il cessa de payer, et elle lui rappela le billet par ministère d'huissier : « Attendu que la demoiselle X... continue à aimer le sieur Durey d'Arnoncourt, Fermier général de Sa Majesté, etc... »

Quant aux nouveaux nobles, des complaisants leur fabriquent de reluisants arbres généalogiques... « Le plus difficile n'est pas d'anoblir tous ces gens, mais de leur donner des armes, car où prendre pour eux des écussons ? Il est vrai que je n'ai pas peiné beaucoup avec les financiers : je leur ai donné un champ d'argent avec des monts d'or... A l'égard de ceux qui veulent des fleurs de lis dans leurs écussons, cela est aisé à concilier, car la plupart les portent sur leurs épaules. C'est ce que nous appelons en termes de blason des armes parlantes.» Beaucoup de ces parvenus pouvaient en tout cas s'appliquer les vers de la complainte de *Cartouche :*

Je ne me dirai point de maison éclatante :
Mon père était laquais, ma mère était servante.

« Les appartements de nos gens de qualité sont, à l'ordinaire, remplis de figures de trépassés. Il n'y a que les financiers de Paris, et une sorte d'hommes qu'on appelle Fermiers généraux, qui sont là-dessus d'une grande modestie. C'est toujours à eux que commence l'histoire des tableaux de famille. On dirait que leurs ancêtres n'avaient point de visage. Il est toujours question du portrait du fils, et jamais de celui du père... »

« M. Lavoisier, écrivait un saute-ruisseau de lettres, sans chercher la pierre philosophale comme ses confrères MM. les chimistes, l'a trouvée dans sa charge. » Lavoisier employait fort bien ses gains : la seule expérience de la décomposition de l'eau lui coûta 500,000 livres.

L'esprit, la raillerie, n'abdiquent jamais en France, où ils jouent trop souvent le personnage de l'équité. Grimod de La Reynière traite les gens de lettres, paie leurs dettes ; ses dîners sont célèbres, sa maison : *la meilleure auberge des gens de qualité,* et l'on entend à ces concerts Piccini, Sacchini, Garat, Richer; mais, s'avise-t-il de peindre, de parler, on se moque de lui, et ses convives de murmurer, sitôt qu'il a le dos tourné: «On mange bien La Reynière, mais on ne le digère pas.» Écoutez un peu cette histoire qui amusa toute l'Europe, et vous dira quelle éducation gastronomique on recevait dans cette famille (1) :

La Reynière, pendant une inspection financière, entre dans une auberge, et, voyant devant le feu sept dindes à la broche, tandis que l'aubergiste ne lui proposait que des fèves au lard : « Mais toutes ces dindes ? s'étonne-t-il. — Elles sont retenues par un monsieur de Paris. — Un monsieur tout seul ? — Un monsieur seul comme l'as de pique. — Mais c'est un Gargantua; enseignez-moi donc sa chambre. » La Reynière monte, se trouve nez à nez avec son fils : « Comment donc ! c'est vous qui faites embrocher sept dindes pour votre souper ?— Monsieur, répond celui-ci, je comprends que vous

---

(1) Desnoiresterres ne se prononce pas sur le point de savoir si le héros de l'anecdote est Grimod Dufort, Grimod de Beauregard ou Grimod de La Reynière. Ce dernier mourut en 1754, suffoqué par un pâté de foie gras qu'il n'avait pas digéré.

soyez péniblement affecté de me voir manifester des goûts si vulgaires et si peu conformes à la distinction de ma naissance. Mais je n'avais pas le choix des aliments. Il n'y avait que cela dans la maison. — Parbleu! je ne vous reproche pas de manger de la dinde à défaut de poularde. En voyage, on est bien contraint de se contenter de ce qu'on trouve..., mais la chose qui m'étonne c'est le nombre de sept. Pourquoi faire? — Monsieur, je vous avais ouï dire assez souvent qu'il n'y avait presque rien de bon dans une grosse dinde, et je n'ai voulu manger que les sot-l'y-laisse. — Ceci est un peu dispendieux pour un jeune homme, riposte le père, mais ce n'est pas déraisonnable, et j'aime à voir profiter des observations que je fais. »

Grimod fils avait épousé Mlle de Jarente, nièce de l'évêque d'Orléans qui avait la feuille des bénéfices. Comme, dès le premier jour, elle manifestait une humeur assez impérieuse, il interrogea son beau-frère, M. de Malesherbes : « Croyez-vous qu'elle me rendra heureux ? » Et celui-ci de répondre avec le plus beau sang-froid : « Cela dépendra du premier amant qu'elle aura. » Mme de La Reynière se contenta, pendant fort longtemps, d'une coquetterie platonique qui ne contribuait pas peu à l'agrément de son salon, où s'empressaient la cour et la ville ; mais lorsqu'elle commença à marcher vers l'âge automnal, on prétend qu'elle rattrapa le temps perdu. Certaine après-midi, tandis qu'on discutait entre amis sur la valeur de ce vers de Delille :

Et ces deux grands débris se consolaient entre eux,

le domestique annonça le bailli de Breteuil et Mme de La Reynière. « Décidément, murmura la maréchale de Luxembourg, le vers est bon. »

La Reynière fils cumulait les revenus de fermier général et d'intendant des postes. Le public, les confrères finirent par clabauder, on le contraignit d'opter, et, comme il se plaignait devant quelques grands seigneurs, l'un d'eux répondit naïvement : « Eh ! mon Dieu, cela ne fait pas une grande différence dans votre fortune. C'est un million à mettre à fonds perdus, et nous n'en viendrons pas moins souper chez vous. » Il fallait en prendre son parti, supporter de-ci de-là un mot dédaigneux de la noblesse. Passe encore quand c'était la duchesse de Berry, qui, entrant un jour au parloir des Carmélites de la rue de l'Enfer, leur présentait Mmes de La Rochefoucauld et d'Arpajon, filles richissimes de traitants : « Je vous amène mes deux bourgeoises. » Mais par le droit divin de la beauté, Mme d'Arpajon prit joliment sa revanche sur le Régent qui l'avait remarquée, et qui devenait trop entreprenant ; il reçut un maître coup d'éventail sur les yeux. A impertinent, impertinent et demi.

Le fils du publicain et de la nièce de Mgr de Jarente, Alexandre-Balthazar Grimod de La Reynière, fut presque célèbre par ses excentricités en tout genre, ses *Séances nutritives* ou *Déjeuners philosophiques*, et son *Almanach des Gourmands*. La Correspondance de Grimm parle de quatre enfants de chœur placés aux quatre coins de la salle avec des encensoirs, et prête ce propos irrévérencieux au maître de céans : « Quand mes parents

donnent à manger, il y a toujours trois ou quatre personnes chargées de les encenser; vous voyez, Messieurs,
que j'ai voulu vous épargner cette peine, voici des
enfants qui s'en acquitteront à merveille. » On prétendait encore que le suisse de l'hôtel La Reynière interrogea les convives de Balthazar en ces termes : « Où
allez-vous ? — Chez M. de La Reynière. — Lequel ?
M. de La Reynière *sangsue du Peuple*, où M. de La Reynière *défenseur de la Veuve et de l'Orphelin ?* » Et tout
de même le dernier propos reste fort invraisemblable,
bien que Grimod ne brillât guère par le tact et le respect filial. Ce même fantaisiste, qui se posait comme
républicain et démocrate avant 1789, quitte à devenir
réactionnaire à partir de 92, répondit, assure Rétif de
La Bretonne, à un duc et pair qui, à la table même de
son père, décochait un trait piquant contre les financiers : « Monsieur le Duc, je divise les gens de la cour
en trois classes : la première, bien peu nombreuse, est
celle des honnêtes gens; la deuxième est celle des êtres
nuls, qui ne font ni bien ni mal; la troisième est celle
de ces scélérats oppresseurs de la nation, dont la scandaleuse faveur exprime les revenus de l'État; et vous
savez bien, Monsieur le Duc, que vous n'êtes pas des
deux premières. »

Mais voici des préceptes de politesse gastronomique,
formulés par Grimod et ses amis, qui méritent d'être
enchâssés dans un chapitre sur les financiers, maîtres
experts ès arts de la gueule : — Ne pas entrer, même
lorsqu'on est intime, dans une maison dès que les convives sont à table. — Défense de médire de son amphitryon pendant un temps proportionné à l'importance

du festin (huit jours à six mois). — « Ce n'est qu'à jeun qu'il faut s'étudier dans son miroir, » prononçait le marquis de Cussy, hostile à l'usage des glaces dans la salle à manger.

Bourvalais se querellait dans une assemblée de finan*ciers avec son ancien maître Thevenin, qui finit par lui dire avec hauteur : « Ne te souviens-tu pas d'avoir été mon laquais ? — J'en conviens, répliqua Bourvalais, mais si tu avais été le mien, tu le serais encore. »

Sous le règne de Louis XV, les financiers ont mis dans leurs intérêts les favorites.

M*me* de Pompadour, peu après son avènement, eut quatre des siens « logés à la réconfortante hôtellerie des Fermes Générales. » Les ministres ne s'y employaient pas tous de bonne grâce, témoin Orry qui répondit, quand elle le sollicita pour son mari : « Si vous êtes favorite en titre comme on le dit, Madame, comme le bruit en court, vous n'avez pas besoin de moi ; si vous ne l'êtes pas, vous n'aurez pas l'emploi. » Ce refus coûta le contrôle général à Orry (1745), et son successeur n'eut garde de l'imiter.

Et puis les traitants se consolent en faisant leurs filles duchesses, en achetant des marquisats pour leurs fils, en répétant les vers de Bodin, de Régnier :

> Le noble altier, pressé de l'indigence,
> Humblement du faquin recherche l'alliance,
> Avec lui trafiquant d'un nom si précieux.

> L'argent d'un cordon bleu n'est pas d'autre façon
> Que celui d'un fripier ou d'un aide maçon...
> Riche vilain vaut mieux que pauvre gentilhomme.

Qu'on ne vienne pas leur raconter que les armoiries des nouvelles maisons sont, pour la plus grande partie, les enseignes de leurs anciennes boutiques. C'est de vraie aristocratie qu'ils sont avides, de race authentique; et, donnant l'exemple au bonhomme Poirier, ils achètent sept cents ans de noblesse en cinq minutes. La raillerie ne dure pas, la duché-pairie reste.

Leur infatuation, qui nous amuse, agaçait fort les contemporains. On parlait devant M. de Fribois d'une charge de maître d'hôtel du duc d'Orléans. « Eh mais! qu'est cela? dit-il; c'est une misère! — Pardonnez-moi, répond quelqu'un, c'est une charge comme il faut. — Eh non! il n'y a pas de charge honnête dans la maison de M. le duc d'Orléans! — Que dites-vous? Et celle de premier gentilhomme de la chambre, de premier écuyer, de ses chambellans, toutes places remplies par des gens de la plus haute qualité? — Oui, oui, par de pauvre noblesse. Ma foi, Messieurs, je ne connais de place honnête chez ce prince que celle de fermier, et celle de fermier général chez le Roi. »

Vers 1780, les réceptions de Mme de La Reynière ont remplacé celles de Mme de Pléneuf, vont de pair avec celles de Mmes de Fourqueux, de Riancourt, d'Épinay, de Marchais, de Salverte. On y cause à merveille, les lettrés s'y empressent ainsi que les gens de cour, et parmi eux l'abbé Barthélemy, MM. d'Adhémar, d'Albaret, de Thiard, de Besenval; Mmes de Ségur, de Cambis, de Boufflers, de Luxembourg, de Tessé. Les étrangers de marque tiennent à connaître l'hôtel du fermier général, où meubles et collections témoignent d'un goût raffiné.

Un assez fâcheux incident se produisit, lorsque le comte et la comtesse du Nord, de passage à Paris en 1782, visitèrent l'hôtel de La Reynière. Clérisseau, architecte de Catherine II, s'avança au-devant du prince, qui rendit son salut; mais notre homme lui barrant le passage et l'arrêtant de nouveau :

« Que voulez-vous, Monsieur ? demanda le prince.

— Vous ne me reconnaissez pas, Monseigneur?

— Je vous reconnais parfaitement ; vous êtes le sieur Clérisseau.

— Pourquoi ne me parlez-vous pas, alors ?

— Parce que je n'ai rien à vous dire.

— Et vous allez être ici ce que vous avez été chez vous, Monseigneur, me méconnaître, me traiter comme un étranger, moi, l'architecte de l'Impératrice, moi qui suis en correspondance avec elle ! Aussi, je lui ai écrit, à *Madame votre mère*, pour me plaindre de l'indigne réception que vous m'avez faite. »

Tout le monde se regardait stupéfait; le comte du Nord haussa légèrement les épaules, et avec un sourire de prince :

« Écrivez-lui donc aussi, à *Madame ma mère*, que vous m'empêchez de passer, Monsieur ; elle vous en remerciera certainement. »

Clérisseau avait été reçu poliment par M. le comte du Nord; ce n'était pas assez pour lui : il espérait se rendre célèbre par une inconvenance, et n'attrapa que du ridicule.

Les fêtes, soupers, infortunes conjugales, mystifications, extravagances des manieurs d'argent, la grandeur et la décadence de quelques-uns, remplissent mémoires et correspondances du temps. Voici Boullongne que le curé de Saint-Roch vient prier d'accepter le titre de marguillier de sa paroisse, et comme il s'écrie : Moi, marguillier, Monsieur, j'aimerais autant être... trompé ! » s'attire cette riposte : « L'un n'empêche pas l'autre (1). »

« Camuset, un de nos Plutus, conte d'Argenson, s'était rencontré dernièrement dans son logis avec un brave officier qui y attendait sa femme, et les explications qui s'en étaient suivies l'avaient, à ce qu'il semble, suffisamment édifié sur l'étendue de son infortune conjugale. Il a résolu, dès lors, de jouer au plus fin, et pour cela, après avoir laissé s'écouler quelques jours, il est rentré un soir plus tôt que d'habitude. Le galant

---

(1) Denormandie raconte que Mirès lui dit un soir qu'il venait d'éprouver une des grandes jouissances de sa vie ; il avait gagné son procès devant la cour de Douai (21 avril 1862) et lançait une nouvelle affaire : la Banque des États. Après une soirée passée à la Comédie-Française, il quittait sa stalle, lorsque l'ouvreuse, en lui passant son paletot, murmura ces mots qui touchèrent Mirès jusqu'aux larmes : « Monsieur Mirès, à lundi, dès l'ouverture de la souscription : nous nous apprêtons. » Et Mirès ajouta avec une véritable émotion : « *L'amour du peuple me console de tout.* » Une étude sur les manieurs d'argent au XIXe siècle fournirait des traits aussi piquants que ceux des siècles antérieurs.

M. Bontoux, disait un prêtre à Mme Augustus Craven, est le Pierre l'Ermite d'une nouvelle croisade. Il s'agit pour nous, chrétiens, de vaincre les Israélites, *Dieu le veut !* C'est encore le cri des nouveaux croisés ! — M. Craven l'interrompant : « Je ne sache pas, Monsieur l'abbé, que l'argent ait jamais été une des armes de Dieu. » Après la faillite de Bontoux, un homme avisé dit à l'un de mes amis qui avait chèrement payé sa folle confiance dans l'*Union générale* : « Vous êtes un père de famille, et vous faites des placements de fils de famille ! »

était déjà avec sa femme. Elle l'enferma dans un cabinet. Le mari s'établit dans la chambre de sa femme, y travailla, y soupa, y coucha, puis dit : « Voilà trente-six heures que ce monsieur est dans le cabinet sans manger; il est juste qu'il en sorte. » Sur ce, il a rendu la clef et l'a fait décamper. »

Masson, fermier général, avait fait ses débuts dans une ville de Normandie où sévissait une épidémie de pâles couleurs. Fort peu occupé par son service, plein d'entrain et de gaieté, il imagina, d'accord avec un ami chirurgien, de s'improviser médecin, de résumer toute sa thérapeutique en bains qu'il fallait prendre sous sa surveillance, et décorés par lui de ce nom suggestif : *bains de rosée de mai.* Et la clientèle jeune et jolie d'affluer, et nos deux compères de s'en donner à cœur-joie, tant et si bien que les pâles couleurs se trouvèrent souvent remplacées par une autre maladie, et qu'ils durent quitter un pays si favorable à la médecine sentimentale.

Senac, libertin endurci, supplié par sa famille de remplir ses devoirs religieux avant de mourir, consentit, à condition qu'on introduirait les prêtres pendant la nuit, *pour ne pas faire jaser le quartier.*

Tous ne méritent pas ce brocard rimé :

De sa bibliothèque admirez l'étendue :
Tous les livres qu'on fit s'étalent à sa vue.
Les fameux Elzévir imprimèrent ceux-ci;
Deromme en maroquin couvrit ceux que voici ;
Ceux-là de Baskerville ont illustré la presse;
D'autres qui trompent l'œil par une heureuse adresse,
Ne sont que du bois peint; ils lui servent autant.

Il les montre, il les cite, et chacun semble dire :
Le bel emploi d'argent... si Damon savait lire !

Que dire des sentiments qu'ils déchaînent ? Écoutez, dans *La Bourse* de Ponsard, ce paysan que l'exemple fait agioteur.

J'ai beau piocher, bêcher et herser le terrain,
Semer et moissonner, battre et vanner le grain,
Me lever avant l'aube et rentrer la nuit close,
Travailler comme un bœuf qui jamais ne repose, —
Quand je vivrais cent ans, je ne gagnerais pas
Ce qu'il gagne en un mois en se croisant les bras.

Collé raconte un fort vilain trait du comte de Charolais. Ce prince, ne pouvant obtenir les bonnes grâces de Mᵐᵉ Lebreton, fille du sous-fermier Ménage, va trouver le contrôleur général, et le prie de ne plus accorder aucun intérêt dans les sous-fermes à Ménage. Le ministre ayant déclaré qu'il avait besoin de connaître ses griefs, et que le roi seul pouvait en décider, le prince feint de renoncer, cherche à rencontrer Ménage, lui donne enfin l'ordre de l'attendre, et, sans descendre de son carrosse, lui dit brutalement : « Tiens-toi là, ne remue pas, et écoute-moi. Je te défends d'entrer dans les sous-fermes, et si je sais que tu y acceptes quelque intérêt, et que tu y sois, directement ou indirectement, je te fais donner cent coups de bâton tous les mois. N'approche pas, ne réplique point, ou je te fais sur-le-champ payer de la rente que je promets là. » L'affaire fut accommodée quelques jours après, et Ménage put rester sous-fermier, sans craindre la bastonnade.

Le marquis de Brunoy est fils de Paris-Monmartel, qui lui a laissé vingt-cinq millions, peu ou point de ses qualités : un excentrique de la plus belle eau, qui signale son deuil par mille extravagances. Au lieu d'eau, les fontaines du château de Brunoy lancent de l'encre pendant quarante-huit heures ; deux seuls goûts : le vin, les cérémonies religieuses. Il recherche la société des gens de bas étage et, vêtu d'habits usés, déchirés, portant un linge douteux, dépense six cent mille livres pour habiller ses gens et ses paysans qu'il fait manger avec lui, professe la chimère de l'égalité absolue, refuse de payer les ouvriers qu'il emploie, se laisse tutoyer et battre par ses propres laquais. Il ne manque pas une cérémonie, suit les processions de la Fête-Dieu avec cent cinquante prêtres, trois cents vassaux affublés de chapes et des plus riches costumes : celles-ci se terminent par un repas de six cents couverts, coûtent chacune deux cent mille livres. Un jour, il commande des milliers de citrons qui, coupés en tranches dans les réservoirs du parc de Brunoy, donnent de la limonade à la foule. En 1775, il annonce un pèlerinage en Palestine, dont il fera les frais, demandant cinquante personnes qui le suivront à pied, en sandales et costume de pèlerin, leur promettant une rente viagère de 400 livres. Et les amateurs d'accourir, mais le roi refusa les passeports nécessaires ; et d'autres folies obligèrent la famille du marquis à réclamer son interdiction.

Un partisan voit sur une affiche : *Traité de l'immortalité de l'âme*, et s'écrie : « Qu'est-ce que ce traité-là ? Je n'en ai pas encore entendu parler ; qui peuvent être les partisans qui y sont entrés ? » Les parasites se vengent par des brocards ; l'un d'eux, dînant à la table d'un munitionnaire de l'armée, glisse ce lardon à l'oreille de son voisin : « Ce bouillon qu'on vante tant ne peut être que bien nourri, car il est tiré de la marmite de vingt mille malades. » On sait, dans cet ordre d'idées, la réflexion de Nestor Roqueplan, dans un dîner où Véron, l'ancien directeur de l'Opéra, annonçait emphatiquement qu'il ne recevait plus que des honnêtes gens. « Alors, c'est le dîner d'adieu qu'il nous donne ! »

On rapporte que le fermier général Dupin, s'étant hasardé à publier une critique de l'*Esprit des Lois,* Montesquieu la jugea d'un mot : « Je ne dispute jamais contre les fermiers généraux quand il est question d'argent, ni quand il est question d'esprit. » D'autre part, Montesquieu, paraît-il, prit ombrage de ce livre, assez pour demander à Mme de Pompadour qu'on le supprimât : mais quelques exemplaires échappèrent à la destruction.

Quant à Helvétius, son courage moral ne paraît avoir égalé ni son désintéressement ni ses vertus conjugales et sociales. Lorsque parut le livre de *l'Esprit* (1758), que sa tante Mme de Grafligny prétendait avoir été composé avec les balayures de son salon, il y eut un véritable déchaînement ; le roi, la reine, le dauphin surtout, entrèrent en fureur, et, bien que l'ouvrage eût déjà passé par la censure, on menaça Helvétius, on réclama une rétractation, qu'il adressa au P. Pleix, Jésuite ; mais elle ne fut pas jugée assez nette, et on en exigea une seconde, si humiliante, qu'on ne serait point

tonné, dit Grimm, de voir un homme se sauver chez
es Hottentots plutôt que de souscrire à de pareils
iveux. Il paraît que l'auteur incriminé se montra fort
usillanime en cette circonstance, craignant tout, pleu-
ant comme un enfant, parlant de se poignarder. « Ou
l ne fallait point donner son livre, ou il fallait le soute-
ir, remarque Collé... Il essuiera des critiques de
outes les espèces, parce qu'il a choqué tous les
ommes, les prêtres, les ministres d'État, les femmes,
es dévots, les beaux esprits, les gens de bon sens, les
êtes; il aura contre lui ceux qui, comme moi, croient
 l'amour, à l'amitié, à tous les sentiments humains; il
ura révolté contre lui tous les pères de famille, tous
eux qui ont des mœurs et plus encore ceux qui les affi-
hent sans les avoir... J'y ai d'ailleurs trouvé des mor-
eaux d'éloquence qui m'ont paru comparables à ce que
es Fléchier et les Bossuet ont fait de plus beau; mais
ussi rien n'est si inégal que son style; et dans beau-
oup d'endroits, il est pesant, froid et ennuyeux. » Il est
 peu près certain qu'Helvétius a ramassé dans les
alons les trois quarts des idées et de l'esprit de son
Esprit.

Considérons un instant Bouret, gourmet sublime, bon
ourtisan, spéculateur avisé, ambitieux frénétique, qui,
u début de sa carrière, avait coutume de dire : « Il faut
que je fasse une grosse fortune ou qu'on me pende! »
Comment obtient-il un emploi de fermier général? En
ersant 7,000 louis à Mme de Mailly, favorite du roi,
n abandonnant la moitié du produit de sa charge à
1. de Chauvelin : les demandes des gens de cour pour

obtenir une part, un intérêt dans la ferme, se chiffraient par milliers. Des spéculations heureuses accroissent sans cesse la fortune de Bouret, et ne servent pas à lui seul : en 1747, il sauve la Provence d'une terrible disette. Sympathique au roi, à Mme de Pompadour, à la du Barry, il ouvre sa bourse à celles-ci, marie son frère cadet, Bouret d'Érigny, à une cousine de la favorite ; le roi et les ministres assistent à la cérémonie nuptiale, au souper qui suit chez la marquise, ils comblent Bouret de places de finances. Il est original dans ses moyens de plaire non moins que dans ses prodigalités. C'est lui qui a établi sur la route de Dieppe des relais pour apporter chaque jour de la marée fraîche, et, les jours maigres, cette fantaisie lui coûte deux cents écus ; lui, qui, ne pouvant trouver pour une belle dame des poissons de Chine, en commande six en or émaillé; au moyen d'un mécanisme intérieur et d'un aimant, ils nagent, imitent à s'y méprendre les véritables.

Une autre fois il a prié à souper Mme de Saint-Serve, que sa santé condamne au régime lacté, et elle a défendu qu'on servît des petits pois de peur de la tentation. Qui trouve-t-elle à son arrivée? Sa vache nourricière mangeant un énorme seau de petits pois, et cela dans la saison où ceux-ci se payaient deux louis la mesure. Aux dîners de Bouret, les femmes ont devant elles deux bouquets, l'un de fleurs très rares, l'autre de pierres précieuses montées en bouquet de corsage : les cadeaux de ce genre lui coûtent, affirment certains gazetiers, six millions en une année.

Savez-vous comment, d'après Diderot, il se concilie les

bonnes grâces de Machault d'Arnouville, un des meilleurs ministres de l'ancienne monarchie ? Ayant appris que l'Excellence a perdu un épagneul très aimé, il découvre non sans peine le sosie du chien, se fait confectionner une perruque et une simarre copiées sur celles du contrôleur général, un masque qui reproduit ses traits. Le chien couche dans la chambre du financier, qui, pour lui donner à manger, endosse perruque, simarre, s'affuble du masque; puis tout d'un coup, redevenant Bouret, il appelle l'épagneul et le fouette sévèrement : en quelques jours, le chien sait fuir Bouret le traitant, et courir à Bouret le ministre. Alors il l'apporte à Machault et lui dit : « Votre chien n'est pas mort, je l'ai sauvé. » Que voulez-vous que Machault refuse à un tel homme ?

Mais voici son trait le plus original. Il a acheté une terre contiguë à la forêt de Sénart où le roi va chasser souvent; là s'élève comme par enchantement un merveilleux pavillon de chasse où Carpentier, Tassaert, Guyart, ont travaillé pour lui. Voltaire, tout en se moquant, a fourni pour la statue du roi deux quatrains. La date, 1758, a son éloquence :

> Qu'il est doux de servir ce maître,
> Et qu'il est juste de l'aimer !
> Mais gardons-nous de le nommer ;
> Lui seul pourrait s'y méconnaître.

Juste, simple, modeste, au-dessus des grandeurs,
Au-dessus de l'éloge, il ne veut que nos cœurs.
Qui fit ces vers dictés par la reconnaissance ?
Est-ce Bouret ? Non, c'est la France.

Enfin, le roi daigne s'arrêter un jour à Croix-Fontaine ; il en franchit le seuil et, dès l'entrée, voit sur une table de marbre un livre richement relié avec ce titre : *Le vrai bonheur*, et au haut de chaque page ces seuls mots : *Le Roi est venu chez Bouret*. Le déjeuner royal coûta 3oo,ooo livres, et acheva de déranger les affaires du traitant, déjà compromises par mille folies de bâtisses et autres. Les mauvais plaisants n'avaient pas attendu jusque-là pour exercer leur verve, et, son frère Bouret d'Erigny ayant été décoré de la croix de Saint-Louis, on fit courir cette épigramme :

> D'un ordre militaire on décore un traitant.
> A quel titre obtient-il ce ruban éclatant ?
> Quels sont donc les exploits de sa valeur insigne ?
>   De la croix par quel sang versé
>   Aujourd'hui s'est-il rendu digne ?
> Eh ! comptez-vous pour rien celui qu'il a sucé ?

Un matin d'avril 1777, Michel Bouret, âgé de 67 ans, fut trouvé mort dans son lit : noyé de dettes, sans ressources, sans espérances, on crut qu'il avait lui-même hâté sa fin en avalant des pilules d'arsenic et d'opium; d'autres, au contraire, prétendirent qu'il mourut tout naturellement, comme ses deux frères, d'un coup de sang. Il avait été lié dans sa jeunesse avec la Gaussin, et, n'ayant alors que des espérances, il avait donné sa signature en blanc. Devenu fermier général, il reçut un jour le billet avec ces seuls mots : « Je promets d'aimer Gaussin toute ma vie. » Charmé de cette délicatesse, Bouret lui envoya une écuelle d'or remplie de doubles louis. Un peu plus tard, il aima une femme de la cour et lui offrit de partager sa fortune avec elle, si elle daignait agréer ses hommages. Elle refusa avec hauteur; mais, pressée d'argent, elle lui écrivit quelque temps après pour obtenir dix mille francs, et lui proposer de venir souper avec elle. Bouret répondit : « Ce que je vous demandais était sans prix ; ce que vous m'offrez est trop cher. »

Voici l'épitaphe de Marmontel sur La Popelinière :

Sous ce tombeau repose un financier
Qui fut de son état l'honneur et la critique ;
Vertueux, bienfaisant, mais toujours singulier,
Il soulagea la misère publique :
Passant, priez pour lui !

Marmontel, qui avait la reconnaissance de l'estomac, célèbre dans ses *Mémoires* ce rare amphitryon : « Il avait à ses gages le meilleur concert de musique qui fût connu dans ce temps-là. Les joueurs d'instruments logeaient chez lui et préparaient ensemble, le matin, avec un accord merveilleux, les symphonies qu'ils devaient exécuter le soir. Les premiers talents des théâtres, et singulièrement les chanteuses et les danseuses de l'Opéra, venaient embellir ses soupers... Rameau y composait ses opéras, et, les jours de fête, à la messe de la chapelle domestique, il donnait sur l'orgue des morceaux de verve étonnants. Jamais bourgeois n'a mieux vécu en prince, et les princes venaient jouir de ses plaisirs... A son théâtre, on ne jouait, en dehors des productions de Panard et du petit Balot, que des comédies de sa façon, et dont les acteurs étaient pris dans la société. Ces comédies, quoique médiocres, étaient d'assez bon goût, et assez bien écrites pour qu'il n'y eût pas une complaisance excessive à les applaudir. Le succès en était d'autant plus assuré, que le spectacle était suivi d'un splendide souper auquel l'élite des spectateurs, les ambassadeurs de l'Europe, la plus haute noblesse et les plus jolies femmes de Paris étaient invités. » Ces comédies valent tout juste autant que les chansons et opéras du fermier général Jean-Benjamin de La Borde ; mais celui-ci avait l'esprit de prendre pour collaborateurs Sedaine, Marmontel, Chamfort, qui sauvaient en général la musique par l'agrément du livret.

Au reste, La Popelinière se montre fort généreux (1) : il marie et dote chaque année six filles pauvres, occupe des ouvriers, fait vivre tout Passy.

Le fermier général de Caze fut célèbre en son temps par ses prodigalités, sa troupe de *poètereaux* avec lesquels il joue au Mécène, sa passion pour les tulipes qui lui valut le surnom de *fou tulipier*, les excentricités de sa seconde femme, Mlle Lescarmotier, qui eut des mœurs à l'escarpolette, et chez laquelle des gens du bel air fréquentaient néanmoins. « Plusieurs femmes, dit Chamfort, s'élèvent dans le monde au-dessus de leur rang. Elles donnent à souper aux grands seigneurs, aux grandes dames, reçoivent des princes et des princesses... Ce sont en quelque sorte des filles avouées par les hon-

---

(1) Antoine-Pierre Favart, petit-fils de Favart, attribue à La Popelinière une piquante aventure où celui-ci joue avec délicatesse et esprit le rôle de Mécène (*La Jeunesse de Favart*).

nêtes gens, et chez lesquelles on va, comme en convention tacite, sans que cela signifie quelque chose, et tire le moins du monde à conséquence. Telles ont été, de nos jours, Mme Brissart, Mme de Cazo et tant d'autres. »

Le jardin de Boutin, son *Tivoli*, créé au milieu de la rue de Clichy, excitait la curiosité universelle. « Nous sommes allés avant déjeuner, écrit Mme d'Oberkirch, visiter le jardin de M. Boutin que le populaire a qualifié de Folie Boutin, et qui est une folie! Il y a dépensé ou plutôt enfoui plusieurs millions. C'est un lieu de plaisirs ravissant, les surprises s'y trouvent à chaque pas, les grottes, les bosquets, les statues, un charmant pavillon meublé avec un luxe de prince. Il faut être roi ou financier pour se créer des fantaisies semblables. Nous y prîmes d'excellent lait et des fruits dans de la vaisselle d'or. » Les dîners intimes du jeudi, avec Brongniard, Hubert Robert, l'abbé Delille, le comte de Vaudreuil, Mme Vigée-Lebrun, etc., avaient le charme particulier d'une conversation exquise : on ne s'y trouvait jamais plus de douze, le chiffre fatidique de la causerie heureuse.

Walpole, qui n'admirait guère nos parodies des parcs anglais, dit, après une visite au Tivoli de Boutin, « qu'il ressemblait à la carte d'échantillons d'un tailleur. »

Il n'est pas inutile de rappeler ici les paroles de l'avocat général Servan : « Quand on parle de luxe, on est bien éloigné de confondre le luxe utile, et qui peut convenir à une monarchie, avec un luxe faux et corrupteur ; le superflu fait le luxe, et l'emploi du superflu distingue le luxe utile du luxe dangereux. Il y avait du luxe à Athènes, lorsque Périclès faisait subsister sa famille avec des légumes, et qu'en même temps il bâtissait, pour l'ornement de sa patrie, des temples à Jupiter. Il y avait du luxe à Rome, lorsqu'un triomphateur, après de grands spectacles pour le peuple, lui faisait de grandes distributions de blé. Le luxe était un dieu, lorsqu'il nourrissait les pauvres d'Athènes par les mains du riche et généreux Cimon ; c'était un monstre quand il dévorait l'Asie, à Rome, dans un repas de Lucullus. Le luxe utile n'est que l'art d'employer à faire du bien aux pauvres les richesses qui ne sont pas nécessaires aux besoins des riches ; le luxe pernicieux est la dissipation des richesses surabondantes en superfluités ou ridicules ou vicieuses, et, pour définir cette espèce de luxe par son véritable effet, c'est l'art d'enrichir toujours plus le riche. »

Monchrestien de Watteville stigmatise ce luxe, *avorton de la fausse gloire*, mais reconnaît que « la pudeur, fidèle garde des vertus, reluit aussi bien sous la soie que sous la bure. » D'Aguesseau y voit une maladie dont la guérison est réservée à l'exemple.

Des financiers s'élèvent à la diplomatie, à la haute politique : tels les quatre frères Paris-Duverney, qui préparent le mariage de Louis XV, demeurent assez longtemps les maîtres omnipotents de toutes les bourses, de tous les portefeuilles, de toutes les grâces, organisent le système d'approvisionnement de nos armées, imposent même des plans de campagne aux généraux. D'autres se consacrent à l'érudition, aux beaux tableaux,

aux curiosités. Quels piquants croquis on tirerait des salons des Pléneuf, des Martinville, des d'Epinay, des la Live! Que n'ai-je le temps de conter la jolie invention du fils du fermier général d'Ancourt pour faire payer ses dettes à celui-ci, de compléter l'histoire de cet Helvétius, si beau qu'il ne trouvait guère de cruelles, si bon danseur qu'il put remplacer quelquefois Dupré à l'Opéra, si désintéressé qu'il exhorta les contribuables de Bordeaux à ne pas payer l'impôt, à résister à main armée aux agents du fisc, ce charmant mari de Mlle de Ligniville, qui, ayant donné sa démission de fermier général, et publié son livre de l'*Esprit*, emboursa ce sarcasme de Buffon : « Il aurait dû faire un livre de moins et un bail de plus dans les fermes du Roi. »

Voici Watelet, receveur général des finances, peintre, sculpteur, graveur de talent, et même poëte. On veut croire que ce n'est pas son *Art de peindre* qui lui ouvrit, en 1760, les portes de l'Académie française : rien de plus froid, de plus plat que cet ouvrage; sans doute ses réceptions au Moulin-Joly, le charme de son commerce, la bonté de son âme, son burin, son pinceau, emportèrent les suffrages des immortels. On sait le mot de Villemain dans une discussion sur les titres d'un candidat : « Pour moi, je lui donne ma voix, c'est un homme doux, poli, bien élevé, il n'a contre lui que ses ouvrages, et c'est si peu de chose ! » Et puis Watelet composa plus tard un *Dictionnaire de peinture, de gravure et de sculpture*, qui justifiait beaucoup mieux le choix de la Compagnie. Enfin, comme dit Musset :

Être admiré n'est rien; l'affaire est d'être aimé.

Pourquoi l'Académie ne ferait-elle pas sa part à un personnage sympathique, surtout lorsque celui-ci a du goût, une érudition élégante et des demi-talents variés, sert de trait d'union entre les littérateurs, les artistes et les gens du monde? N'est-elle pas une représentation, une synthèse de l'esprit français ? Aussi bien les financiers méritent un chapitre spécial dans l'histoire de l'art, par les hôtels, les châteaux, les petites maisons qu'ils ont construits, par les collections qu'ils y ont réunies, par leur générosité envers les artistes : et ceci encore plaide les circonstances atténuantes en leur faveur.

Citons en passant un mot de La Popelinière, que Voltaire appelle tour à tour Mécène, Pollion ou Gamache. On parlait chez lui d'amitié, d'amis. « Un ami, dit-il en montrant son chien qui lui léchait les pieds, le voilà! » Et il ajoutait : « J'ai mis mes amis sur un tel pied, qu'aucun d'entre eux n'oserait me dire une vérité que je ne serais pas bien aise d'entendre. » Une autre fois, il faisait visiter son hôtel qu'il venait de construire. « Au moins, disait-il en se rengorgeant, on ne me reprochera pas de l'avoir gagné sur le peuple. — Patience, lui répondit-on, il n'est pas encore meublé. »

Voici Beaujon, banquier de la cour, chez lequel on fait queue pour obtenir de visiter son château de Chaillot et son hôtel de la rue du Faubourg-Saint-Honoré ! Il est d'une ignorance ridicule, et s'y complaît. Un jour qu'il recommande un protégé à Necker : « Mais, objecte le ministre à bout d'arguments, qui donc fournira son cautionnement ? — Moi, réplique fièrement Baujon. — Ah ! Ah ! Vous parlez comme Corneille », s'exclame Necker. Et notre homme s'en va furieux, tapant les portes, criant : « Voyez ce ministre qui me traite de corneille. »

L'abbé Arnault contemplant, exposés l'un près de l'autre, dans l'atelier de Mme Vigée-Lebrun, le portrait de Beaujon et celui de Necker, ne manqua point de remarquer : « Voici précisément la matière et l'esprit. » Quelqu'un, après avoir visité son hôtel, murmure : « Sans la figure du maître, on ne saurait ici où cracher. » Mais baste ! Beaujon n'en a pas moins de crédit, pas moins de flatteurs, que dis-je : il a *ses berceuses*, cinq ou six femmes du monde qui l'accompagnent tous les soirs jusqu'à son lit, le cajolent une demi-heure et l'endorment ; en récompense de quoi elles commandent chez lui, disposent de son hôtel, de ses chevaux. Pauvre Beaujon ! Il est infirme ou peu s'en faut, condamné au régime le plus sévère, tandis que ses convives se gorgent de mets exquis. Mme Vigée-Lebrun rapporte à ce propos une anecdote significative.

Un Anglais, qui a obtenu la permission de visiter l'hôtel, arrive dans la salle à manger : « Votre maître, dit-il au domestique, doit faire une bien excellente chère. — Hélas ! Monsieur, mon maître ne se met jamais à table, on lui sert seulement un plat de légumes. » L'étranger admirant les tableaux : « Voilà du moins, observe-t-il, ce qui doit réjouir ses yeux. — Hélas ! Monsieur, mon maître est presque aveugle. — Il s'en dédommage, j'espère, en entendant de la bonne musique. — Hélas! Monsieur, mon maître n'a jamais entendu celle que l'on fait ici; il se couche de très bonne heure, dans l'espoir de dormir quelques instants. » Montrant alors le superbe jardin : « Mais alors votre maître jouit du plaisir de la promenade ? — Hélas! Monsieur, il ne marche plus. » A ce moment surviennent quelques femmes très jolies. — « Enfin, voilà des beautés qui peuvent lui faire passer des moments agréables. » Cette fois, le domestique ne répondit que par deux hélas! au lieu d'un.

Ce mot inventé sans doute pour un financier entrant chez sa maîtresse, s'applique à l'époque antérieure : « Enfin, ma reine, me voilà débarrassé de ce malheureux tapis vert où j'étais cloué ! Morbleu, nos affaires ne vont point du tout. Les fermes sont à tous les diables. Elles ne rendent que 3o pour 100. Il n'y a pas l'eau à boire. »

La haine populaire confondait les dates, les personnages, les fonctions, ne désarmait pas, s'exaspérait au spectacle des prodigalités des gens de finances, les détestait tous en bloc : « Le financier, répétait-on, doit prendre, le peuple doit payer, tel est l'ordre éternel des choses. » C'est un initié, un ancien contrôleur général surnuméraire des Fermes, le député Antoine Dupuis, qui leur portera les grands coups à la Convention, comme Chamfort, membre de l'Académie française, écrivit le rapport qui eut pour effet la suppression des Académies.

Un soir que Voltaire soupait en nombreuse compagnie, la conversation commençant à languir, on convint que chaque convive raconterait une histoire de brigands. Quand vint le tour de l'auteur de *Candide*, il feignit d'hésiter, puis enfin débuta ainsi : « Il était une fois un fermier général... » et aussitôt après : « J'ai oublié, Mesdames, le reste de l'histoire. » Et de rire. La majorité des fermiers généraux volait-elle tant que cela l'État et les particuliers ? — Oui, répondrai-je avec M. Thirion, oui, jusqu'en 1765; non, à partir de cette date. Frappés du scandale des fortunes de finance, aiguillonnés par l'amour du bien public et la clameur populaire, les ministres rognent les bénéfices des manieurs d'argent, provoquent des enquêtes, portent la hache et la sape dans cette forêt de concussions presque légales, réduisent le nombre des fermiers généraux de 60 à 40. On ne cesse plus de les saigner à blanc. Dans la seule année 1771, il y eut 200 suicides, 2,350 banqueroutes causées, en partie du moins, par des poursuites contre les gens de finances, et leur action réflexe.

Les plus nobles et les plus vils sentiments de l'âme semblent se coaliser contre eux; la Révolution donnera satisfaction aux uns et aux autres. Un décret de la Constituante, du 27 mars 1791, supprime la Ferme, les régies, avec effet rétroactif au 1ᵉʳ juillet 1789, attribue à l'État seul la perception des impôts : en même temps, pamphlets, dénonciations font rage. Sur la proposition de Bourdon de l'Oise, trente-deux fermiers généraux et receveurs des finances sont écroués, le 3 frimaire an II, à l'ancien couvent de Port-Royal transformé en maison d'arrêt. Ils comparurent devant le tribunal révolutionnaire le 19 floréal an II (8 mai 1794), et furent presque

tous condamnés à mort. On sait le triste mot attribué
à Coffinhal fermant la bouche au défenseur de Lavoisier : « La République n'a pas besoin de savants! Il faut
que la justice suive son cours (1). » On connaît moins
celui de d'Auteroche, à l'aspect de cette foule en carma-
gnole qui le poursuivait de ses huées sur la charrette.
Faisant allusion à la confiscation de ses biens, il laissa
échapper cette boutade : « Ce qui me chagrine, c'est
d'avoir d'aussi déplaisants héritiers. » Vingt-huit finan·
ciers furent jugés, exécutés le même jour ; d'autres,
qu'on arrêta successivement, eurent le même sort;
quelques-uns purent se mettre à l'abri.

L'un d'eux, Verdun, fut sauvé par les habitants de
Colombe, qui l'adoraient : ils s'assemblèrent et vinrent
en masse réclamer leur bienfaiteur ; comme il restait
toujours sous les verrous, ils revinrent à la charge et
arrachèrent sa mise en liberté. De tels faits ne sont pas
rares à cette époque ; ils témoignent en faveur de
l'humanité, en faveur de l'argent lui-même, en faveur
d'une classe d'hommes qui avaient commencé et ont
continué, tout bien pesé, de s'épurer. L'étude attentive
de la société d'autrefois et d'aujourd'hui ne prouve-t-elle

---

(1) M. J. Guillaume, dans la Revue *la Révolution française*, mai 1900,
essaie de démontrer que la demande de sursis de Lavoisier pour
terminer ses expériences, et la réponse du juge, sont des fables
inventées de toutes pièces; son argumentation ne m'a pas paru
absolument décisive. Le mot de Coffinhal, attesté par Fourcroy,
l'évêque Grégoire, Cuvier, est accepté par Grimaux, biographe de
Lavoisier. Est-ce là « une de ces inventions calomnieuses dont les
partis vainqueurs accablent les partis vaincus ? » M. Guillaume
le pense, et son travail mérite d'être examiné avec attention.

pas, avec une lumineuse évidence, que l'argent peut être un honnête homme, un gentleman, un bienfaiteur, un saint, comme il peut être un voleur, un cynique, un corrupteur, un démon? Aussi bien la Révolution, le Premier Empire, la Restauration, en rendant à l'État ses droits, en établissant un mode de perception à peu près irréprochable, en donnant au crédit, aux impôts, une meilleure assiette, ont fermé la porte à bien des abus; et ce n'est pas un des moindres bienfaits du siècle dernier que d'avoir introduit dans nos budgets l'ordre et la justice, ordre et justice imparfaits encore, mais infiniment supérieurs aux errements, à l'anarchie financière d'autrefois.

FEMMES ET SALONS DU XVIIIe SIÈCLE

On a beaucoup discuté, on discutera longtemps, toujours peut-être, sur le génie artistique et littéraire des
femmes ; de hauts et puissants esprits, partisans des
théories de Joseph de Maistre, le nient sans autre forme
de procès, invoquant le consentement universel des
nations, la nécessité sociale, l'expérience du passé. La
thèse a ses docteurs et ses humoristes, qui ont mis en
ligne l'artillerie dogmatique et l'arme légère de la plaisanterie, décrété d'ostracisme, chassé les femmes de la
république des lettres. Ne leur objectez pas qu'ils s'érigent juges et parties, ne leur rappelez pas le mot d'une
femme d'autrefois : « On voit bien, à la manière dont
nous avons été traitées, que Dieu est un homme ! »
Gardez-vous de leur montrer ce sexe tenu en tutelle,
presque en esclavage pendant des milliers d'années, à
peine affranchi depuis quelques siècles, son intelligence
comprimée par les lois masculines, le problème ravalé
à une question de force musculaire, des préjugés tena-
ces formés par la lente prescription du temps, par
l'alluvion insensible des rites, des codes et des habitudes. Les choses sont ainsi, parce qu'elles doivent
être telles : les femmes n'ont jamais fait, ne feront jamais *Les Provinciales*, *Le Roi Lear*, la *Vénus* de Milo,

Notre-Dame de Paris. Les plus logiques les enferment dans ce dilemme brutal : ménagères ou courtisanes; d'autres leur concèdent le charme de la vie sociale, l'amour, le dévouement, la charité, l'abnégation; mais qu'elles n'écrivent point, qu'elles ne peignent point, qu'elles ne sculptent point; puisqu'elles ont une fibre de moins dans le cerveau, elles demeurent fatalement vouées à la médiocrité dès qu'elles franchissent leur sphère d'action légitime : et qui ne sait que médiocrité prétentieuse est pire qu'ignorance modeste ?

Le consentement universel? Mais ce consentement n'est-il pas la voix des hommes eux-mêmes, intéressés peut-être à empêcher la concurrence, à prévenir des rivalités de talent? L'expérience du passé? Mais, pour avoir débuté tardivement, les femmes ont protesté d'une manière éclatante contre les dédains de leurs détracteurs; et Mme de Sévigné, Mme de Staël, George Sand, Rosa Bonheur, George Elliot, Blanc Bentzon, Arvède Barine, Mme Edmond Adam, cent autres témoignent assez clairement des aptitudes de leur sexe; d'ailleurs les mêmes arguments eussent pu jadis être retournés contre les esclaves, les serfs, contre tout progrès accompli. Aux États-Unis, les femmes avocats, médecins, journalistes, romancières, pasteurs protestants même, se comptent par milliers; l'Europe marche plus lentement dans cette voie, mais on ne saurait oublier que, grâce à la nouvelle constitution finlandaise, dix-neuf femmes sont députés, qu'ainsi la Russie donne l'exemple, et que les *suffragettes* anglaises mènent une campagne admirablement énergique pour obtenir les mêmes droits électoraux. Le véritable danger de cet envahissement des fonctions auxquelles les hommes paraissent appelés de droit divin en quelque sorte, ce serait le relâchement des liens de famille, le foyer conjugal déserté, l'enfant négligé par la mère, celle-ci courant après le superflu, oubliant le nécessaire, ce qui est son domaine propre, son bonheur, sa vraie gloire. Seulement, l'ambition de l'art, des métiers virils, ne sera jamais que le fait d'une élite, et la force des choses, l'éternelle loi d'ironie, rétabliront toujours l'équilibre en remettant chacun à sa place. Mais n'est-ce rien que les femmes aient excellé dans la charité, dans la politique qui est une science, un instinct et un art à la fois? N'est-ce rien qu'un si grand nombre aient déployé un véritable génie dans le gouvernement de ces salons où elles ont inspiré, sinon dicté, tant de beaux ouvrages? N'est-ce rien d'avoir fait passer leurs âmes dans celles de leurs enfants, d'avoir *écrit* avec leurs veilles, avec leur santé, ce chef-d'œuvre : un grand homme, un grand artiste? N'est-ce rien d'avoir été La Fayette, Longueville, Chevreuse, Lambert, Lespinasse, Tencin, d'Épinay, d'avoir peint les passions humaines et son époque dans des lettres, des romans, des mémoires ? Ce sont là, dira-t-on, des genres subalternes. S'il en est ainsi, admettons du moins que les femmes y peuvent réussir, et attendons patiemment qu'elles aient leur Racine, leur Descartes, leur Shakespeare, leur Pasteur, leur Victor Hugo.

Parmi les traits distinctifs de cette ancienne société française qui divinisait le plaisir, et glissa dans l'abîme avec une si gracieuse imprévoyance, il convient de rappeler l'influence de la femme, attestée par ces salons tout-puissants, brillantes écoles de civilisation, où la science de la conversation et du monde, le loisir des grandes existences, la comédie de société, le goût, l'art des nuances, produisirent, grâce à elle, une merveilleuse douceur de vivre.

La femme, en effet, devient, au XVIIIe siècle, « le principe qui gouverne, la raison qui dirige, la voix qui commande. Elle est, ajoute Goncourt, la cause universelle et fatale, l'origine des événements, la source des choses. »

Rien ne lui échappe, et elle tient tout, le roi et les Parlements, l'opinion publique et l'Académie. Et non seulement, elle manie les intérêts de la France, elle dispose encore de son sang, fait, défait les traités d'alliance, déchaîne la guerre, commande jusqu'aux défaites de l'armée française, avec ses plans de bataille qu'envoyait, assure-t-on, Mme de Pompadour, à certains quartiers généraux, ces plans où les positions stratégiques sont indiquées par des mouches, les *amorces de l'amour*, comme on disait alors.

Derrière tout prétendu grand homme, orateur, rimeur ou capitaine, regardez bien, et vous découvrirez que ce génie presque toujours n'est que la voix, le bras ou la poésie d'une femme qui sourit dans l'ombre. Les femmes, ces éternelles mineures des religions et des codes, prennent leur revanche par les mœurs, par les salons ; elles marchent dans leur royauté comme le calife Haroun aimait à se promener la nuit dans Bagdad : ce sont des tyrans déguisés en esclaves. Elles ont appelé de la vieille sentence de Mahomet qui prétend qu'un homme vaut deux femmes, qu'une femme vaut deux esclaves : elles narguent ces casuistes qui soutiennent que le Christ n'est pas mort pour elles, les conciles qui discutèrent la question de savoir si elles ont une âme. Et le xviiiᵉ siècle, prosterné devant elles, répète avec enthousiasme le précepte du sage Manou : « Ne frappez pas, même avec une fleur, une femme chargée de fautes. »

Une telle royauté de la grâce et du bon plaisir, si hautement attestée par les historiens et les moralistes de cette époque, la femme la doit non seulement à sa beauté, mais à ses mérites, à son intelligence ; et je ne parierais pas que la direction d'un grand salon ne réclame autant de souplesse d'esprit, de talents variés, que celle d'un ministère. Elle possède, et de là son prestige, la pénétration des caractères et des tempéraments, la perception des ambitions et des intérêts, le secret les âmes. Et sur ce point, les femmes de cour, les femmes du monde ne le cèdent en rien aux femmes l'État, aux femmes d'affaires. Reines de la conversation, elles en écartent le pédantisme, la personnalité et le despotisme, y introduisent l'enjouement, la légèreté. Point de dissertation ; les mots partent, les questions se pressent, et tout ce qu'on effleure est jugé, si bien jugé, que Rousseau lui-même, *le hibou de Minerve,* confessera qu'un point de morale n'est pas mieux débattu dans une assemblée de philosophes que dans le cercle d'une jolie femme. « Les jeunes intelligences devinaient plus vite qu'elles n'apprenaient (1). »

A l'exemple de Mᵐᵉ de Prie, beaucoup de ces femmes aiment à « faire rouler les amants avec les affaires. » (J'ai déjà noté les réflexions politiques de Mᵐᵉ de Tencin.) Quel mot que celui de la maréchale de Noailles, née Bournonville, à quelqu'un qui félicitait *cette mère des douze tribus d'Israël* d'avoir poussé aux premiers emplois ses fils, petits-fils et arrière-petits-enfants : « Et que diriez-vous, si vous saviez les bons coups que j'ai manqués ! » Donc ces dames se jettent à corps perdu dans la politique, *rêvent essentiellement* au bien ou *au mieux public*, brûlent d'amour pour le bonheur de la France, et souvent, trop souvent, recourent aux petits moyens, à l'intrigue, pour faire triompher leurs idées ou leurs amis; aussi la fièvre de l'intérêt général les entraîne-t-elle parfois en d'étranges chemins. Il est vrai que d'aucunes jouent la comédie de l'importance, si l'on en croit le *Tableau du siècle*. « Araminte affecte d'aller souvent chez le ministre; elle demande des entretiens particuliers; on la voit passer dans le cabinet un papier à la main, elle en sort avec un air affairé dont elle voudrait bien que tout le monde s'aperçût. Rentrée chez elle, ordre est donné au suisse de ne la déclarer visible qu'à tous les gens à cabriolets de ver-

---

(1) Une jeune femme donne ce conseil de scepticisme transcendant : « C'est à son amant qu'il ne faut jamais dire qu'on ne croit pas en Dieu; mais à son mari cela est bien égal, parce qu'avec son amant il faut réserver une porte de dégagement. La dévotion, les scrupules coupent court à tout. » Collé vantant à Mᵐᵉ Piron la probité d'un homme : « Quoi! s'exclame-t-elle, un homme qui a de l'esprit comme vous donne-t-il dans le préjugé du *tien* et du *mien*? »

...is de Martin, ou aux équipages armoriés et chargés
de grande livrée... On voit sur sa cheminée une douzaine d'épîtres tournées du côté du cachet : on y reconnaît les armes des plus grands seigneurs. « Vous devez
être obsédée d'affaires, lui dit un honnête homme, de la
meilleure foi du monde. — Ah ! Monsieur, je n'y puis
suffire, je crois que toute la Cour s'est donné le mot
pour éprouver ma patience. Voilà des lettres d'une longueur qui n'en finit pas. Il est vrai que les objets
qu'elles renferment sont de la dernière conséquence. »
Un frère d'Araminte, capitaine de dragons, arrive sur
ces entrefaites, et prend une de ces lettres pour donner des dragées à un petit enfant. « Prenez garde, lui
dit l'étranger, vous allez égarer des papiers très impor-
tants. — Bon, lui répond le capitaine, ce sont des
réponses de bonne année. » Aussi bien ces dames de
beauté sont si fort convaincues de leur crédit, qu'elles
s'imaginent influer sur l'ordre planétaire; l'une d'elles
dit à une amie qui se plaignait de n'avoir point vu la
dernière éclipse : « Calmez-vous : M. de Cassini a des
bontés pour moi ; il fera recommencer. »

Tout le XVIIIe siècle, dit Goncourt, semble écrit à
leurs genoux, et l'on sait le mot du grave Buffon sur
un livre : « Ce n'est pas écrit avec amour. » La femme
est la patronne des lettres, la muse et le conseil de
l'écrivain; son applaudissement sauve la tragédie qui
va tomber, une moue dédaigneuse tue la comédie qui
réussit; le livre qu'elle adopte fait fureur, et au besoin
elle le colporte, elle le vend elle-même; l'homme qu'elle
pousse arrive; pensions, privilèges de journaux, fau-

teuils académiques, ambassades, ministères vont à lui par elle ; pendant vingt ans, la moitié des membres de l'Académie française sortent du salon de la marquise de Lambert. « Les femmes, observe Chesterfield, sont les vraies raffineuses de l'or masculin ; elles n'y apportent pas du poids, mais elles y donnent de l'éclat et du brillant. « Je les aime, disait Diderot, plus pour les peines dont elles nous consolent que pour les plaisirs qu'elles nous donnent. » Et un jésuite conseillait à Jean-Jacques, alors tout jeune et encore inconnu, de voir beaucoup les femmes, « parce qu'on ne fait rien à Paris que par elles. »

La femme accomplit d'autres prodiges, prolonge l'âge où on l'aime d'amour, crée pour elle-même la beauté sociale qui remplace la beauté naturelle et la jeunesse, fait de sa vie un éternel printemps ; si bien qu'on ne s'étonnera plus qu'elle compte ses années comme l'on compte les points au piquet, qu'elle passe de vingt-neuf à soixante. Et l'on trouve tout simple qu'une belle dame sur le retour adresse régulièrement, le 1ᵉʳ janvier, cette question à l'une de ses contemporaines : « Quel âge vous plaît-il que nous ayons cette année ? »

La femme, dit Anatole France, « est la grande éducatrice de l'homme ; elle lui enseigne les vertus charmantes, la politesse, la discrétion, et cette fierté qui craint toujours d'être importune. On apprend d'elle que la société est plus complète, et d'une ordonnance plus délicate qu'on ne l'imagine communément dans les cafés politiques. Enfin on se pénètre près d'elle de cette idée que les rêves du sentiment et les ombres de la foi sont invincibles, et que ce n'est pas la loi qui domine les hommes. »

Ces *dames de charité d'amour* mènent de front l'étude et les plaisirs : visites, fêtes, comédie de société, nœuds, parfilage, jeu, soupers, causerie, ne suffisent point à occuper ces cerveaux ardents. Non contentes d'étudier l'économie politique, la philosophie, une métaphysique à quatre deniers, affirme dédaigneusement Mᵐᵉ du Deffand, elles suivent des cours de chimie, de physique, d'histoire naturelle, comme cette curieuse duchesse de Chaulnes dont on disait plaisamment : « Elle veut toujours savoir qui l'a couvé, qui l'a pondu. » Et les mauvaises langues d'ajouter, qu'avec la quantité de choses qui lui passent par la tête, rien ne peut y demeurer assez longtemps pour passer au cœur ; les frivoles bouchent le passage aux sérieuses.

Une femme ne se fait plus peindre sur un nuage d'Olympe, mais assise dans un laboratoire. Beaucoup apprennent à manier le scalpel : à la campagne elles font de la médecine gratuite, plus que gratuite même, car Mᵐᵉ de Genlis donnera trente sous à tous ceux qui voudront se faire saigner ; elle eut bientôt trop de clients et dut y renoncer. Tant et si bien que quelques jeunes docteurs insèrent un carton dans le *Journal des Savants* du mois de mars 1754, et font croire à la comtesse de Voisenon qu'elle est élue présidente de la Faculté de Médecine : ils lui en expédièrent même les titres, et elle donna pleinement dans le panneau. D'ailleurs, et de longue date, elle était folle de médecine, médicamentant à tort et à travers, parfois au grand dam de ses vassaux et amis. On verra une jeune femme, la comtesse de Coigny, se passionner si fort pour l'anatomie, qu'en voyage elle emporte un jour dans le coffre de sa voiture un cadavre à disséquer, comme aujourd'hui l'on emporte un roman de Pierre Loti, Tolstoï, Paul Bourget ou Marcel Prévost. Nous voilà loin n'est-il pas vrai, de la délicate maxime de Mme de Lambert : « Les femmes doivent avoir sur les sciences une pudeur presque aussi tendre que sur les vices. » Beaucoup d'ailleurs tiennent plus à paraître qu'à être : telle cette marquise du Châtelet, *l'immortelle* Émilie de Voltaire, qui parlait de sa science comme Sganarelle parlait latin devant ceux qui ne l'entendaient pas, repoussait les « fantômes de modestie et de bienséance, » résumant cette conception de la vie dans cette formule épicurienne : « Nous sommes ici-bas pour nous procurer le plus grand nombre de sensations agréables (1). »

---

(1) La maréchale de Mirepoix rassure sagement Mme de Pompadour, un moment inquiète de la faveur de Mlle de Romans auprès de Louis XV : « Je ne vous dirai pas qu'il vous aime mieux qu'elle, et si, par un coup de baguette, elle pouvait être transportée ici, qu'on lui donnât ce soir à souper, et qu'on fût au courant de ses goûts, il y aurait peut-être pour vous de quoi trembler. Mais les princes sont avant tout des gens d'habitude. L'amitié du roi pour vous est la même que pour votre appartement, vos entours; vous êtes faite à ses manières, à ses histoires; il ne se gêne pas, ne craint pas de vous ennuyer : comment voulez-vous qu'il ait le courage de déraciner tout cela en un jour? » Et cette réflexion d'une femme à la fin du règne de Louis XV : « Ce que nous voyons sera pourtant un jour de l'histoire. »

D'autres, à force de démonter le pantin humain (1), aboutissent au scepticisme complet ; et de là le mot de Mme Geoffrin à Rulhière, déclaré sublime par le comte de Schomberg. Elle avait fait à celui-ci des offres considérables pour qu'il jetât au feu son manuscrit sur les affaires de Pologne, manuscrit qu'il lisait dans les salons, et qui inquiétait, non sans raison, Catherine II : on sait que la bonne *Matouchka* avait quelques peccadilles à se reprocher, entre autres l'assassinat de son mari. Rulhière s'indignait, déployait de l'éloquence, mettait en avant les beaux sentiments. Mme Geoffrin le laissa parler. Quand il eût fini, elle se contenta de dire : « *En voulez-vous davantage ?* » Mais cette grande bourgeoise oubliait qu'il y a des gens assez singuliers pour s'offrir le luxe d'une conscience, et qu'on n'est jamais assez riche pour acheter tout le monde.

Le goût, l'art des nuances, ai-je dit plus haut ; et en effet la science du monde repose avant tout sur le sentiment de la nuance, sentiment très subtil, presque indéfinissable, fruit de la nature autant que de l'éducation, qui manquera toujours à certaines personnes, eussent-elles l'avantage de vivre dans la société la plus policée. Un

---

(1) Mme Geoffrin arrête Mairan qui disputait assez vivement avec Mme du Chatelet : « Ne voyez-vous pas qu'on se moquera de vous si vous tirez votre épée contre un éventail ? » Un jour, elle dit à propos de l'abbé Trublet : « Les hommes sont un composé de plusieurs petits pots : il y a le petit pot d'esprit, le petit pot d'imagination, la grande marmite de pure bêtise ; le destin prend de chacun de ces petits pots ce qui lui plaît, et en compose un ensemble qui forme la tête d'un homme. Le destin, voulant faire un abbé Trublet, ne puisa que dans la grande marmite. »

tact consommé, fait de dons spontanés que perfectionne l'expérience, l'art de rendre à chacun, aux femmes, aux supérieurs, aux égaux, les égards qui leur sont dus, une conversation proportionnée au caractère, à l'esprit de ceux qu'on a devant soi, des silences variés qui, non moins que la parole, blâment et admirent, nient ou acquiescent, ne sont-ce pas les bases fondamentales de cette science de la nuance qui, elle aussi, a sa tactique, sa stratégie, ses inspirations divines, apaise les amours-propres blessés, allume, entretient le feu céleste de l'amitié, gagne des batailles morales; science trop dédaignée aujourd'hui, très respectée, très répandue jadis? Un seul mot, une action indifférente, suffisent à dénoncer son absence; un sourire, un geste, révèlent l'adepte à l'initié. On peut avoir de l'esprit, du talent, du génie même, et ne rien comprendre aux nuances; elles sont les filles du goût, les compagnes de l'élégance, les consolatrices des délicats. Muses fidèles de la civilisation, gardiennes des rites sociaux, elles enseignent une sorte de langue sacrée, interdite aux profanes, doublent la puissance de séduction, parent de leurs suaves reflets tous les sentiments et l'amour lui-même, comme dans certaines journées d'automne, le soleil couchant enrichit de beautés nouvelles les forêts et la mer, la plaine et la montagne.

Ainsi donc, le goût, cette pudeur de l'esprit, ce pseudonyme de la nuance, est l'art de mettre chaque chose à sa place, il est à l'esprit ce que la grâce est à la beauté, et tient à une sorte de sixième sens. Le goût est un prince détrôné qui de temps en temps doit

ver des protestations ; Fréron, je crois, l'appelle : le
ur éclairé. Montesquieu le définit un peu étroite-
ent : l'avantage de découvrir avec finesse et promp-
ude la mesure du plaisir que doit donner chaque
jet. D'Alembert l'appelle : le sentiment délicat des
nvenances, et Senac de Meilhan : le discernement
ompt et juste des beautés et des défauts des ouvrages
 l'art. D'autres disent : un accord de l'esprit et de la
ison, une union du sentiment et de l'esprit, ou encore
 mesure dans la force, dans la passion, dans la
âce. Et l'on pourrait disserter à l'infini sur ces
éfinitions; mais, sans aller jusqu'à prétendre, avec
 philosophe célèbre, que Dieu lui-même n'est qu'une
iance, que les vérités morales sont des phares à
ux changeants, que le bien et le mal, le vrai et le
ux, le juste et l'injuste, le beau et le laid se confon-
ent les uns dans les autres par des nuances aussi
discernables que celles du cou d'une colombe, il serait
cile de montrer que le goût demeure une excellente
cole de modestie ; qu'il est aussi le père de la critique
ondaine, sociale et littéraire, qu'on peut se passer de
i pour faire de grandes choses, qu'on ne saurait s'en
asser pour en faire d'exquises. Ceci m'entraînerait
op loin, et je me contenterai de rappeler quelques
aits, quelques mots où se révèle le sentiment de la
uance, mots de femmes ou d'hommes qui, ayant beau-
oup cultivé celles-ci, gardaient dans leurs paroles *le
arfum de la chambre des dames.*

La nuance dans l'ironie. — Le cardinal de Polignac
acontant la légende de saint Denis qui, après sa

décollation, porta sa tête pendant plusieurs kilomètres : « Bah ! fait la marquise du Deffand, il n'y a que le premier pas qui coûte ! »

Mme Geoffrin, malade, apprend que sa pieuse et originale fille, la marquise de la Ferté-Imbault, a écarté les philosophes de son chevet : « Ma fille, sourit-elle, est comme Godefroy de Bouillon ; elle défend mon tombeau contre les infidèles. »

Les vers de Rivarol à cette Manette qu'il suppliait de persévérer dans son aimable ignorance :

> Ah ! Conservez-moi bien tous ces jolis zéros
>> Dont votre tête se compose !
>> Si jamais quelqu'un vous instruit,
>> Tout mon bonheur sera détruit,
>> Sans que vous y gagniez grand'chose.
> Ayez toujours pour moi du goût comme un bon fruit,
>> Et de l'esprit comme une rose !

Mme de Simiane, après une représentation houleuse de la Comédie-Française en 1790, envoyait au général de La Fayette une pomme avec ce billet : « Voici, cher général, le premier fruit de la Révolution qui soit venu jusqu'à moi. »

La nuance dans le démenti. — Fontenelle répondant à un hâbleur qui lui débitait des contes bleus : « Je le crois, puisque vous l'avez vu ; mais si je l'avais vu moi-même, je ne le croirais pas. » — Le même Fontenelle à un ennuyeux radoteur : « Monsieur, cela est si vrai que je l'ai entendu dire plus de cent fois. »

Une autre fois il disait à Mme Geoffrin : « Oui, vous avez souvent raison, mais vous l'avez trop tôt. » Puis, tirant sa montre et la regardant : « Votre raison est comme ma montre ; elle avance. » Du même Fontenelle cette remarque qui va loin : « Les plaisirs ne sont point assez solides pour qu'on puisse les approfondir, il faut seulement les effleurer. »

L'art de la nuance dans l'aveu. — Mme de Groslier agonisante fait sa confession en une ligne : « Mon Père, j'ai été jeune, j'ai été jolie, on me l'a dit, et je l'ai cru : jugez du reste ! »

La nuance dans l'expression de la tendresse : L'acteur Lekain donna cette jolie leçon de délicatesse à un apprenti comédien de société qui, représentant une scène d'amour, saisit brusquement le bras de la princesse : « Monsieur, si vous voulez paraître passionné, ayez l'air de ne pas oser toucher la robe de celle que vous admirez. »

Le bon goût dans l'éloquence. — Le cri du comte de Montlosier qui, à la tribune de la Constituante, combattait les mesures proposées contre les évêques : « Vous les chassez de leurs palais, ils se retireront dans la cabane du pauvre qu'ils ont nourri et consolé ; vous leur enlevez leur croix d'or, ils prendront une croix de bois, c'est une croix de bois qui a sauvé le monde (1) ! »

La nuance dans la galanterie. — Voici un trait du

---

(1) Il convient de reconnaître qu'en France, depuis 1789, sous chaque régime et dans tous les partis, le bon goût a eu ses représentants à la tribune parlementaire ; on composerait une bien curieuse anthologie avec les mots courtois de nos orateurs.

prince de Conti, celui-là même qui, parvenu à *l'âge d'argent*, à *l'adolescence de la vieillesse*, se plaignait qu'on regardât ses déclarations comme des politesses, tandis qu'autrefois on recevait ses politesses comme des déclarations. Mme de Blot ayant laissé entendre qu'elle désirait avoir la miniature de son serin favori dans une bague, le prince s'offrit, et la dame accepta à condition que la miniature serait très simple et sans brillants. En effet, il n'y avait qu'un petit cercle d'or, mais, pour recouvrir la peinture, un gros diamant aminci servait de glace. Mme de Blot ayant renvoyé le diamant, le prince le fit broyer, réduire en poudre, et s'en servit pour sécher l'encre du billet qu'il écrivit à la comtesse. La pincée de poudre coûtait cinq mille livres.

La nuance dans l'art d'offrir un présent. — Le comte du Nord, fils de Catherine II, étant venu à Paris, voulut assister à une revue du régiment des gardes françaises. Le maréchal de Biron lui offrit son meilleur cheval, et gracieusement le prince l'assura n'en avoir jamais monté un meilleur. En rentrant à Pétersbourg, le grand-duc trouvait à la porte de son palais ce même cheval avec trois piqueurs à la grande livrée du maréchal : le premier, chapeau bas, tenait la bride ; le second, genou en terre, présentait l'étrier ; le troisième avait à la main une respectueuse lettre d'hommages.

La nuance dans les promesses. — Calonne, ministre, répondant à la reine, qui lui demande un service : « Madame, si c'est possible, c'est fait ; si c'est impossible, cela se fera. »

Le bon goût dans la repartie. — Une Altesse un peu insolente affirmait à M. de La Rochefoucauld qu'un de ses ancêtres avait été boucher. « C'était donc à l'époque où les rois étaient bergers ! »

Le mot de Brifaut au vieux Delille qui le complimentait étrangement : « Tiens ! vous avez de l'esprit ! Je ne m'en doutais pas. — Ingrat ! Moi qui vous écoute depuis deux ans ! »

Une sœur de Napoléon demande à une de ses dames du Palais : « Quel âge avez-vous ? — Je ne peux pas le dire à Votre Altesse : je suis plus jeune qu'Elle. » Une autre répondit à Napoléon, qui lui adressait la même question : « L'âge qu'avait Votre Majesté quand Elle a gagné la bataille de Marengo. »

Le vicomte de Ségur au chanteur Elleviou qui le traitait du haut de sa grandeur : « Monsieur, lui dit-il modestement, pourquoi ces airs de hauteur ? Depuis la Révolution, ne sommes-nous pas tous égaux ? »

La nuance dans la gourmandise. — M. de La Salle, grand gourmet, voyant que le comte d'Estourmel allait s'asseoir à côté d'une dame que le maître de la maison avait mise à sa droite, et qui était la reine du festin : « Ne prenez pas cette place », lui dit-il en passant d'un ton solennel. D'Estourmel hésite, mais il était trop avancé ; le dîner n'était pas nombreux, — un seul maître d'hôtel servait, ce qui n'avait point échappé à l'œil exercé de M. de La Salle. « Eh bien ! dit-il, en sortant de table, je vous avais prévenu, vous n'avez eu que des pilons. Comment ne réfléchissez-vous pas que, votre voisine étant servie la première, puis ensuite l'autre voisine de l'amphitryon, vous le seriez nécessairement le dernier ? » D'Estourmel, croyant le réduire au silence, objecte qu'il lui est assez indifférent de manger une cuisse ou une aile de volaille ; l'autre repart : « C'est peut-être ce qu'il y a de moins indifférent au monde. » Son interlocuteur, voulant pousser la taquinerie, lance : « Oui, la chose n'est pas indifférente, car je préfère la cuisse. » Mais le profond philosophe ès choses de gueule : « Je crois bien, vous préférez la cuisse quand la volaille est bouillie, vous êtes dans les principes. Mais, ajouta-t-il en soupirant, ce sont de ces nuances qu'aujourd'hui on ne distingue pas ; on ne sait plus vivre, le sentiment de ce qui est bon et vrai s'efface. Les connaisseurs deviennent de plus en plus rares, et les gourmands s'en vont. »

Ceci pourrait s'appeler *la* nuance dans les procédés violents. La comtesse de Forcalquier ayant reçu un soufflet de son mari, sans témoins, essaie d'obtenir la séparation, et, ayant acquis la certitude qu'elle échouerait, rentre chez elle, pénètre dans le cabinet de son mari, et, le frappant à son tour, lui dit : « Tenez, Monsieur, voici votre soufflet, je n'en puis rien faire. »

Enfin, pour ne pas allonger indéfiniment la liste, *la nuance dans le compliment.* — Le mot du duc de Nivernais à la du Barry, qui, cherchant à lui faire comprendre l'inanité de son opposition, et que ce sont les favorites qui chassent les ministres, et non les ministres qui chassent les favorites, ajoutait : « Le roi a

it qu'il ne changerait jamais. — Ah ! Madame, quand
a dit cela, le roi vous regardait (1) ! »

Un fragment de conversation entre le prince de
igne et Frédéric II, en 1780. Un jour que le roi venait
e nommer Virgile (2) : « Quel grand poète, sire, mais
uel mauvais jardinier ! — A qui le dites-vous ? repart
e roi. N'ai-je pas voulu planter, semer, labourer, pio-
er, les *Géorgiques* à la main ? « Mais, Monsieur, ob-
ervait mon jardinier, vous êtes une bête, et votre livre
aussi, ce n'est pas ainsi qu'on travaille ! « Ah ! mon
ieu, quel climat ! Croyez-vous que Dieu ou le soleil me
efuse tout ? Mes pauvres orangers, mes oliviers, mes
tronniers, tout cela meurt de faim. — Il n'y a donc
ue les lauriers qui poussent chez vous, sire, à ce qu'il
e semble. Et puis, il y a trop de grenadiers, cela
ange tout. »

Le bon goût dans l'épitaphe. — Celle que Boufflers

---

(1) Il y a encore des femmes, des hommes qui possèdent le sen-
ment de la nuance ; il y en eut au xixe siècle, moins qu'autrefois
ependant. On me pardonnera de rappeler un mot charmant,
mérité à coup sûr, de mon amie Mme de l'Espine, devant laquelle
me plaignais de vieillir : « Mes années m'ennuient, soupirais-je.
Elles n'ennuient que vous, » dit-elle aimablement pour me con-
ler.

(2) J'ai nommé Frédéric II ; il n'avait pas de nuance dans l'esprit,
ais il maniait assez joliment l'ironie. Un diplomate anglais, sir
ughes Elliott, fort malicieux lui-même, lui apporte un jour le rap-
ort du commandant de l'armée des Indes annonçant une grande
ctoire remportée sur Hyder-Ali, *grâce à la protection de Dieu,*
outait le général. « Dieu ! fait le roi, après avoir parcouru le rap-
ort, je ne vous connaissais pas cet allié-là. — C'est pourtant le
ul que nous ne payions pas, lance l'ambassadeur. — Aussi,
poste Frédéric, vous en donne-t-il généralement pour votre
gent. »

prépara pour lui-même : « Mes amis, croyez que je dors ! »

Le bon goût devant la mort. — Le duc d'Ormont mourait, le chevalier d'Airagues était à son chevet : « Hélas ! mon ami, fait le duc, je vous demande pardon d'être obligé de mourir devant vous. » — L'autre, pénétré, confondu de tant de politesse, ne sut que dire : « Ah ! pour l'amour de Dieu, ne vous gênez pas ! »

Les femmes, les salons enseignent la politesse, et un des attributs de la politesse, l'art de dire des choses aimables. Le compliment, au xviiie siècle, devient un art, presque une science. Sont-ils nombreux, aujourd'hui, les imitateurs de ce Voltaire qui écrivait aux hommes comme nous devrions parler aux femmes, qui réplique à Mme Suard, l'assurant qu'elle sait par cœur ses ouvrages : « Ils sont donc corrigés, Madame ; » — du duc de Brissac qui répond à Marie-Antoinette, étonnée de la foule immense accourue à sa rencontre quand elle arriva en France : « Madame, ce sont autant d'amoureux de votre personne. » — Portraits en vers et en prose, madrigaux écrits ou causés, tout aboutit à cet art de plaire dont les règles n'ont jamais été mieux observées. On veut plaire, se plaire à

Une réponse sans nuance est celle du duc de Richelieu que le Dauphin invitait expressément à faire son portrait : « Puisque Monsieur le Dauphin l'ordonne, voici son portrait ; quand je vois Monsieur le Dauphin, je crois être dans un magasin de l'Opéra : on voit dans le magasin de l'Opéra le costume d'un grand prêtre et d'un guerrier, d'un philosophe, d'Arlequin, d'un berger, et tout cela se trouve chez Monsieur le Dauphin. » Richelieu voulait dire que le prince avait un caractère complexe et surtout indécis.

soi-même, plaire à tous, aux femmes, aux hommes, au public, même aux petites filles qui ont leur part de compliments, — et voici comment le chevalier de l'Isle accompagne un envoi de mirabelles de Metz à l'une de ces délicieuses personnes :

> Perrette, vous avez six ans
> Et les goûts de cet heureux âge.
> Le bonbon doit être un hommage
> Pour vous au-dessus de l'encens.
> De votre main enchanteresse
> Quelque autre un jour vous parlera :
> Mais que de peines il faudra
> Pour obtenir votre tendresse !
> Trop éloigné de mon printemps,
> Je n'en pourrai plus prendre aucunes,
> Et je veux profiter du temps
> Où vous la donnez pour des prunes (1).

Non seulement les grandes personnes, mais les enfants eux-mêmes se mêlent de faire des compliments. Le petit duc d'Angoulême reçoit le bailli de Suffren, un livre à la main : « Je lisais Plutarque et ses hommes illustres ; vous ne pouviez arriver plus à propos. » Alors comme aujourd'hui on avait des enfants précoces qui, jusqu'à sept ans, daignaient encore être jeunes, mais qui, passé ce temps, devenaient des vieillards en miniature.

Un évêque interroge Châteauneuf, âgé de neuf ans :

---

(1) Sur le chevalier de l'Isle, voir mon volume : *La Société française avant et après 1789.*

« Dites-moi où est Dieu, et je vous donnerai une orange. — Monseigneur, dites-moi où il n'est pas, et je vous en donnerai deux. » Le prince Henri de Prusse demande au jeune Boufflers s'il était né d'un œuf, comme Castor et Pollux ; celui-ci écrivit soudain cet impromptu :

> Ma naissance n'a rien de neuf,
> J'ai suivi la commune règle.
> C'est vous qui vîntes dans un œuf,
> Car vous êtes un aigle.

Les jeunes de Sabran, âgés de huit et neuf ans, jouent l'*Oreste* de Voltaire devant le roi et la reine à Versailles ; après le spectacle, une dame, mère de trois ravissantes jeunes filles, interroge le petit garçon sur ses auteurs préférés : « Madame, répond-il, je ne puis me souvenir ici que d'Anacréon. »

C'est par centaines qu'il faudrait énumérer les salons du XVIIIe siècle, si je prétendais n'en point oublier : salons de conversation, salons économiques, politiques même, salons de philosophes et salons religieux, salons de l'aristocratie, de la bourgeoisie, salons de gens de lettres, salons où l'on dîne, où l'on soupe, où l'on joue la comédie, salons de comédiennes et d'artistes, comme ceux de Mlle Quinault, de la Guimard, des demoiselles Verrières ; salons de financiers ou même de simples fournisseurs, comme celui de Charpentier, le fameux cordonnier pour dames.

Dans le cinquième volume de cet ouvrage, j'ai signalé deux salons représentatifs, ceux de la marquise de

Lambert et de Mme de Tencin. Le temps me fait défaut pour m'arrêter sur d'autres qui eurent grand prestige, et qui d'ailleurs ont rencontré d'excellents biographes (1) : ils ont tout dit avec grâce, avec érudition, et je suis forcé de renvoyer à eux le lecteur, me contentant de noter quelques *bureaux d'esprit* un peu moins célèbres, ou moins célébrés ; celui par exemple de la comtesse de Verrue, fille de Louis-Charles-d'Albert de Luynes et d'Anne de Rohan-Montbazon, proche parente des Soubise, des Chevreuse, une noble dame qui ne professait point, comme la maréchale de Villars, la religion de la respectabilité. Née en 1670, mariée, à l'âge de treize ans, au comte de Verrue, gentilhomme piémontais d'illustre race, aussi belle d'esprit que de visage, elle

---

(1) A côté des Mémoires et Correspondances, de Sainte-Beuve, ce maître des maîtres, je signalerai notamment : Comte d'HAUSSON-VILLE : *Le salon de Mme Necker*, 2 vol. — Marquis Pierre DE SÉGUR : *Gens d'autrefois ; Le royaume de la rue Saint-Honoré ; Julie de Lespinasse ; Esquisses et récits.* — Lucien PERRY : *Figures du temps passé ; Histoire d'une grande dame au XVIIIe siècle*, 2 vol.; *La fin du XVIIIe siècle, le duc de Nivernais*, 2 vol.; *Le président Hénault et Mme du Deffand.* — Gaston MAUGRAS : *Les demoiselles de Verrières ; Le duc et la duchesse de Choiseul ; La disgrâce du duc et de la duchesse de Choiseul ; La Cour de Lunéville au XVIIIe siècle ; Dernières années du roi Stanislas ; La fin d'une société, le duc de Lauzun.* — Lucien PERRY et G. MAUGRAS : *Une Femme du monde au XVIIIe siècle ; La jeunesse de Mme d'Épinay ; Dernières années de Mme d'Épinay ; Correspondance de l'abbé Galiani ; La vie intime de Voltaire aux Délices et à Ferney.* — GONCOURT : *La Femme au XVIIIe siècle.* — De LOMÉNIE : *La comtesse de Rochefort et ses amis.* — G. DE LÉRIS : *La comtesse de Verrue et la Cour de Victor-Amédée II de Savoie.* — Marquis DE TRESSAN : *Souvenirs du comte de Tressan.* — DE LESCURE : *Rivarol et la Société française pendant la Révolution et l'Émigration ; La société française au XVIIIe siècle, les Femmes philosophes ; La société française pendant la Révolution ;*

brille à la cour de Turin, « une des plus lestes de l'Europe, » et, poussée à bout par les persécutions de la famille de Verruc, mal protégée de son mari, devient la favorite en titre du duc de Savoie, ce Victor-Amédée, au caractère méfiant, rude et fourbe, toujours prompt à retourner sa casaque, à voler au secours du vainqueur, dont Louvois craignait également le chagrin et la gaieté. La casaque des ducs de Savoie a deux envers, disait-on. Très hautaine elle-même et impérieuse, elle déploie cependant une ténacité, une patience calculée, qui affermissent son ascendant, se lie pour dominer le duc avec le marquis de Saint-Thomas, son premier ministre. Victor-Amédée, malgré ses continuelles violences, est à ses pieds, elle dispose des faveurs, a

---

l'Amour sous la Terreur. — Comtesse d'ARMAILLÉ : *La comtesse d'Egmont, fille du maréchal de Richelieu; La reine Marie Leczinska.* — H. TAINE : *L'Ancien Régime.* — AVEZAC-LAVIGNE : *Diderot et la société du baron d'Holbach.* — Mary SUMMER : *Quelques salons de Paris au XVIIIᵉ siècle.* — Charles GIRAUD : *La maréchale de Villars et son temps.* — FEUILLET DE CONCHES : *Les salons de conversation au XVIIIᵉ siècle.* — NICOLARDOT : *Les Cours et les salons au XVIIIᵉ siècle.* — A GEFFROY : *Gustave III et la Cour de France,* 2 vol. — H. THIRION : *Mme de Prie.* — Henri LION : *Un magistrat homme de lettres au XVIIIᵉ siècle; le président Hénault.* — DESNOIRESTERRES : *Les Cours galantes,* 4 vol.; *Épicuriens et Lettrés,* 1 vol.; *Voltaire et la société galante au XVIIIᵉ siècle,* 8 vol. — G. DE TAUNINES : *Aventuriers et femmes de qualité.* — J'ai essayé aussi de peindre un certain nombre de salons d'hommes et de femmes d'esprit dans des volumes publiés avant de commencer cet ouvrage, et dont je reproduirai quelques pages au cours de ces études : *Les Causeurs de la Révolution; Orateurs et Tribuns; Le prince de Ligne et ses contemporains; La société française avant et après 1789; La Comédie de Société au XVIIIᵉ siècle,* 5 vol. in-12, CALMANN-LÉVY, éd. — Dans le tome VI de cette histoire, voir *Julie de Lespinasse.*

art aux grâces, tant et si bien qu'elle semble faire à
la duchesse l'aumône des tendresses de son mari : « Je
n'oublie rien pour qu'elle soit contente et grosse. »
Plus femme d'État qu'amante, elle trahit sans scrupule
les secrets de son ami, en les divulguant au comte de
Tessé qui avait le jargon des dames, dit Saint-Simon,
afin de se ménager une rentrée en France. Plus amante
que mère, elle abandonna fort tranquillement les enfants nés de son mariage, et, lorsque, lasse de cette
royauté de la main gauche qui n'était pas exempte de
dégoûts et dura dix ans, elle s'enfuit de Savoie, elle ne
paraît pas avoir eu beaucoup plus d'entrailles pour les
enfants nés de ce double adultère ; néanmoins ils furent
reconnus, légitimés, apanagés comme les *demi-Louis*
du roi de France. Il y a des gens auxquels leurs vices
réussissent aussi bien que les vertus réussissent mal à
d'autres : même après son départ, Victor-Amédée
demeure attaché à Mme de Verrue; il maintient ses
pensions, se préoccupe de sa santé, la protège de
loin, lui renvoie ses tableaux, ses meubles, car, en
cette Italie où Misson comptait *plus de statues que
d'hommes* (1), elle avait collectionné des merveilles
qu'elle oubliait parfois de payer. Une fois en France,
elle s'installe modestement au couvent de Poissy, et
manœuvre avec tant d'habileté qu'elle obtient le pardon de sa famille, que les Chevreuse, les Soubise sont
les premiers à lui proposer de demeurer au couvent des

____

(1) MISSON : *Voyage d'Italie*, tome III.

Filles du Saint-Sacrement, au Marais, puis chez les Bénédictines de Notre-Dame de Consolation. La mort du comte de Verrue, tué en 1704 à Hochstedt, lui rend toute sa liberté : au lieu d'en profiter tout de suite, elle ménage les transitions, entr'ouvre insensiblement la porte de son salon. Saint-Simon résume sa stratégie de dix ans en quelques lignes :

« Peu à peu d'autres la virent, et, quand elle se fut un peu ancrée, elle prit une maison, y fit bonne chère, et, comme elle avait beaucoup d'esprit de famille et d'usage du monde, elle s'en attira bientôt, et peu à peu reprit les airs de supériorité auxquels elle était si accoutumée ; et, à force d'esprit, de ménagements et de politesse, elle y accoutuma le monde. Son opulence, dans la suite, lui fit une cour des plus proches et de leurs amis, et de là, elle servit si bien les conjonctures, qu'elle s'en fit une presque générale, et influa beaucoup dans le gouvernement. »

Il y avait à cette époque deux coteries d'opposition : celle du duc d'Orléans, où dominaient les gens de plaisir, les libertins de conduite et d'esprit ennuyés par l'étiquette sévère de la Cour; puis la coterie Chevreuse et Beauvilliers, toute religieuse et politique, dirigée par Fénelon, qui plaçait toutes ses espérances dans le duc de Bourgogne. Mme de Verrue côtoie avec dextérité ces deux oppositions; elle achète une maison à Meudon, un hôtel à Paris, accueille les idées nouvelles, connaît alors le charme des amitiés solides, et, sans tenir bureau d'esprit, se compose un cercle où l'esprit était de règle. Sachant toute la puissance d'un salon adossé à une bonne table, elle donne à souper tous les soirs, et n'épargne rien pour atteindre à la perfection. La Faye, dont Voltaire a fait ce portrait :

> Il reçut deux présents des Dieux,
> Les plus charmants qu'ils puissent faire :
> L'un était le talent de plaire,
> L'autre le secret d'être heureux ;

La Faye brille parmi ses causeurs de prédilection, et l'on ne manqua point d'affirmer qu'elle le favorisa de toutes les manières. Les membres de sa famille, traités avec la plus généreuse délicatesse, lui font une cour assidue ; parmi eux, la princesse de Carignan, cette fille qu'elle avait eue de Victor-Amédée, et le comte d'Albert, devenu prince de Grimberghen, ministre et ambassadeur extraordinaire de Son Altesse Électorale de Bavière ; sa sœur Mme de Gouffier, sa nièce Mme de Duras, Mmes de Saissac, d'Aumont, le fils du duc de Luynes. Dans le cercle des amis intimes, j'aperçois la duchesse de Bourbon, Mlle de Nantes et le marquis de Lassay, le garde des Sceaux Chauvelin et Mme de Chauvelin, Melon, premier commis de Law et secrétaire du Régent, l'abbé Terrasson, Mairan, Boulongne, Glucq de Saint-Port, M. de Montullé, l'abbé de Montlaur... On lisait chez elle des pages du livre nouveau, on discutait les questions à l'ordre du jour, on parlait peinture ou théâtre, et cette société d'élite ne causait que pour elle-même et non pour le dehors. Indulgente aux fautes du prochain, elle avait acquis l'art de se mettre en règle avec la religion et la morale, sans perdre les avantages d'un épicurisme intelligent. Elle s'intéresse à tout, ne refuse rien à ses fantaisies, fait de son hôtel une merveille d'élégance, un paradis artistique, tempère de bon goût et d'élégance ses sentiments, intrigue un peu pour les autres, adore jusqu'à la fin la toilette : tous les matins, la robe qu'elle devait choisir faisait l'objet d'une grande délibération. A sa mort (18 novembre 1736), on trouva dans sa garde-robe soixante corsets, quatre cent quatre-vingts chemises, cinq cents douzaines de mouchoirs, quarante-trois pièces de basin, dix-neuf aunes de futaine blanche, cent vingt et une aunes de ruban de soie, treize pièces de gaze d'Italie, des jupons de toutes façons, des robes à profusion, par exemple vingt-cinq robes de toile à fleurs doublées de taffetas de différentes couleurs, d'autres en damas bleu et blanc, en gourgouran bleu, en satin, en soie blanche, en moire ; tout le reste à l'avenant. Ses quatre cents tableaux (1), ses livres, cachets, sept mille cinq cent onze pierres gravées, montres, pendules, tabatières et médailles (2), la placent au

------

(1) Parmi ceux-ci le portrait de Charles Ier d'Angleterre, par Van Dyck, deux Claude Lorrain, *Un intérieur d'écurie* de Wouvermans, *Une fête au village* de Téniers, deux Gaspard Netscher, le *Pâturage* de Karl Dujardin, un *Paysage et animaux* de Berghem, deux Bartholomée, deux Van der Meulen.

(2) Elle a aussi, remarque G. de Léris, « une collection d'une autre sorte, mais dans laquelle l'amour du collectionneur n'entre pour rien : il ne s'agit que d'une petite manie à satisfaire, et qui est commune à tout le monde. La mode est de priser, et chacun prépare son tabac, le renfermant dans des pots marqués à son nom, quelquefois à ses armes ; et c'est un véritable cadeau que d'envoyer à ses amis un pot de son tabac. Aussi trouvons-nous

premier rang des amateurs. Son testament lui-même est une œuvre originale où respire je ne sais quel dilettantisme intelligent, où se peignent les contrastes d'une âme emportée dans le bien comme dans le mal. Après avoir déclaré qu'elle veut « vivre et mourir dans le giron de l'Église catholique, apostolique et romaine, » que son enterrement soit simple et sans tentures, qu'il y assiste cent pauvres, et qu'il soit donné à chacun quinze livres d'aumônes, elle distribue des souvenirs à tout son entourage, parents, amis, serviteurs. Ainsi sa fille, l'Abbesse de Caen, recevait une bague de six mille livres ; son autre fille légitime, l'Abbesse de l'Abbaye-au-Bois, vingt-cinq actions, une pendule, une montre à répétition ; la princesse de Carignan, cent actions avec substitution ; le prince de Grimberghen, la maison de Meudon toute meublée ; sa sœur, Mme de Gouffier, quatre mille livres ; sa petite-nièce, Mme d'Aumont, 180,000 livres ; le comte de Lassay, des tableaux estimés à l'inventaire 46,000 livres ; M. de Montullé, deux tableaux de Boullongne ; le chevalier de Garzeau, une *Noce* de Téniers ; le prince de Carignan, la *Conversation* de Rubens ; Mme de Saissac, une croix en diamants renfermant un morceau de la Vraie Croix ; la duchesse de

---

dans l'inventaire de la comtesse une soixantaine de pots, boîtes de porcelaine, ou de faïence, ou même de plomb, qui portent les noms du comte de Rohan, du prince de Carignan, de Gluck de Saint-Port, de l'Électeur de Hanovre, de la Reine, de Mme de Saint-Sulpice, de Mme de Carignan, cinq boîtes en fer-blanc de tabac de Brousson, cinq boîtes de plomb de tabac de Gros-Guillaume, quatre pots de tabac pourri de 1735, d'autres de la Fine-Carotte, de la Flotte du Levant, ou de la Compagnie des Indes... »

Bourbon, un lustre en cristal de roche, estimé six mille livres; M. et Mme de Chauvelin, des lustres, etc... Se souvenait-elle, en dictant ses dernières volontés, de l'humble épitaphe de son aïeule la duchesse de Chevreuse, l'amie d'Anne d'Autriche, l'ennemie implacable de Richelieu (1)? En tous cas, ce testament chrétien ne fut pas dicté le jour où elle composa pour elle-même, assure-t-on, cette épicurienne épitaphe :

> Ci-gît, dans une paix profonde,
> Cette dame de volupté
> Qui, pour plus grande sûreté,
> Fit son paradis en ce monde.

Voici maintenant les salons des belles-filles du conseiller d'État Courtin, Mme de Maisons et la belle maréchale de Villars, femme de ce Villars si célèbre par ses talents militaires, sa jalousie, son esprit de repartie... et sa rapacité. Tandis que leur mère, Mme de Varangeville, continue de réunir les élèves de d'Avaux et de Servien, la présidente de Maisons accueille les gens de robe, Mme de Villars les grands personnages civils et militaires : toutes trois femmes d'État, femmes d'affaires, fort dévouées à la gloire, aux intérêts du maréchal. Un moment même, la maréchale fait les honneurs de Paris aux princes et princesses de l'Europe entière, aux étrangers de marque,

----

(1) « Ci-gîst Marie de Rohan... l'humilité ayant fait mourir dans son cœur toute la grandeur du siècle, elle défendit que l'on fît revivre à sa mort la moindre marque de cette grandeur qu'elle voulut achever d'ensevelir sous l'humilité de cette tombe... »

t l'on garde le souvenir d'une matinée préparée au
Cours-la-Reine en l'honneur de Milord Peterborough,
deux mille carrosses réunis, un effroyable orage faisant
entrer dans le néant illuminations et souper. Aussi
habile que son mari à se pousser, elle entre dans la
faveur du duc et de la duchesse de Berry, chez qui
les *comédiens de bois* (les marionnettes) représentent
en son honneur la victoire de Denain, se promène seule
avec le roi dans la forêt de Marly, plaît à Mme de Maintenon dont elle s'efforçait d'imiter la conduite : en
réalité, elle est plus amoureuse de considération que de
vraie vertu, assez coquette sans doute, de cette coquetterie digne et froide qui recherche les hommages et les
contient dans les limites de la bienséance, s'entoure de
pruderie et de décorum, obtient en fin de compte le bénéfice de l'acquittement, même lorsque des présomp-
tions graves donnent beau jeu aux sceptiques. Tout
dévoués à la mémoire et à la politique de Louis XIV,
d'abord peu sympathiques au duc d'Orléans, Villars
et son insinuante collaboratrice gardent néanmoins une
grande situation sous la Régence, se lient avec Fleury,
gagnent les bonnes grâces du duc de Bourbon, du jeune
roi : celui-ci toutefois eut le mauvais goût de demander
à Villars qui cumulait force pensions : « Et vous, Monsieur le Maréchal, combien gagnerai-je à votre mort ?
— Je ne sais pas, sire, répondit celui-ci ; mais votre aïeul
aurait cru y perdre. » En 1707, dans leur hôtel de la rue
de Grenelle, ils offrent à Pierre le Grand un souper magnifique suivi d'une grande symphonie militaire, qui
plut tellement au Tsar qu'il s'empara d'un tambour et

accompagna les musiciens : en bon courtisan, le maréchal saisit aussitôt des timbales, fit chorus, et l'incident défraya toutes les conversations pendant plusieurs jours.

Mme de Villars avait rencontré le jeune Arouet, le petit Arouet, comme on appelait Voltaire en 1716, chez la duchesse du Maine ou le duc de Sully : elle le protégea contre les comédiens qui refusaient de jouer son *Œdipe*, et ne paya point de retour le sentiment passionné qu'elle lui inspirait et qu'elle excellait à nourrir, flattée d'avoir asservi ce brillant esprit dont la gloire précoce rejaillissait sur son salon. A Vaux, en effet, Voltaire représentait la causerie philosophique, littéraire et galante, si chère aux dames ; ses feux d'artifice animaient ce cercle un peu alourdi par la gravité des personnages, le train solennel de la conversation politique ou militaire, et certain goût de faste emprunté aux habitudes de la cour vers la fin du grand règne. Elle l'emploie même à écrire en son nom vers ou prose à ses amis, et reçoit avec plaisir des aveux rimés tels que celui-ci :

> Divinité que le ciel fit pour plaire,
> Vous qu'il orna des charmes les plus doux,
> Vous que l'Amour prend toujours pour sa mère,
> Quoiqu'il sait bien que Mars est votre époux...,
> Qu'avec regret je me vois loin de vous !
> ... Et je suis trop heureux si jamais l'univers
> Peut apprendre un jour dans mes vers
> Combien pour vos amis vous êtes adorable,
> Combien vous haïssez les manèges des cours,
> Vos bontés, vos vertus, ce charme inexprimable

Qui, comme dans vos yeux, règne en tous vos discours.
L'avenir, quelque jour, en lisant cet ouvrage,
Puisqu'il est fait pour vous, en chérira les traits :
Cet auteur, dira-t-on, qui peignit tant d'attraits,
    N'eut jamais d'eux, pour son partage,
Que de petits soupers où l'on buvait très frais ;
    Mais il mérita davantage.

Voltaire était l'impresario, le boute-en-train des représentations théâtrales de Vaux-Villars, l'ancienne résidence de Fouquet, de ces nouvelles *Nuits Blanches*, dont il a fait lui-même le récit dans cette lettre à Fontenelle où il complimente joliment le doyen des beaux-esprits :

« Les dames de Villars, Monsieur, se sont gâtées par la lecture de vos *Mondes*. Il vaudrait mieux que ce fût par vos *Églogues* ; et nous les verrions plus volontiers ici bergères que philosophes. Elles mettent à observer les astres un temps qu'elles pourraient beaucoup mieux employer ; et comme leur goût décide des nôtres, nous nous sommes tous faits physiciens pour l'amour d'elles.

    Le soir, sur des lits de verdure...
    Lits que de ses mains la nature
    Dans ces jardins délicieux
    Forma pour une autre aventure,
    Nous brouillons tout l'ordre des cieux.
    Nous prenons Vénus pour Mercure ;
    Car vous saurez qu'ici l'on n'a
    Pour examiner les planètes,
    Au lieu de vos longues lunettes,
    Que des lorgnettes d'opéra...

« C'est à vous que nous nous adressons, Monsieur, comme à notre maître. Vous savez rendre aimables les choses que beaucoup d'autres philosophes rendent à peine intelligibles ; et la nature devait à la France et à l'Europe un homme comme vous, pour corriger les savants et pour donner aux ignorants le goût des sciences...

> Or, daignez un peu, je vous prie,
> Si vous voulez parler raison,
> Nous l'habiller en poésie ;
> Car sachez que, dans ce canton,
> Un trait d'imagination
> Vaut cent pages d'astronomie. »

Après la mort du maréchal (1734), le séjour de Vaux devenant trop dispendieux, la maréchale vendit son hôtel de Paris à Mᵐᵉ de Rupelmonde, et acheta le château d'Athis où elle reçut belle et glorieuse compagnie. Mˡˡᵉ de Clermont y fréquentait fort, et avec elle plusieurs princesses de la famille royale, Maurepas, Mᵐᵉ du Deffand, le bon Rollin : bien qu'elle soit retirée du manège des affaires, elle continue d'arranger sa vie, vieillit en perfection, et les honneurs vont la chercher par une pente toute naturelle. C'est ainsi qu'elle est invitée à la grande cérémonie de la Rose d'Or, remise de la part du pape à la reine, qu'elle est spécialement nommée et désignée pour assister aux couches de celle-ci, ou qu'on la cite comme une autorité dans les questions d'étiquette que soulève un *bal rangé*. (Un bal rangé était un grand bal de cour dans lequel on demandait à chaque danse l'ordre du roi. A ses propres enfants, il désignait leurs danseurs ou danseuses, aux autres il disait : qui vous voudrez.) « La grâce et la correction cheminaient avec elle, affirme Charles Giraud, l'aimable historien de la maréchale ; elle honora son veuvage par la sage ordonnance de sa vie, où, sans se poser en Artémise, elle mesura sensément les proportions de son pouvoir et de son devoir. » On l'avait chansonnée à propos du comte de Toulouse, on la chansonna au sujet de Vauréal (1), l'abbé de cour idéal, ambassadeur en Espagne, évêque de Rennes, académicien, le plus bel homme de son temps et l'un des plus spirituels : c'était la mode alors, on chansonnait tout le monde et toutes choses, le vice et la vertu, la gloire et les revers, le Parlement et les Jésuites, le roi et l'Académie ; et ces épigrammes étaient si coutumières, qu'à raison même des corrections qu'elles attiraient à leurs auteurs, on avait surnommé le xviiie siècle : *le siècle de bois.* Tout cela ne tire point à conséquence : Charles Giraud n'accueille pas plus les chansons des habitués du café Procope que les médisances de Saint-Simon ou du président Hénault ; et les contemporains lui donnent gain de cause, puisqu'ils entourent la maréchale de respects, de considération, jusqu'à sa mort (1763). Elle semble n'avoir connu d'autres ennuis que ceux qui lui viennent de son fils, ce très petit fils d'un grand général, écrasé par la

---

(1) Sur Vauréal, voir Saint-Simon, d'Argenson, Collé et Charles Giraud.

gloire paternelle autant que par les dignités de tout genre qu'on accumula sur sa tête.

Faisons comme les contemporains : aux hommes comme aux siècles il est presque impossible d'aller droit, et combien malaisée la tâche de les suivre dans leurs méandres, de tenir compte des nuances, des arrière-pensées et des actions mixtes ! Étudier un individu dans toutes ses métamorphoses, avec la patience d'un juge d'instruction qui recherche la trace d'un crime, en faisant table rase de ses préjugés, sans écouter les bavardages de l'opinion générale, ce travail exige un esprit souple, désintéressé, habitué à se dédoubler, et d'une patience à toute épreuve. Car, cette opinion générale, de quels vains bruits, de quelles calomnies ne se contente-t-elle pas souvent ! Nous voyons par les besicles d'autrui qui ne voit guère, nous aimons, nous haïssons, pour quels frivoles motifs, tout de reflet et de réverbère ! Les nobles sentiments ne courent pas les rues ; le temps, la capacité d'affection, font défaut à la plupart. De même, si nous voulons lier connaissance intime avec un personnage d'autrefois, il est nécessaire de l'aimer véritablement et pour lui-même, d'entrer avant dans sa vie, en se plaçant dans les circonstances où il s'est trouvé, de savoir non seulement ce qu'ont dit ceux qui en ont parlé, mais pourquoi ils en ont ainsi parlé. Un aviron droit semble courbé dans l'eau ; la même action se prête aux interprétations les plus diverses. On sait l'aventure de l'historien anglais qui entend du bruit dans la rue, se précipite, regarde, s'informe de la cause du tumulte, entend

tre avis différents, et se lamente en songeant que,
n'a pu comprendre ce qu'il voyait, il saura bien
ns encore éclaircir des faits entourés des brumes
passé. La plus commune des erreurs ne consiste-
le pas à croire impossible ce qu'on n'éprouve pas,
lont on est incapable ? Presque tous, nous sommes
présence de celui que nous jugeons comme le voya-
r devant un paysage qu'il traverse en chemin de fer :
oit quelques arbres, une rivière, des maisons, l'en-
ble et les détails lui échappent.

onclusion : bienveillance, sérénité envers les choses,
personnes, les modes du passé comme du présent :
cas de doute, accordons-leur tout au moins le
éfice de la majorité de faveur, comme on fait en cour
sises.

t donc, ne pouvant esquisser, même en quelques
es, une foule de salons intéressants, je nommerai
noins leurs directrices ou directeurs : les Vendôme,
uchesse du Maine, le prince de Conti au Temple et
sle-Adam, le duc et la duchesse de Penthièvre ; —
s Geoffrin, du Bocage, d'Épinay, du Vernage, de
sini, Trudaine, Necker, Laborde, Doublet de Per-
, Pankouke, de Fourqueux, du Moley, Boutin ; —
taire aux Délices et à Ferney, le président Hénault,
on de Breteuil, Watelet, Morellet, de Vaine, Ques-
, Mgr de Tressan, le marquis de Cubières ; — com-
es d'Amblimont, de La Marck, de Noisy, de Boufflers,
Sassenage, de Tessé, de Turpin, d'Angivilliers, de
lis, de Forcalquier, de Rochefort, Élie de Beaumont;
mont d'Husson, — les Brancas, les Ségur, les

Duras, les Luynes, les d'Holbach, les d'Argental ; — le duc d'Orléans et la marquise de Montesson ; marquises de Coigny, de Mimeure, de Mauconseil, de Chauvelin, de Marigny ; duchesses de Sully, de La Vallière, de Mazarin, d'Aiguillon, d'Enville, de Bouillon, de Villeroy, de Chaulnes, de Mirepoix, de Kingston ; — princesses de Talmont, de Robecq ; — princesse de Beauvau, maréchale de Luxembourg, duchesse de Choiseul. Cette liste, fort incomplète, s'allongerait sensiblement s'il fallait énumérer les salons de la province ; quelques mots seulement sur les trois derniers.

Mme de Beauvau avait l'habitude de donner en parfilage (1), à chaque grande fête, la bête qui la symbolise : le bœuf et l'âne à Noël, l'agneau à Pâques, le pigeon à la Pentecôte. Elle avait envoyé pour cette dernière un Saint-Esprit en forme de pigeon de parfilage à la duchesse de Gramont. Aussitôt la verve de tous les aèdes du château de se ranimer, et les couplets de retentir ; la palme resta à de l'Isle.

AIR : *C'est un enfant.*

Pour rendre aussi quelques hommages
A l'oiseau par vous célébré,
Je dirai que dans tous les âges
Il fut aux autres préféré.
    Si c'est un modèle
    D'amour ou de zèle
Que l'on produit, qui cite-t-on ?
C'est un pigeon, c'est un pigeon...

---

(1) Le parfilage consistait à tirer de l'or des vieux galons, des épaulettes et broderies, ou à filer de l'or sur du fil de soie.

> Quand Dieu le Père, en homme sage,
> S'avise que, seul de son nom,
> Du monde l'immense héritage
> Ira dans quelque autre maison,
>   Par vieillesse extrême,
>   Ne pouvant lui-même,
> Qui prend-il pour faire un garçon ?
> C'est un pigeon, c'est un pigeon.

Veuve du duc de Clermont d'Amboise, Marie-Charlotte de Rohan-Chabot épousa en secondes noces le prince de Beauvau, un de ces hommes rares qui conservent le privilège d'être distingués dans les actions les plus simples comme dans les plus importantes : union idéale, union délicieuse, en dépit de l'axiome de La Rochefoucauld, qui inspirait à la princesse de Poix cette réponse, lorsqu'on lui recommanda de ne pas lire de romans : « Défendez-moi donc de voir mon père et ma mère. » Comme Mme de Luxembourg, comme Mme de Gramont, la princesse de Beauvau gouverna longtemps un des derniers grands salons aristocratiques du XVIIIe siècle. Conseillère de Choiseul, de Necker, tandis qu'ils étaient au pouvoir, amie fidèle dans la disgrâce, elle s'intéressait vivement aux affaires de l'Académie et de l'État, poussée par cette ambition très noble de mettre les hommes capables à leur place, montrant d'ailleurs, ses contemporains l'attestent, plusieurs sortes d'esprit, celui de causer, celui d'observer les événements, de n'exiger des individus que ce qu'ils peuvent fournir à la société ; son attention était un éloge et son sourire un suffrage, l'entendre parler un véritable enchantement. « Sa conversation, dit le duc de Lévis, avait de la vivacité sans emportement ; toujours l'expression propre, point d'exagération, rien d'affecté. La délicatesse de son âme, la grâce de son sexe, servaient de passeport à une logique toute virile, et l'on ne savait, en se rangeant à son opinion, si on était séduit ou convaincu. »

Dans les premiers temps de l'Assemblée Constituante, il lui arriva une aventure assez plaisante. Elle voulait des réformes pour empêcher un bouleversement, estimant sans doute que le seul moyen d'éviter une révolution était de la faire en haut ; aussi recevait-elle et cherchait-elle à grouper le tiers-état autour de Necker. Un soir, au moment où elle ouvrait sa boîte pour prendre du tabac (le tabac à priser était fort à la mode alors), le député Target s'avança et y puisa familièrement une prise. Peindre l'étonnement, l'indignation qu'une telle conduite inspira à Mme de Beauvau serait chose impossible. Louis XIV n'eût pas témoigné plus de surprise, si quelque Dangeau lui eût dit qu'un emploi pouvait sembler préférable à celui de faire assidûment sa cour. Comment, en effet, s'imaginer que les *Droits de l'homme* s'étendraient jusqu'à prendre du tabac dans la boîte de cette grande dame qui voyait en son mari « un prince auprès duquel les autres étaient peuple ? » Et pour souligner sa déconvenue, quelqu'un remarqua malicieusement : « C'est un effet naturel de l'égalité. »

Quant à la maréchale de Montmorency-Luxembourg, malgré son passé fort orageux, son caractère très inégal, elle réussit, le nom, la fortune et l'esprit aidant, à s'établir dans son âge mûr l'oracle du bon ton, des bienséances, et de ces formes qui composent le fond de la politesse. Dans son salon, devenu en quelque sorte une institution sociale, on tranchait sans appel des usages, des étiquettes, on discutait à merveille les questions de philosophie et de morale : La Harpe venait y lire ses *Barmécides*, Jean-Jacques sa *Julie*, Gentil-Bernard son *Art d'aimer*, Ségur, Boufflers, leurs poésies. « C'était chez elle, observe le duc de Lévis, que se conservait intacte la tradition des manières nobles et aisées que l'Europe venait admirer et tâchait en vain d'imiter. Jamais censeur romain n'a été plus utile aux mœurs de la République que la maréchale de Luxembourg ne le fut à l'agrément de la société pendant les dernières années qui ont précédé la Révolution. On avait d'autant plus besoin alors d'une pareille censure, que l'anglomanie, avec ses clubs, ses fracs et sa rudesse, envahissait déjà la bonne compagnie. » Comme la maréchale de Beauvau, elle avait l'*esprit de principauté*, et l'on eût pu, elle aussi, l'appeler *la Dominante;* cette volonté, plus encore que ses autres avantages, lui fut d'un grand secours pour retourner l'opinion. Joignez-y le trait caustique, le don de repartie, l'aptitude à saisir la réalité des choses et des personnes, et cette promptitude de l'esprit qui, soudain, condense la pensée dans une formule incisive. C'est elle qui reprenait Tressan, l'auteur du fameux quatrain (1) :

---

(1)   Quand Boufflers parut à la cour,
On crut voir la mère d'Amour;

« Vous avez dit de moi que j'étais galante, je vous le pardonne ; mais vous avez dit de ma sœur qu'elle était laide ; elle ne vous le pardonnera pas ; » elle qui répondait au Dauphin, comme il demandait si elle savait tous les exploits des Montmorency : — Monseigneur, je sais l'histoire de France. — Elle croyait connaître aussi les usages, le cérémonial du Paradis, car elle dit un jour à Mme de Genlis que Dieu, en fait de prières, avait égard à l'intention, aux paroles et au ton. Sa petite-fille lui ayant donné les portraits de deux de ses auteurs favoris, La Fontaine et Molière, quelqu'un demanda lequel paraissait le plus grand : « Celui-ci, répondit-elle sans hésiter en montrant le fabuliste, est plus parfait dans un genre moins parfait. » Sa conversation abondait en saillies de tout genre, rappelant celle de son amie, *la femme Voltaire*, la marquise du Deffand, cette illustre ennuyée qui divisait le monde en trois parts : trompeurs, trompés et trompettes, et prétendait ne compter plus que trois vertus en France : vertubleu, vertuchoux et vertugadin.

Mme de Choiseul est une des bonnes fortunes morales du xviiie siècle (1) ; elle pense comme Montesquieu, elle écrit aussi bien que Mme du Deffand, elle se conduit comme une sainte, quoiqu'elle n'ait d'autres croyances que celles que prescrit la vertu : fermeté d'âme, bon sens que rien ne saurait entamer, jugement pénétrant,

---

Chacun s'empressait à lui plaire,
Et chacun l'avait à son tour.

(1) Cette page est tirée de mon étude sur la duchesse de Choise : *La Société française avant et après 1789* (pp. 106 et sq.).

fidélité inébranlable à ses amis, clairvoyance de moraliste pratique, talent de dire toujours la chose qui convient, tant de qualités rehaussées de grâce et de modestie, inspirèrent des admirations passionnées, désarmèrent la critique et la haine. Cette duchesse, « si supérieure à toutes les duchesses de la terre, » sans cesse à l'affût des bonnes actions et connaissant mieux que personne leur gîte, cette femme sur laquelle les yeux, l'esprit et le cœur se reposent si doucement, a tout le charme des petites choses, tout le sublime des grandes, donne la sensation d'une de ces toiles de Rembrandt ou de Meissonier, d'un de ces sonnets de Ronsard ou de Heredia, d'un de ces opéras de Mozart, dont on ne découvre pas d'abord toutes les beautés, mais qui, mieux étudiés, conquièrent la pensée par la perfection des détails, la suavité de l'inspiration, l'harmonie des lignes et des tons. Sa santé délicate est la seule ombre au tableau : l'abbé Barthélemy disait que, s'il était le maître, il lui ôterait la moitié de ses vertus, augmenterait ses forces du double, qu'elle resterait toujours la plus honnête femme du monde, et ne serait pas la plus frêle. Philosophe, habituée de bonne heure à méditer et réfléchir, elle rencontre des maximes d'une beauté toute stoïque. « Croyez, écrit-elle, que l'honneur est libre par tout pays et que, par tout pays, il suffit au bonheur. Loin d'inculper l'humanité, bénissons la nature qui a donné au temps la cure des plaies du cœur. Le courage et la sagesse triomphent des autres maux. La plupart ne doivent leur existence qu'à la faiblesse ou à la folie. Il est juste de porter les chaînes que l'on s'est forgées. Il n'est pas si difficile d'être heureux, et cette idée du moins est consolante si elle n'est pas neuve... »

Tous d'ailleurs se confondent dans un concert d'admiration et d'éloges, Voltaire, l'abbé Barthélemy, même la marquise du Deffand qui ne trouve à son amie que des vertus, pas un défaut, et ne lui adresse d'autre reproche que de *savoir* qu'elle l'aime, mais de ne le point *sentir*; même Horace Walpole, ce gentleman original et peu enthousiaste, l'homme de fer, l'homme de neige, comme l'appelle la marquise, dont, par souci du *cant,* par crainte du ridicule, il rabroue sévèrement les emportements d'amitié (1). Écrivain fantaisiste, épris du bizarre en littérature et en art, Walpole aimait le français comme la langue servant d'expression à tous les riens de la politesse européenne, comme la langue de la raillerie, de l'anecdote, des mémoires et du style épistolaire. « Elle est, écrit-il, le type le plus accompli de son sexe..., elle a plus de bon sens et plus de vertu que presque aucune créature humaine... C'est un petit modèle en cire, à qui l'on n'a pas permis pendant

---

(1) C'est après un coup de boutoir de Walpole que la marquise lui adresse cette admirable lettre : « Je pensais l'autre jour que j'étais un jardin dont vous étiez le jardinier; que, voyant l'hiver arriver, vous aviez arraché toutes les fleurs que vous jugiez n'être pas de saison, quoiqu'il y en eût encore qui n'étaient pas entièrement fanées, comme de petites violettes, de petites marguerites, et que vous n'aviez laissé qu'une certaine fleur qui n'a ni odeur ni couleur, qu'on nomme immortelle, parce qu'elle ne se fane jamais !... C'est l'emblème de mon cœur. » Voir les *Œuvres* et la *Correspondance de Walpole.* — RÉMUSAT : *L'Angleterre au XVIIIe siècle.* — MACAULAY : *Œuvres diverses.*

quelque temps de parler, l'en jugeant incapable, et qui a de la timidité et de la modestie. La cour ne l'a pas guérie de cette modestie ; sa timidité est rachetée par le plus séduisant son de voix, que font oublier le tour le plus élégant et l'exquise propriété de l'expression... Vous la prendriez pour la reine d'une allégorie qu'on craint de voir finir... Oh ! c'est bien la plus gentille, la plus aimable et la plus honnête petite créature qui soit jamais sortie d'un œuf de fée ! »

Peut-être faut-il féliciter les fidèles de l'ancien régime qui eurent la douceur de vivre et de mourir avant la Révolution, comme pour éviter que leur vie rassemblât toutes les joies et les douleurs humaines ; mais c'est aussi un noble spectacle, fertile en enseignements, que celui d'une existence pareille à celle de la duchesse de Choiseul, qui traverse les années de grandeur et les années de misère, nimbée d'une auréole de vertu, de résignation, de courageuse dignité, marchant dans le devoir d'un pas ferme, inaccessible aux enivrements de la fortune, aux suggestions du malheur, armée du talisman de l'amour conjugal, et, malgré sa propre incrédulité, malgré l'absence de ce divin frisson de l'inconnu qui tour à tour nous obsède et nous ravit, fournissant à ceux qui la connurent, à ceux qui l'étudient, un excellent argument contre le doute et le pessimisme.

LA SOCIÉTÉ POLIE PENDANT LE RÈGNE DE LOUIS XVI

« Il me semble que c'était hier, et c'était cependant
au commencement de 1788. Nous étions à table chez
un de nos confrères de l'Académie, grand seigneur et
homme d'esprit : la compagnie était nombreuse et de
tout état : gens de cour, gens de robe, gens de lettres,
académiciens. On avait fait grande chère comme de
coutume. Au dessert, les vins de Malvoisie et de
Constance ajoutaient à la gaieté de bonne compagnie
cette sorte de liberté qui n'en gardait pas toujours le
ton... Chamfort nous avait lu de ses contes impies et
libertins, et les grandes dames avaient écouté sans
avoir même recours à l'éventail. De là un déluge de
plaisanteries sur la religion ; l'un citait une tirade de
la Pucelle, l'autre rappelait des vers *philosophiques* de
Diderot... Un des convives nous raconta en pouffant de
rire que son coiffeur lui avait dit, tout en le pou-
drant : « Voyez-vous, Monsieur, quoique je ne sois
qu'un misérable carabin, je n'ai pas plus de religion
qu'un autre. » On conclut que la Révolution ne tardera
pas à se couronner, qu'il faut absolument que la super-
tition et le fanatisme fassent place à la philosophie, et

l'on en vient à calculer la probabilité de l'époque, et quels seront ceux de la société qui verront le règne de la raison... »

« Un seul des convives n'avait point pris part à cette orgie de la conversation, et avait même laissé tomber tout doucement quelques plaisanteries sur notre bel enthousiasme. C'était Cazotte, homme aimable et original, mais malheureusement infatué des rêveries des Illuminés. Il prend la parole, et, du ton le plus sérieux : « Messieurs, soyez satisfaits, vous verrez tous cette grande et sublime révolution que vous désirez tant. Vous savez que je suis un peu prophète ; je vous le répète, vous la verrez. »

On se récrie, on le raille, on le harcèle. Condorcet reçoit le premier son compte :

« Ah ! voyons, dit-il, avec son air et son rire sournois et niais, un *philosophe* n'est pas fâché de rencontrer un *prophète.*

« Vous, Monsieur de Condorcet, vous expirerez étendu sur le pavé d'un cachot ; vous mourrez du poison que vous aurez pris pour vous dérober au bourreau, du poison que le *bonheur* de ce temps-là vous forcera de porter toujours sur vous. »

On rit, Chamfort entre en lice, Cazotte vaticine qu'il connaîtra la fraternité d'Étéocle et de Polynice, que ceux qui ont plus d'appétit que de dîners feront passer un vilain quart d'heure à ceux qui, comme lui, ont plus de dîners que d'appétit, qu'il se coupera les veines de vingt-deux coups de rasoir. Ensuite vient le tour de Vicq d'Azyr, de Nicolaï, Bailly, Malesherbes, Roucher,

tous présents. Et comme le mot *d'échafaud* est le perpétuel refrain :

« Oh ! c'est une gageure, s'écrie-t-on de toutes parts,
il a juré de tout exterminer.

— Non, ce n'est pas moi qui l'ai juré.

— Mais nous serons donc subjugués par les Turcs et
les Tartares ?

— Point du tout, je vous l'ai dit, vous serez alors
gouvernés par la seule *philosophie* et la seule *raison.*

— Voilà bien des miracles, dit alors La Harpe, et
vous ne m'y mettez pour rien ?

— Vous y serez pour un miracle tout aussi extraordinaire, vous serez alors *chrétien.* »

Les figures rembrunies se dérident.

« Ah ! ricane Chamfort, je suis rassuré ; si nous ne
devons périr que quand La Harpe sera chrétien, nous
sommes immortels. »

La duchesse de Gramont prend la parole.

« Pour ça, nous sommes bien heureuses, nous autres
femmes, de n'être pour rien dans la Révolution. Quand
je dis pour rien, ce n'est pas que nous ne nous en
mêlions toujours un peu, mais il est reçu qu'on ne s'en
prend pas à nous, et notre sexe...

— Votre sexe, Mesdames, ne vous en défendra pas
cette fois, et vous aurez beau ne vous mêler de rien,
vous serez traitées tout comme les hommes, sans
aucune différence quelconque. »

Le drame se noue, la scène devient de plus en plus
poignante, Cazotte développe sa pensée qui tombe

comme la hache de l'exécuteur ; chaque parole est une prophétie lugubre.

« Vous verrez, sourit la duchesse de Gramont, qu'il ne me laissera seulement pas un confesseur.

— Non, Madame ! vous n'en aurez pas, ni vous, ni personne. Le dernier supplicié qui en aura un par grâce sera... »

Il s'arrêta un moment :

« Eh bien ! quel est donc l'heureux mortel qui aura cette prérogative ?

— C'est la seule qui lui restera, et ce sera le roi de France. »

Le maître de la maison se leva brusquement, et tout le monde avec lui.

J'ai résumé le récit de La Harpe (1), récit imaginé après coup, en 1796, où l'écrivain s'élève à la hauteur des grands tragiques, où le talent d'exécution égale le talent de conception, récit où l'on voit se réfléchir en quelque sorte la fin d'un monde : cette société des

(1) Taine : *L'Ancien Régime*. — Garat : *Mémoires sur Suard.* — *Mémorial de Norvins*, publié par Lanzac de Laborie. — *Correspondance de Grimm.* — *Mémoires* de Besenval, de Tilly, de Mᵐᵉ d'Oberkirch. — John Moore : *Lettres d'un voyageur anglais.* — Rutlidge : *Essais sur le caractère et les mœurs des Français*, 1776. — Sébastien Mercier : *Le Tableau de Paris ; Le Nouveau Paris.* — Diderot : *Lettres à Mlle Volland.* — *Le Petit Tableau de Paris*, 1783. — *Paris en miniature*, 1784. — La Harpe : *Cours de Littérature ; Correspondance littéraire.* — Goncourt : *La Femme au XVIIIᵉ siècle.* — Paul Lacroix (Bibliophile Jacob) : *Histoire des mystificateurs et des mystifiés*, 3 vol., 1858. — Desnoiresterres : *Grimod de La Reynière et son groupe.* — Marquis de Castellane : *Gentilshommes démocrates*, 1 vol., 1898. — F. Dreyfus : *Un philanthrope d'autrefois : La Rochefoucauld-Liancourt.*

dernières années du règne de Louis XVI, si généreuse et si brillante, ivre de progrès, d'humanité, de tolérance, répétant avec transport le cri chevaleresque de Mme de Tessé : Dussé-je y périr, la France aura une constitution ! ces conversations si sérieuses où tous les problèmes sont agités avec passion, avec une profondeur qui n'exclut point la grâce et le bon goût, où l'on entend parfois des paradoxes à faire tonner ; ces salons qui remplacent le parlement, la presse, le télégraphe, qui font l'opinion publique et la transmettent avec une rapidité magnétique, où les gens de cour se confondent avec les bourgeois, les philosophes, dans une égalité charmante, ou plutôt dans la seule supériorité de l'esprit, du talent et du caractère, — cette jeune noblesse qui prend le mot d'ordre des Broglie : Aimez vos femmes et vos châteaux ! et s'élance vers l'infini comme elle s'est élancée au secours des États-Unis d'Amérique, sentant qu'on *ne saurait nettoyer les écuries d'Augias avec un plumeau,* prête à tous les héroïsmes, à tous les sacrifices, comme le prouva la *Nuit du 4 août* 1789. Il y avait dans l'aristocratie des intermédiaires entre le roi et le peuple, comme le chien de chasse, dit Chamfort, entre le chasseur et le lièvre ; mais tous ne sont pas des médailles antiques qui ont perdu leur effigie. Il y a cette noblesse de province dont les fortes vertus honorent la France, et lui servent en quelque sorte de ciment moral, dont le dévouement, même excessif, aux anciennes traditions, se traduira du moins par des actes noblement chevaleresques ; il y a cette fraction libérale qui réclame la

monarchie représentative, l'égalité civile et politique,
adopte avec ferveur le *credo* philosophique et social
du xviiie siècle. Et ici la partie a répondu pour le tout,
la compagnie a obtenu les circonstances atténuantes
pour le régiment entier, devant le conseil de guerre
de l'histoire, devant le tribunal de cassation de la
postérité. Ne dites pas qu'elle a elle-même élevé le
mur contre lequel elle s'est ensuite cassé la tête, joué
le rôle de don Quichotte, été la première victime de
ses illusions ! Tous les grains jetés à terre ne germent
pas de suite, toutes les batailles ne sont pas gagnées,
il faut cependant que le champ soit semé, que le combat soit engagé, que les premiers assaillants tombent
pour servir de fascines et d'échelles à ceux qui les suivent. Des centaines d'explorateurs ont payé de leur
vie le sublime effort pour traverser de part en part
l'Afrique centrale, résoudre le problème de l'aviation,
atteindre au pôle Nord : celui-ci n'a pas encore divulgué
son secret, l'Afrique a livré le sien. Et quand on examine
de près la Révolution, n'en arrive-t-on pas à se con-
vaincre qu'elle était sans doute nécessaire, mais qu'elle
pouvait s'accomplir d'autre sorte, si le Roi avait su,
voulu, s'il avait eu un ministère digne de ce nom, si les
Ultras n'avaient pratiqué la politique des catastrophes,
de l'excès du mal, si la Constituante, la Législative,
la Convention, avaient résisté à la populace ? Ne voit-
on pas qu'elle a été une suite de coups de main, que tant
d'intelligences, tant de bonnes volontés, tant de lions
conduits, hélas ! par un mouton, auraient dû lui imprimer un meilleur branle, et la réaliser à de moindres frais,

que les crimes furent l'obstacle et rarement le moyen?
C'est pourquoi, un vieux libéral impénitent, qui ne croit
pas plus à la faillite de la liberté et de la démocratie
qu'à la banqueroute de la science, ose saluer cette
noblesse associée au tiers-état, aux curés de campagne,
qui *causait* la Révolution dans les salons, la désirait
large et réformatrice, mais pure, vierge de toute
souillure ; surprise sans doute par le cyclone, croyant
avoir couvé un cygne au lieu d'un vautour dévorant,
elle perdit trop vite la foi pendant l'émigration, dans
les prisons, devant l'échafaud. Elle s'était occupée
à faire des lois pour une nation, avant de faire une
nation pour ces lois ; elle ignorait que la volonté
qui agit surpasse l'esprit qui délibère, qu'il faut
combiner l'un et l'autre. Tous, d'ailleurs, n'ont pas
déserté le drapeau. Faut-il rappeler La Fayette,
si spirituellement stoïque devant le danger et dans
l'adversité, si candidement confiant dans les fou-
les, admirable pendant ses cinq ans de captivité dans
les prisons de l'Autriche, immuable dans ses principes
et ses opinions, La Fayette censeur à l'eau de rose de
l'émeute, réservant toutes ses sévérités pour les gou-
vernements, comparé par Henri Heine à ce gouverneur
qui accompagnait son élève dans les mauvais lieux
pour qu'il ne s'y enivrât pas, puis au cabaret pour qu'au
moins il ne perdît pas son argent au jeu, et le suivait
enfin dans les maisons de jeu pour prévenir les duels
qui pouvaient s'ensuivre, — mais si le duel se présentait
inévitable, le bon vieillard lui-même servait alors de
second. La Fayette fut ce débonnaire gouverneur du

peuple. Mais que de belles pages dans cette vie! Comment s'étonnerait-il d'être captif, au moment où les partisans de la liberté sont partout proscrits? Souffrant, persécuté, traité de la manière la plus odieuse par ses geôliers d'Olmütz, il pense aux paysans de son village, les adjure de rester bons patriotes. « Les abus de l'ancien régime, observe-t-il, étaient bien plus multipliés, et la Révolution n'en a pas moins été faite pour le bonheur du peuple. »

Et comment ne pas admirer sa réponse quand Napoléon lui fit offrir un siège au Sénat : « Le silence de ma retraite est le maximum de ma déférence »? Comment ne pas s'associer au compliment de Mme de Staël : « J'espérerai toujours de la race humaine, tant que vous existerez? » Benjamin Constant lui dira : « Vous êtes ma conscience. » Une conscience parfois méconnue. Il est vrai que La Fayette, par son attitude à certaines heures, s'attirait l'apostrophe de M. de Serre : « Quand la guerre civile éclate, le sang est sur la tête de ceux qui l'ont provoquée. Le préopinant le sait mieux qu'un autre : il a plus d'une fois appris, la mort dans l'âme et la rougeur sur le front, que qui soulève les bandes furieuses est obligé de les suivre, et presque de les conduire. » Chose curieuse, les Américains, Washington, donnaient à La Fayette des conseils de modération, conseils très inutiles, car La Fayette n'écoutait au fond que La Fayette, et sa femme, qui l'aimait *chrétiennement, mondainement, passionnément,* lui disait avec finesse que, s'il n'était pas chrétien, il était en tout cas *fayettiste.* Un ami fidèle affirmait que s'il eût vécu au moyen âge, la puissance de l'idée fixe l'eût conduit à onder quelque ordre religieux.

« M. de La Fayette et moi, opinait Charles X en 1830, nous sommes les deux seuls qui n'ayons pas changé d'une ligne depuis 1789. »

Et dans le même camp que La Fayette, avec des nuances plus ou moins accusées, quel brillant bataillon : les deux La Rochefoucauld, Broglie, Narbonne, Louis-Philippe de Ségur, Lauzun, Lauraguais, Montlosier, Lally-Tollendal, Mirabeau, Talleyrand, les Lameth, Lasteyrie, Grammont, etc ! L'aristocratie française a eu ses dévots de liberté, ses fanatiques d'absolutisme qui, les uns et les autres, moralement ou matériellement, ont émigré et souffert pour leur foi.

Essayons encore de marquer quelques-uns des traits distinctifs de la société française avant 1789 ; là, comme partout, les contradictions, les antinomies ne manquent point, les dissonances sont nombreuses, et lés exceptions aux règles se comptent par centaines. Rien de plus facile que d'en découvrir dans les mémoires du temps, et d'en tirer parti contre la vérité générale. Cela n'empêche pas celle-ci de prévaloir, les caractères d'ensemble de l'emporter sur les détails, comme les rouages moteurs, dans une usine, l'emportent sur les petites pièces. Et j'entends les parangons d'austérité, les satiristes, les pamphlétaires, tonner contre la corruption élégante des salons, contre le maréchal duc de Richelieu, le marquis de Sade, la férocité dans le plaisir, les belles dévergondées du xvıııe siècle. Je sais fort bien que les plus grandes dames, les plus vertueuses même, celles qui ont le génie des bienséances, se laissent alors aller à de singuliers écarts de langage, prononcent des mots dont s'offense notre prud'homie. Ainsi George Sand trouva chez sa grand'mère des poèmes tellement légers, qu'elle n'aurait, affirme-t-elle, osé les lire jusqu'au bout, poèmes écrits de la main d'abbés qu'elle avait connus dans son enfance, ou sortant du cerveau de marquis de bonne race. De pareils faits, on peut en citer par milliers, arguer du goût des gens du monde pour les parades salées, de cette frivolité qui fait que des jeunes courtisans se consolent de la perte d'une bataille pourvu qu'elle fasse éclore une jolie chanson, et que d'autres appliquent la morale de ce distique :

Ne soyez point époux, ne soyez point amant,
Soyez l'homme du jour, et vous serez charmant ;

la même frivolité qui inspirera cette réflexion ironique à certain philosophe : « Le roi de Suède est ici ; il a des rosettes à ses culottes : tout est fini, c'est un homme ridicule et un roi de province. » Ou encore cette remarque à propos d'un souper splendide de Necker avec grand opéra et opéra bouffon : « Il se trouve que cette fête lui a valu plus de crédit, de faveur et de stabilité, que toutes ses opérations financières. »

Oui sans doute, Laclos, pour composer ses *Liaisons dangereuses,* n'a eu qu'à regarder autour de lui ; ses personnages, ses bourreaux polis ont posé devant son objectif. L'amour dans certains milieux devient l'échange de deux fantaisies, la noblesse du caractère semble une niaiserie, la passion, l'élan, se voient traités en intrus. On a cent amis, et sur cent amis, il y en a chaque jour deux ou trois qui ont du chagrin ; mais comment s'attendrir longtemps sur le compte de ceux-ci ? Ne serait-ce pas manquer d'égards envers les quatre-vingt-dix-sept autres ? Combien, dans de tels cercles, il eût paru ridicule, ce pasteur Moultou, correspondant de Mme Necker, qui ne cultivait que ses amis malheureux !

Tout cela ne prouve guère : sans aller jusqu'à prétendre que le monde a des lois, et point de morale, il faut observer que la vertu, le vice, le bonheur, le plaisir, existent d'une manière relative bien plus qu'absolue ; et par comparaison plutôt que par abstraction. La société polie de la fin du xviiie siècle, si l'on pèse le pour et le contre, vaut celle du xviie siècle, celle du xixe siècle. N'est-ce pas La Rivière qui écrivait à Bussy-Rabutin vers 1680 : « Nos pères n'étaient pas plus chastes que nous, mais... on brode à présent sur les vices, on les raffine ? »

Ce qui imprime son cachet original au xviiie siècle, c'est que la vie sociale est arrivée à sa perfection, qu'elle devient en toute vérité la fleur de la civilisation, que plus que jamais on peut se passer de bonheur à Paris. Plus de silences à entendre marcher une fourmi, comme à la cour de Louis XIV. « Les princes français, dit une contemporaine, meurent de peur de manquer de grâces ; dépouillant la morgue comme une cuirasse gênante et ridicule, ils recherchent moins les respects que les applaudissements. Il ne suffit même plus d'être

affable, il faut à tout prix paraître aimable à ses infé-
rieurs et à ses égaux. » Et cela va au point qu'une
femme du monde à laquelle on propose de présenter
un général fort célèbre interroge tout d'abord : « Est-il
aimable ? »

« Dans les salons de Paris, dit Voltaire, le cœur
s'amollit et se dissout, comme les aromates se fondent
doucement à un feu modéré et s'exhalent en parfums
délicieux. » Pour assister à une fête, on fait cent lieues
et plus : des amis du prince de Ligne partent de Bruxelles
après leur déjeuner, arirvent le lendemain à l'Opéra au
moment où la toile se lève, et, le spectacle terminé,
retournent aussitôt à Bruxelles, courant toute la
nuit. »

« De ce bonheur tant recherché, affirme Taine, nous
n'avons plus que des copies informes, et nous en sommes réduits à le reconstruire par le raisonnement. Il
consiste d'abord dans le plaisir de vivre avec des gens
parfaitement polis : nul plaisir plus pénétrant, plus
continu, plus inépuisable. L'amour-propre humain étant
infini, des gens d'esprit peuvent toujours inventer quelque raffinement d'égards qui le satisfasse. La sensibilité mondaine étant infinie, il n'y a plus de nuance
imperceptible qui la laisse indifférente. Après tout,
l'homme est encore la plus grande source de bohheur
comme de malheur pour l'homme, et, dans ce temps-là,
la source, toujours coulante, au lieu d'amertumes,
n'apportait que des douceurs. Non seulement, il fallait
ne pas heurter, mais encore il fallait plaire : on était
tenu de s'oublier pour les autres, d'être toujours pour

eux empressé et dispos, de leur épargner les idées tristes, de leur fournir des idées gaies, de garder pour soi ses contrariétés et ses chagrins. »

Le savoir-vivre inspire des chefs-d'œuvre de grâce et de courtoisie. A l'Isle-Adam, chez le prince de Conti, chaque dame trouve une voiture, des chevaux à ses ordres, elle peut donner tous les jours à dîner dans sa chambre à ses amis particuliers. Au château de Brienne, les maîtres de maison ne se sont réservé que le droit de rendre la liberté agréable à leurs hôtes : comédies de société, équipages de cerf et de vautrait, chasse à courre, chasse à tir, cent chevaux dans les écuries, bals, soupers, tous les genres de plaisirs sont offerts aux invités. « Il était impossible d'être plus et mieux chez soi, tout en étant chez eux. » Norvins parle de cette existence enchanteresse comme d'un chapitre oublié des *Mille et une Nuits*.

De même, à Paris, une foule de particuliers tiennent table ouverte ; une fois invité, on l'est pour toujours, et les convives n'ont pas à craindre qu'on les traite de parasites ; quelques pauvres diables seuls sont admis comme tels, et il est bien rare qu'on le leur fasse sentir. Sébastien Mercier voudrait qu'on rayât du dictionnaire ce mot de parasite : « L'oiseau qui de son bec saisit en volant un pauvre petit grain, et l'emporte dans son nid, et un poète qui va dîner chez un fermier général... prennent également tous deux ce qui leur est dû. » Étrangers, moralistes s'accordent à reconnaître que nos aïeux eurent le génie de l'hospitalité, qui, après tout, est une des formes exquises de la bonté multipliée par l'amitié, le tact, le goût de plaire et l'amour du faste. « Beaucoup de Français, dit Rutlidge, se livrent au penchant national de régaler leurs amis et de n'y rien épargner. La simple idée d'être seul à table chagrinerait beaucoup de seigneurs, et, comme leur exemple influe dans un pays où l'on se pique d'imiter les grands, les tables ouvertes sont communes chez la plupart de ceux qui ont le moyen de les tenir. Là le génie de la joie préside dans toute sa gloire... » On sait le piquant couplet du *Neveu de Rameau* se lamentant de n'avoir plus son couvert mis dans quelques-unes des *dix mille bonnes tables* de Paris.

La comtesse de Civrac se trouvant souffrante, obligée d'aller aux eaux, ses intimes cherchent à la distraire, et voici le joli complot qu'ils mettent à exécution : ils la devancent de quelques heures, et dans chaque auberge où elle s'arrête, ils lui offrent une fête champêtre, grimés en villageois, avec des masques ; — et puis encore ils improvisent des charades, des atellanes, des quadrilles de proverbes, des mystifications, et disent des vers. Ainsi la courtoisie devient plus qu'une grâce, presque une vertu, car elle inspire parfois de très nobles sentiments, des actions généreuses. Les femmes alors étaient des reines, et la Révolution les a quelque peu détrônées. Et puis cette société avait des loisirs : il y avait à Paris, à Versailles, vingt-cinq mille personnes au moins qui ne poursuivaient d'autre but que de plaire aux autres, de se plaire à elles-mêmes, sans les soucis de fortune et les nécessités de travail dont nous sommes obsédés. En ce temps-là on ne demandait que le savoir-vivre : le savoir et le savoir-faire ne venaient qu'après ; le cœur lui-même et le courage parlaient avec esprit. Ces gentilshommes se battent en duel, montent à l'assaut avec les mêmes grâces familières qu'ils déploient à l'Œil-de-Bœuf, ou dans le cercle de la maréchale de Luxembourg. Lisez dans Besenval le récit du duel du comte d'Artois et du duc de Bourbon. (J'abrège) : « Monsieur, dit le premier d'un air souriant, le public prétend que nous nous cherchons. » — Le duc ôtant son chapeau : « Monsieur, je suis ici pour prendre vos ordres. — Pour exécuter les vôtres, repart le frère de Louis XVI, il faut que vous me permettiez d'aller jusqu'à ma voiture. » — Il revient avec son épée, le combat s'engage, les témoins l'arrêtent lorsqu'ils jugent que l'honneur est satisfait. « Ce n'est pas à moi d'avoir un avis, observe le comte d'Artois ; c'est à M. le duc de Bourbon de dire ce qu'il veut ; je suis ici pour recevoir ses ordres. — Monsieur, réplique le duc en baissant la pointe de son épée, je suis pénétré de reconnaissance de vos bontés, et je n'oublierai jamais l'honneur que vous m'avez fait. »

« Est-ce qu'on était jamais vieux en ce temps-là, écrit Aurore de Saxe, comtesse de Horn, grand'mère de George Sand ? C'est la Révolution qui a amené la vieillesse dans le monde. Votre grand-père, ma fille, a été beau, élégant, soigné, gracieux, parfumé, enjoué, aimable, affectueux, et d'une humeur égale jusqu'à l'heure de sa mort...

« Plus jeune, il aurait été trop aimable pour avoir une vie aussi calme, et je n'eusse peut-être pas été aussi heureuse avec lui, on me l'aurait trop disputé. Je suis convaincue que j'ai eu le meilleur âge de sa vie, et que jamais jeune homme n'a rendu une jeune femme aussi heureuse que je le fus ; nous ne nous quittions pas d'un instant, et jamais je n'eus un instant d'ennui auprès de lui. Son esprit était une encyclopédie d'idées, de connaissances et de talents qui ne s'épuisa jamais pour moi. Il avait le don de savoir toujours s'occuper d'une manière agréable pour les autres autant que pour lui-même. Le jour, il faisait de la musique avec moi, il était excellent violon, et faisait ses violons lui-même, car il était luthier, outre qu'il était horloger, architecte, tourneur, peintre, serrurier, décorateur, cuisinier, compositeur de musique, menuisier, et qu'il brodait à merveille...

« Le soir, quand nous n'étions pas en fête, il dessinait à côté de moi, tandis que je faisais du parfilage, et nous nous faisions la lecture à tour de rôle...

« Un vieillard aime plus qu'un jeune homme, et il est impossible de ne pas aimer qui nous aime parfaitement. Je l'appelais mon vieux mari et mon papa : il le voulait ainsi, et ne m'appelait jamais que sa fille, même en public. On savait vivre et mourir alors ; on n'avait pas d'infirmités importunes. Si on avait la goutte, on marchait quand même, et sans faire la grimace ; on se cachait de souffrir par bonne éducation. On n'avait pas de ces préoccupations d'affaires qui gâtent l'intérieur et rendent l'esprit épais. On savait se ruiner sans qu'il y parût, comme de beaux joueurs qui perdent sans montrer d'inquiétude et de dépit. On se serait fait porter demi-mort à une partie de chasse. On trouvait qu'il valait mieux mourir au bal ou à la comédie, que dans son lit entre quatre cierges et de vilains hommes noirs. On était philosophe ; on ne jouait pas l'austérité, on l'avait parfois sans en faire montre. Quand on était sage, c'était par goût, et sans faire le pédant ou la prude. On jouissait de la vie, et quand l'heure était venue de la perdre, on ne cherchait pas à dégoûter les autres de vivre. Le dernier adieu de mon vieux mari fut de m'engager à lui survivre longtemps, et à me faire une vie heureuse. »

Aurore de Saxe, toute jeune encore, avait épousé, en secondes noces, Dupin de Francueil, âgé de soixante-deux ans, qu'elle aimait de tout son cœur : elle était si heureuse que ses amies lui enviaient son mari. On est toujours jeune quand on plaît, ici l'on pouvait ajouter :

Son acte de naissance est vieux, mais non pas lui.

Cette société enthousiaste du règne de Louis XVI, devenue américaine, anglomane, emprunte à nos voisins le whist, les courses, leurs jardins : elle a des grâces multiples. Rousseau, Bernardin de Saint-Pierre, ayant restitué le goût de la nature, Marie-Antoinette accrédite la mode de la campagne, une foule de résidences délicieuses s'élèvent dans les environs de Paris, véritables succursales des salons parisiens, où l'on mène de front les plaisirs des champs et de la ville, sans négliger les devoirs d'hospitalité charitable qui incombent aux châtelaines. Dans ces châteaux, et depuis des siècles, le propriétaire donne l'exemple du progrès agricole, les paysans trouvent en lui un juge de paix bénévole, un protecteur, chez lui les remèdes gratuits du corps, de l'âme et de l'esprit. Tel le duc de Liancourt, ce grand seigneur libéral qui lance, le 14 juillet 1789, à Louis XVI, cet avertissement prophétique : « Sire, ce n'est pas une révolte, c'est une grande révolution. » Telle Mme de La Briche qui, dans son château du Marais, jusqu'en septembre 1793, donne asile à ses amis.

Au risque de mériter le reproche d'abuser des citations, je multiplierai les témoignages pour ou contre cette société polie, cette époque si injustement, si âprement maltraitée par les observateurs partiaux ou superficiels, par les rabâcheurs de lieux communs, par ceux-là mêmes qui ont joui de ses bienfaits, ou qui l'ont traversée sans la comprendre : ceux-là, je l'avoue, me font un peu l'effet de ces araignées qui se croient savantes parce qu'elles tapissent leurs toiles sur les livres d'une bibliothèque. Il est si difficile de parler d'un siècle avec quelque précision ! J'étonnerai peut-être bien des gens en affirmant qu'il faudrait, pour cela, avoir lu les histoires générales et particulières, les Mémoires, les principaux ouvrages des contemporains, de ceux qui sont venus après : voilà déjà trois ou quatre mille volumes qu'on devrait noter, pour en tirer le suc médullaire. Et cela n'est rien encore, si le critique ne peut se dégager de ses opinions personnelles, ou des opinions de son parti.

« Les gens du xviiie siècle nous semblent à certains égards des enfants, dit Mérimée, parce que nous sommes nés vieux de toute leur expérience, et qu'il ne nous en a rien coûté pour savoir ce qu'ils ont appris à leurs dépens. Mais ce que nous ne verrons plus guère, et c'est grand dommage, c'est de vivre en société, chacun travaillant à se rendre la vie agréable et à la rendre telle aux autres. Ne remarquez-vous pas combien aujourd'hui il y a peu de ces affections durables et fortes, comme il y en avait tant vers 1760 à Paris ? Certainement Mme du Deffand, et la duchesse de Choiseul, et Horace Walpole, avaient vécu dans un milieu à dessécher le cœur et à montrer le mal de toute chose. Cependant tous ces gens sont pleins de sentiments affectueux et tendres. Ils oublient leurs principes d'égoïsme lorsqu'il s'agit de leurs amis. Ce sont de bonnes natures, assez mal élevées, imbues d'assez mauvais principes, mais en qui n'entre pas un grain de méchanceté ni d'hypocrisie. On leur voit faire des choses qui nous paraissent aujourd'hui assez sales et plates, comme, par exemple, de faire la cour à Mme de Pompadour. Mais les mêmes actions n'ont pas la même valeur dans tous les temps. Je parierais bien que la société n'est pas moins corrompue qu'elle n'était alors ; seulement l'opinion a changé sur la question du scandale. On était fort tolérant sur cela il y a un siècle. Alors que toute femme avait un amant, il eût été trop injuste d'empêcher les rois d'avoir leurs maîtresses. Je crois qu'aujourd'hui on attache beaucoup trop d'importance à la chasteté. Non pas que je nie que ce ne soit une vertu, mais il y a des rangs dans les vertus comme dans les vices. Il me semble absurde qu'une femme soit bannie de la société parce qu'elle a eu un amant, tandis qu'elle peut aller partout étant avare, fausse et méchante. La morale de ce siècle-ci n'est pas assurément celle qu'on enseigne dans l'Évangile. A mon goût il vaut mieux trop aimer que pas assez. Maintenant (1859) les cœurs secs sont au pinacle... » C'est peut-être en ce sens que Michelet a pu avancer que le xviiie siècle marque un certain retour vers le mieux, puisqu'il fut un retour à la nature.

« Après l'hypocrisie religieuse, dont l'objet était de plaire à Mme de Maintenon, on vit, chose curieuse, dit Charles Giraud, l'hypocrisie de la débauche, dont l'objet était de plaire à M. le Régent : on feignait d'être libertin, sans l'être quelquefois. Puis, par attrait de la nouveauté, on revint, vers l'époque du mariage royal, à la naïveté de l'innocence ; mais ce ne fut pas long. Il y eut bientôt comme une explosion du dévergondage comprimé, protégé par l'exemple de la royauté, jusqu'au jour où, par lassitude, on prit comme un repos dans la sensibilité, derrière laquelle s'abrita le désordre de l'esprit et du cœur, pendant que planaient certains génies qui captivaient l'imagination. L'inconduite alors chercha l'excuse du sentiment. La femme qui avait eu vingt amants avait cédé, pour chacun d'eux, à un amour irrésistible. Cet empire de la sensibilité a duré jusqu'à la fin du siècle... »

Laissons maintenant parler un peu ce spirituel Horace Walpole qui persifle, non sans âpreté, certains travers à la mode dans une partie de la société française ; il la connaissait assez bien, puisqu'il ne fit pas moins de six séjours à Paris de 1739 à 1775, correspondant avec Mme du Deffand et de nombreux amis, disant lui-même : « Ma vie n'est qu'une longue lettre. » — « J'ai dîné aujourd'hui avec une douzaine de savants, et quoique tous les domestiques fussent là pour le service, la conversation a été beaucoup moins réservée, même sur l'Ancien Testament, que je ne l'aurais souffert à ma table en Angleterre, ne fût-ce qu'en présence d'un seul laquais... Je vous déclare que vous pouvez venir en toute sécurité, et que vous ne serez nullement en danger de réjouissance. Le rire est aussi passé de mode que les pantins et les bilboquets (1763). Les pauvres gens ! Ils n'ont pas le temps de rire : d'abord il faut penser à jeter par terre Dieu et le Roi ; hommes et femmes, tous jusqu'au dernier, travaillent dévotement à cette démolition. On me considère comme un profane, parce qu'il me reste encore quelques croyances ; mais ce n'est pas là mon seul crime ; je leur ai dit, et cela m'a tué, qu'ils nous avaient pris, pour les admirer, les deux choses les plus ennuyeuses que nous ayons : le whist et Richardson... Je vais quelquefois chez le baron d'Holbach ; mais j'ai planté là ses dîners : c'était à n'y pas tenir, avec ses auteurs, ses philosophes et ses savants dont il a toujours un plein pigeonnier. Ils m'avaient fait tourner la tête avec un nouveau système de déluges antédiluviens qu'ils ont inventé pour prouver l'éternité de la matière... »

Remarquons encore que l'anglomanie politique, sociale et sportive battait son plein. Le comte Henri de Dampierre va en Angleterre, devient tout Anglais de principes, de costume, de langage, même de figure, s'appelle *Sir Henri*, prêche la souveraineté du peuple, fait asseoir son domestique, cause avec lui, l'emmène au club du district d'Arcis-sur-Aube. Un jour que Norvins entrait chez le comte, celui-ci dit à son fidèle serviteur : « Tiens, voilà un garçon dont nous pourrons faire quelque chose ! » Louis XV répondit à Lauraguais comme celui-ci déclarait qu'en Angleterre il avait appris à *penser: « Les chevaux ? »* Lauraguais n'admirait pas en bloc, puisqu'il ne se gênait pas pour remarquer « que les Anglais n'ont de fruits mûrs que leurs pommes cuites, et de poli que leur acier. »

L'habit noir entre dans les habitudes, le deuil le justifie et au besoin sert de prétexte : il dispense de suivre les modes, s'accorde à merveille avec l'économie, la mauvaise saison, la rapidité dans la toilette. La canne remplace l'épée, — *le ton militaire,* cet air « dispos, leste et avantageux, » disparaît des mœurs, — les duels se font plus rares, et la sociabilité se répand dans toutes les classes. On raffine sur l'agrément, le *Joli* n'a que trop d'adorateurs, et l'art de plaire déguise parfois d'assez vilaines âmes, et de fâcheuses compagnies : l'esprit justifie tout, et le vice même. Dans un dialogue lu à l'Académie Française, on rencontre ce vers significatif :

Et je soupe à merveille à côté d'un fripon.

« Venez dîner demain chez moi, disait une femme de qualité ; c'est le jour des coquins, et vous vous amuserez. » Et puis encore, dans beaucoup de sociétés, l'ironie est le talent par excellence : persifler, mystifier, semble le suprême du génie, et les adeptes de ces errements haussent les épaules à devenir bossus, si on vient leur dire que c'est trop souvent la marque de la méchanceté, tout au moins d'une légèreté égoïste et de quelque sécheresse de cœur. On sait quelle vogue ce système de facéties conquit à la fin du xviiie siècle et dans le suivant, il y eut des mystificateurs comme Musson, Henri Monnier, qui atteignirent au sublime du genre. C'est une sorte de bouffonnerie improvisée, nullement asservie aux règles de la scène, où, de l'assentiment et parfois avec la complicité des assistants, quelque joyeux compère se divertit aux dépens d'une personne candide, et, par ses déguisements, par ses inventions, l'entraîne dans de plaisants quiproquos. Elle est au véritable esprit ce que la parade est à la comédie, le calembour aux maximes de La Rochefoucauld ; c'est de la gaieté à gros grains, que ne dédaignent pas toujours les raffinés, parce qu'elle les repose des conversations quintessenciées, parce que s'amuser ainsi répond peut-être à un besoin intime de l'homme, celui de se gausser du prochain, ou du moins d'affirmer sur lui sa supériorité. Il y a là comme un ressouvenir des farces des Scapins aux Gérontes de Molière et de Regnard. Casanova, Mme de Genlis, Paul Lacroix, Desnoiresterres, rapportent d'étonnantes mystifications ; certaines eurent pour complices des villes entières, et se prolongèrent pendant des mois, des années ; quelques-unes se distinguent par un caractère de férocité étourdie qui fait plus d'honneur à l'imagination qu'à la moralité des auteurs ; elles eurent parfois de fâcheuses conséquences pour la raison et la santé des victimes. Du *Déjeuner des mystificateurs du Palais-Royal*, fondé en 1795 par Grimod de La Reynière, et qui dura vingt-cinq ans au moins, sortirent des farces abracadabrantes. Au reste, la mystification, qui devint au XVIIIe siècle un art et un talent de société, a existé dans tous les temps et dans tous les pays. Rappelons-nous le chevalier d'Éon, et, au XVIIe siècle, cet abbé de Choisy qui s'établissait près de Bourges, déguisé en comtesse des Barres, habillé en femme comme il avait accoutumé de le faire dès sa prime jeunesse, jouant ce rôle singulier avec une telle perfection, qu'il trompait tout le monde et, à l'abri de son costume, séduisit deux jeunes filles qu'on lui avait confiées. Poinsinet l'auteur servit si souvent de jouet, de plastron aux bons raillards, qu'on appela leurs jeux des *poinsinetades;* le mot de mystification n'entre dans la langue qu'un peu après. Grimod de La Reynière en vint à mystifier son père, sa mère, ses hôtes, ses amis. Et quelles mystifications ! Son père a grand' peur de la foudre : par une matinée radieuse, il lui fait croire que le tonnerre gronde, et le malheureux financier de s'enfuir à la cave où il avait une pièce tapissée d'un double taffetas. Il convoque dans la cour de l'hôtel une bande de mendiants loqueteux, et, s'avançant vers l'auteur de ses jours, chapeau bas : « Monsieur, la charité, s'il vous plaît, pour ces pauvres diables qui ont été ruinés, ou qui peuvent l'être par les fermiers généraux ! » Sa mère était *attaquée de noblesse;* au moment où elle va sortir en voiture avec une amie, il s'installe sur le perron d'honneur avec un panier plein de salades qu'il épluche : « Madame, dit-il, ce qui distingue la salade d'une quantité de gens que nous connaissons, c'est qu'elle a du cœur. » Ou bien il recommande à ses invités son cousin l'épicier, son cousin le charcutier, dans un souper à neuf services, tout en cochon. Aux dames de qualité qu'il fréquente chez ses parents, il envoie des pâtes purgatives, des confitures à la coloquinte, des sucreries mélangées d'aphrodisiaques, des poudres qui rougissent ou noircissent la peau. Tout lui est bon pour se gausser ; pendant quelque temps, assisté de ses compères, il fait croire en 1795 au vaniteux Restif de La Bretonne qu'il va être nommé membre de l'Institut. Ses déjeuners eux-mêmes sont souvent des mystifications ; *aux déjeuners nutritifs et philosophiques*, la consigne est d'avaler au moins dix-sept tasses de café : et là-dessus il ne s'agit pas de badiner, — les règlements, écrits en lettres d'or sur la porte d'entrée, rappellent aux convives leurs stricts devoirs. Sa maison, son jardin à la campagne, sont machinés comme une salle de spectacle : visiteurs et dormeurs inondés à l'improviste, lits de Procuste diminuant de longueur et de largeur dès que la victime était couchée, matelas remplis de chardons, draps parsemés de crin coupé menu, chambres munies de trappes et bascules, apparitions de spectres et squelettes, vent, tonnerre, portraits tirant la langue, roulant des yeux de flamme, chaises et fauteuils s'entrechoquant, tiroirs de la commode s'ouvrant avec fracas, rien ne manquait pour torturer les hôtes qui s'enfuyaient à tired'aile, jurant mais un peu tard... Et son génie méchant inventait sans cesse de nouveaux moyens d'exercer la patience de ses contemporains.

Voici une autre chanson, ou plutôt d'autres personnages : Mercier, dans son *Tableau de Paris*, crayonne plusieurs figures de petits-maîtres au temps de Louis XVI.

... « L'élégant n'exhale point l'ambre, son corps paraît dans un instant sous je ne sais combien d'attitudes ; son esprit ne s'évapore point dans les compliments à perte d'haleine ; sa fatuité est calme, tranquille, étudiée, il sourit au lieu de répondre ; il ne se contemple point dans un miroir, il a les yeux incessamment fixés sur lui-même comme pour faire admirer les proportions de sa taille et la précision de son habillement... Il parle de la retraite où il vit, de la chimie qu'il étudie, de l'ennui où il est du grand monde. Il laisse parler les autres ; la dérision imperceptible réside sur ses lèvres ; il a l'air de rêver et il vous écoute ; il ne sort pas brusquement, il s'évade ; il vous quitte et il vous écrit un quart d'heure après, pour jouer l'homme distrait... » Et avec cela il donne le ton aux femmes de sa société.

Seconde variété... « Celui-là vous représente un autre genre de fat ; il croit puiser sa fatuité à la Cour et se trompe, car elle n'y règne pas..., il affiche un grand fonds de mépris pour tous les hommes, et serait infiniment caustique s'il avait le talent de l'être... Du clinquant, des grâces, une nuance d'esprit sur un grand fonds d'arrogance, telle est l'essence du fat de nos jours. Il paraît dans telle société infiniment aimable, et dans telle autre infiniment sot. Il parle de l'*extrêmement bonne compagnie* avec un sérieux, un flegme remarquables... »

Troisième catégorie : celui qui se qualifie lui-même d'homme *décidément superficiel,* et « se donne à dessein un nombre incroyable de petits ridicules... Il sait ce qui se passe dans les foyers, dans les petites loges, il connaît les aventures de toutes les actrices, il sait ce qui s'est dit mystérieusement dans les soupers,... il parle de son oisiveté avec le sérieux que pourrait prendre l'homme sensé qui annoncerait une occupation utile. Il exagère les modes, il a des enthousiasmes sans chaleur, des engagements sans motif, il outre la frivolité nationale, mais il cache quelquefois, sous ces dehors empruntés, la marche fine d'une ambition ardente ; — il donne le change à ses rivaux, fait tout à coup un excellent mariage, et se trouve revêtu d'une charge importante... »

« Les jeunes gens, ajoute Mercier, ont la fureur des chevaux, et depuis quelque temps on quitte pour eux les filles d'Opéra. Ces jeunes gens vous parlent avec gravité des rares qualités de leurs juments, de l'éducation qu'ils leur donnent... Tous ont le costume d'écuyers et le gardent jusqu'au soir ; ils ont un air gauche quand ils s'habillent... L'élégant de nos jours diffère tellement du petit-maître qui régnait il y a quarante ans, que, s'ils pouvaient se rencontrer, ils se croiraient tous d'un pays antipode. Notre élégant n'est plus un Adonis pomponné, musqué, efféminé : il passe la matinée dans les rues, botté et fourré, tenant un fouet, rossant son jockey pour n'avoir pas rempli ce qu'il n'avait point ordonné, montant dans son cabriolet, jurant et.pestant contre tout le monde et sans sujet, parce qu'il est de bon ton de se fâcher sans sujet... »

Mme de Genlis, qui, pendant plus de vingt ans, remplit, avec trop d'éclat peut-être, un des premiers rôles dans la société du duc d'Orléans, a laissé de fins croquis mondains qu'il faut un peu rectifier, car la rancune et la vanité interposent un brouillard entre elle et certains de ses modèles ; mais, quand rien n'obscurcit son jugement, ses esquisses ont parfois la délicatesse élégante d'un biscuit de Sèvres, et l'on y trouve un je ne sais quoi féminin, fait d'habitude et de tact du monde, d'instinct et de science sociale, qui manque aux meilleurs moralistes du temps, à Grimm, Marmontel, au duc de Lévis. On peut le dire en toute vérité : mieux que personne, elle a su rendre son époque avec des couleurs vraies ; elle a pris son siècle sur le fait, et Brifaut n'a pas si grand tort d'affirmer que, comparés aux siens, les romans de Crébillon fils, Diderot, Voisenon, Duclos, Laclos, donnent la sensation d'enseignes de cabaret à côté de tableaux de famille.

Et n'est-ce pas un peu au beau monde du Palais-Royal qu'elle songeait, en écrivant ces réflexions qui mettent en relief certains aspects de la *grande société* d'alors ? « Bientôt l'expression des idées d'urbanité, de gloire, de patriotisme, ne fut presque plus qu'un noble langage, qu'une simple théorie de procédés généreux et délicats ; on ne tenait plus à la vertu que par un reste de bon goût qui en faisait aimer encore le ton et l'apparence. Chacun, pour cacher sa manière de penser, devint plus rigide sur les bienséances ; on raffina dans la conversation, sur la délicatesse, sur la grandeur d'âme, sur les devoirs de l'amitié ; on créa même des vertus chimériques. Rien ne coûtait en ce genre ; l'heureux accord entre les discours et la conduite n'existait plus ; mais l'hypocrisie se décèle par l'exagération ; elle ne sait où s'arrêter ; la fausse sensibilité n'a point de nuances, elle n'emploie jamais, pour se peindre, que les plus fortes couleurs, et toujours elle les prodigue ridiculement. Il s'établit dans la société une secte très nombreuse d'hommes et de femmes, qui se déclarèrent partisans et dépositaires des anciennes traditions sur le goût, l'étiquette, et même la morale qu'ils se vantaient d'avoir perfectionnée : ils s'érigèrent en juges suprêmes de toutes les convenances sociales et s'arrogèrent exclusivement le titre imposant de *bonne compagnie*. Un mauvais ton, et toute aventure scandaleuse, excluaient ou bannissaient de cette société ; mais il ne fallait ni une vie sans tache, ni un mérite supérieur pour y être admis. On y recevait indistinctement des esprits forts, des dévots, des prudes, des femmes d'une conduite légère. On n'exigeait que deux choses : un bon ton, des manières nobles, et un genre de considération acquis dans le monde, soit par le rang, la naissance ou le crédit à la cour, soit par le faste, les richesses, ou l'esprit et les agréments personnels... »

Ailleurs, Mme de Genlis parle de Mme Necker, qu'elle estime plus qu'elle ne l'aime, et qui lui fournit une charmante anecdote :

« Mme Necker était une personne vertueuse, calme,

sèche et compassée, sans imagination ; elle avait pris, de ses liaisons avec M. Thomas, un langage emphatique qui contrastait singulièrement avec la froideur de ses sentiments et de ses manières. Elle était étudiée en tout : elle se composait un rôle pour toutes les situations, pour le monde et pour le commerce intime de la vie ; elle le dit elle-même dans ses *Souvenirs*. Elle y donne des règles sur la manière dont on doit causer tête à tête avec son amie. Au reste, avec ces préparations, elle était toujours égale, obligeante ; et même, ne calculant que sur l'amour-propre des autres, elle était constamment louangeuse à l'excès. Voici une anecdote curieuse sur Mme Necker, que je tiens de l'homme du monde le plus incapable de faire un mensonge, le marquis de Chastellux. Dînant chez Mme Necker, il arriva le premier, et de si bonne heure que la maîtresse de maison n'était pas encore dans le salon. En se promenant tout seul, il aperçut à terre, sous le fauteuil de Mme Necker, un petit livre ; il le ramassa et l'ouvrit : c'était un petit livre blanc qui contenait quelques pages de l'écriture de Mme Necker. Il n'aurait certainement pas lu une lettre, mais, croyant ne trouver que quelques pensées spirituelles, il les lut sans scrupule : c'était la *préparation* du dîner de ce jour, auquel il était invité ; Mme Necker l'avait écrite la veille. Il y trouva tout ce qu'elle devait dire aux personnes invitées les plus remarquables ; son article y était, et conçu en ces termes : *je parlerai au chevalier de Chastellux de « Félicité publique » et « d'Agathe »* (deux de ses ouvrages). Mme Necker disait ensuite qu'elle parlerait à Mme d'Angivilliers *sur l'amour*, et qu'elle élèverait une *discussion littéraire* entre MM. Marmontel et de Guibert. Il y avait encore d'autres préparations que j'ai oubliées. Après avoir lu ce petit livre, M. de Chastellux s'empressa de le remettre sous le fauteuil. Un instant après, un valet de chambre vint lui dire que Mme Necker avait oublié, dans le salon, ses tablettes ; il les chercha et les lui porta. Ce dîner fut charmant pour M. de Chastellux, parce qu'il eut le plaisir d'entendre Mme Necker dire, mot à mot, tout ce qu'elle avait écrit sur ses tablettes. »

Préparer la conversation d'un dîner avec le même soin que son menu, repasser ce qu'on dira à point nommé, une telle précaution peut paraître singulière aux esprits amoureux d'imprévu, de liberté absolue dans la causerie : du moins témoigne-t-elle de quelque modestie, d'un désir très grand de charmer ses convives. Une maîtresse de maison qui a le goût de l'ordre et de la mesure redoute les ruades de parole, sait que le choix des sujets n'est pas indifférent pour faire briller ceux de ses hôtes qui se renferment volontiers dans le silence, et préfèrent écouter. Un dîner pour elle est comme une symphonie ou comme le discours dont l'orateur a préparé les principales tirades ; elle a quelques raccords pour combler les lacunes, remplir les moments de chômage, mais les cadres n'ont rien de rigide, et elle s'applaudira des digressions heureuses qui varient le thème qu'elle a su insinuer, — car tout est dans tout, et le sujet le plus simple ouvre les portes de l'infini, s'il se présente à la pensée de l'homme capable d'en tirer ce qu'il contient.

FIGURES DE FAVORITES

L'histoire des reines de la main gauche mérite d'attirer notre attention, et parce qu'elle nous montre, en raccourci, toutes les extrémités des splendeurs et des misères humaines, et parce que, en mettant au service de leur beauté ces immortels auxiliaires : l'esprit, la science et l'art, ces femmes ont singulièrement contribué à fonder la société française, attiré, retenu à la Cour l'élite de la nation, — et parce que leur triomphe atteste la toute-puissance de l'Amour :

> Ce Dieu qui se repaît de notre sang humain
> Ayant au dos la trousse avec l'arc dans la main.

Si l'oubli du devoir, la violation de la loi morale, comportent des circonstances atténuantes, c'est dans ces situations exceptionnelles où, la raison d'État imposant silence aux sentiments particuliers, les princes obéissent plutôt à leur cerveau qu'à leur cœur, où l'éblouissement de la puissance fascine les personnes auxquelles ils demandent ce que le mariage ne leur donne pas, entraîne celles-ci dans un vertige de grandeur, joueuses héroïques, éprises d'invraisemblable, curieuses éperdues qui recommencent le rêve de leur aïeule et veulent conquérir un Paradis défendu. Grâce à cette raison d'État, le favoritisme devint peu à peu une sorte de fatalité de la Couronne, une institution régulière, avec ses conséquences politiques, puisque Henri IV reconnut ses enfants naturels ou adultérins, et que Louis XIV osa les légitimer, les déclarer aptes à lui succéder, — avec ses contrats authentiques aussi, en vertu desquels nos rois accordaient à la dame titres, pensions, bénéfices, rang officiel à la Cour. D'ailleurs il existe des différences infinies entre ces enchanteresses : les unes sont modestes comme cette petite violette de La Vallière, à laquelle les courtisans ne pardonnent pas son désintéressement (elle gâtait le métier), qui, devenue Sœur Louise de la Miséricorde, demeure une touchante incarnation de l'amour malheureux et repentant (1). D'autres, Mmes d'Étampes, Henriette d'Entrai-

---

(1) DE LESCURE : *Les Amours de Henri IV; Les Maîtresses du Régent — Mémoires* de BASSOMPIERRE. — Georges GUIFFREY : *Lettres inédites de Diane de Poitiers.* — Armand BASCHET : *Les Princes de l'Europe au XVIe siècle.* — ROUARD : *François Ier chez Mme de Boisy.* — NIEL : *Portraits des personnages français les plus illustres du XVIe siècle.* — SAINTE-BEUVE : *Causeries du Lundi*, t. III, IV, VIII, XI, XIV. — Paul DE SAINT-VICTOR : *Hommes et Dieux.* — DE LA FERRIÈRE : *Henri IV, le Roi, l'Amoureux.* — HAURÉAU : *François Ier et sa Cour.* — *Les Amours du Grand Alcandre*, 1652. — Xavier AUBRYET : *Philosophie mondaine.* — Henri FOUQUIER : *Au siècle dernier.* — DUCLOS : *Mme de La Vallière et Marie-Thérèse*, DIDIER. — GEOFFROY : *Correspondance de Mme de Maintenon.* — Gustave HÉQUET : *Mme de Maintenon.* — D'ENGLÊME : *Louise de La Vallière.* — Duc DE NOAILLES : *Mme de Maintenon*, 4 v. — *Souvenirs sur Mme de Maintenon*, publiés par le Comte d'HAUSSONVILLE et G. HANOTAUX, 3 v. — Irénée PIRMEZ : *Deux femmes du XVIIe siècle : Mme de Maintenon, Mlle de Montpensier.* — Alfred ROSSET : *Essai historique : Mme de Maintenon et la Révocation de l'Édit de*

ques, Mme de Montespan, se montrent hautaines et superbes. Celles-là n'ont aimé que l'homme dans le roi, celles-ci n'ont cherché que le roi dans l'homme. Il en est qui
n'ont usé de leur crédit que pour enrichir leur famille,
et faire une agréable promenade à travers l'existence; il
en est aussi qui n'ont vu dans la faveur du prince que le
marchepied de leur ambition; elles ont voulu gouverner,
rêvé sans doute d'escalader le trône. Henri IV son-

---

vantes. — Jean LEMOYNE et André LITCHENBERGER : *De la Vallière à Montespan.* — H.-Noël WILLIAMS : *Mme de Montespan.* — Joseph TURQUAN : *Les Favorites de Louis XVIII.* — Georges DE DUBOR : *Les Favorites royales de Henri IV à Louis XVI.* — Pierre CLÉMENT : *Mme de Montespan et Louis XIV; Une abbesse de Fontevrault au XVIIe siècle.* — BUSSY-RABUTIN : *Histoire amoureuse des Gaules.* — Comte FLEURY : *Louis XV intime et les petites maîtresses.* — Edmond et Jules DE GONCOURT : *Mme de Chateauroux et ses sœurs; Mme de Pompadour; La du Barry.* — Charles VATEL : *Histoire de Mme du Barry.* — G. DESNOIRESTERRES : *Les Cours galantes,* 4 vol. — VANEL, AUVAL, DREUX DU RADIER : *Les Galanteries des rois de France.* — THIRION : *Mme de Prie.* — LEMONTEY : *Histoire de la Régence.* — DUCLOS : *Mémoires secrets.* — Louis BATTIFOL : *Le siècle de la Renaisance,* 1 v., HACHETTE. — Edouard BOURCIEZ : *Les mœurs polies et la littérature de Cour sous Henri II.* — Dr CABANÈS : *Le Cabinet secret de l'histoire.* — Alfred MARQUISET : *La duchesse de Fallary.* — DE MAULDE : *Les femmes de la Renaissance.* — Marquis DE BELLEVAL : *Les fils de Henri II : la Cour, la Ville et la Société de leur temps.* — *Correspondance de Mme la duchesse d'Orléans* (la Palatine). — Frédéric MASSON : *Napoléon et les femmes.* — J. LAIR : *Louise de La Vallière et la jeunesse de Louis XIV.* — *Œuvres* de BRANTOME. — *Mémoires* de SAINT-SIMON. — *Historiettes* de TALLEMANT DES RÉAUX. — Comte DE LUDRES : *Histoire d'une famille de la Chevalerie lorraine.* — BEAUPRÉ : *La Belle de Ludres.* — Vicomte DE MARISET : *Les enfants du duc de Berry; les Reines de l'Émigration: Louise d'Esparbès comtesse de Polastron; Mme de Balbi.* — E. DE BARTHÉLEMY : *Mademoiselle de Choin.* — Sur Mme de Pompadour, voir le tome V de cet ouvrage, pp. 284 et s., et mon volume : *La Comédie de Société au XVIIIe siècle,* p. 49 à 69.

geait à épouser Gabrielle d'Estrées, et Sully dans ses *Mémoires* raconte un curieux entretien à ce sujet ; quelque temps après la mort de son amie, il donnait à Henriette d'Entraigues une promesse écrite de l'épouser, et ce fut une affaire d'État de la rattraper. A quarante-huit ans, Mme de Maintenon épouse secrètement Louis XIV, et, qui sait, peut-être eût-elle été *déclarée*, si Louvois ne s'était mis en travers. Quelques favorites appartiennent à la plus haute noblesse, telles Françoise de Foix comtesse de Chateaubriand, Anne de Pisseleu duchesse d'Étampes, Mme de Montespan ; souvent aussi la royauté s'embourgeoise, avec Mme de Pompadour par exemple, tombe plus bas encore avec la du Barry, au grand scandale de cette fraction de l'aristocratie qui considérait cette charge comme un de ses privilèges. Mais beaucoup de filles et de femmes de qualité ne suivent point les errements de cette morale absolutiste, et l'on sait la fière réponse de Mlle de Rohan au Vert-Galant lorsqu'il lui demanda par quel chemin il pourrait arriver à son cœur : « Par l'Église! »

Je n'approuve pas, je constate : le favoritisme n'est pas d'ailleurs un phénomène, une maladie propre à la monarchie française, il remonte dans la nuit des temps, il s'est répandu par toute l'Europe ; mais c'est au xviᵉ siècle surtout, à l'époque où existe une Cour digne de ce nom, où s'épanouit la vie sociale, qu'il éclate avec son caractère original et toute sa force. Les femmes occupent leur place légitime dans le monde, l'amour devient le sujet fondamental de la conversation et de la littérature. La beauté est reine, ne connaît point les distances, et c'est un dicton bientôt consacré, qu'au pays de dame il n'y a pas de prince. Beaucoup estiment que la beauté vaut la vertu, qu'elle est la vertu même. Sans attendre la célèbre comparaison du vase myrrhin, Brantôme prêche l'inconstance aux belles personnes qui, affirme-t-il, « doivent ressembler le soleil, qui répand de sa lueur et de ses rayons à un chacun dans le monde, si bien que chacun s'en ressent. » Sans doute estimait-il que la Cour a pour but de faire éclore la poésie, l'élégance, les arts, non de cultiver la morale, que l'amour peut seul réparer les fautes commises contre le mariage par le despotisme des parents intéressés, par la fatalité des unions politiques, que chaque siècle a eu ses Jérémies auxquels manquait d'abord l'esprit de sérénité et de comparaison, et que les peuples ont continué à vivre tant bien que mal, en dépit des imprécations de ceux-ci, des ironies amères de ceux-là.

A voir l'empressement avec lequel maint écrivain sérieux accueille les fables des poètes, conteurs, romanciers, auteurs dramatiques, leur donne ensuite droit de cité, la rapidité avec laquelle ces légendes s'incrustent dans l'imagination, le plaisir qu'éprouve le public à les répéter, la difficulté de les détruire, on se demande si l'histoire n'est pas une conspiration contre la vérité, si elle n'est pas un art plutôt qu'une science. Que de récits apocryphes ou aux trois quarts faux, que de romans ingénieux substitués à la réalité, que de fictions parfois utiles et charmantes, je le veux, *fleurs héroïques d'une époque dont elles transmettent couleur et parfum,* mais qui ne laissent pas de profaner grandement la physionomie des événements et des personnes. Par exemple : la résistance des 3oo Spartiates aux Thermopyles ; ce n'est pas 3oo hommes que Léonidas commandait aux Thermopyles, c'est 7,000 selon Diodore, 12,000 selon Pausanias. Ainsi encore la proverbiale bosse d'Ésope, la lettre de Philippe à Aristote pour le charger de l'éducation d'Alexandre, la lanterne et le tonneau de Diogène, l'aventure de Régulus, le combat des trois Horaces emprunté à l'histoire grecque, l'aspic de Cléopâtre, — la prétendue disgrâce de Bélisaire et son aveuglement, le : *tu as vaincu, Galiléen !* de Julien blessé à mort ; — l'incendie de la bibliothèque d'Alexandrie par Omar, alors que celle-ci avait cessé d'exister depuis plus de deux siècles ; l'œuf de Christophe Colomb, l'anecdote de ses trois jours d'attente et d'angoisse au milieu de l'équipage menaçant auquel il a promis un nouveau continent ; les légendes accumulées autour de Guillaume Tell, le tonneau de malvoisie du duc de Clarence, le conte pittoresque de Cromwell se faisant ouvrir le cercueil de Charles V ; Milton dictant à ses filles le *Paradis perdu* (et il n'avait jamais voulu qu'elles apprissent à écrire) ; le mot du paysan à Louis XIV : Vous aurez beau agrandir votre parc de Versailles, vous aurez toujours des voisins —; l'aventure du chien de Montargis, qui courait le monde bien avant Charles V, — celle de Pépin le Bref abattant d'un seul coup la tête d'un lion furieux ; la prédiction de Charlemagne en présence des pirates normands dans la Méditerranée, — les cages-prisons de Louis XI, inventées en réalité bien avant lui, le courage des dames de Beauvais faussement personnifié dans Jeanne Hachette, les béquilles de Sixte Quint. Et je pourrais citer des centaines d'autres traits, transposés, rajeunis, inventés, dénaturés, grossis à miracle, conformes ou non conformes au génie des peuples, à l'esprit du temps où ils naissent. Ne nous plaignons pas trop quand ces mensonges sont une source d'idéal, de poésie noble, de couleur locale; alors ils ne sont peut-être pas réels, mais ils sont éminemment vrais, selon l'observation de Michelet ; pourtant souvenons-nous qu'ils encombrent la pensée au détriment de tous ces héroïsmes plus obscurs, ou moins célèbres, qui remplissent les annales d'une nation. Et ne manquons point de faire justice de ces légendes malfaisantes, nées de la courtisanerie ou de la médisance, qui poussent dans la mémoire des hommes comme l'ivraie dans un champ de blé mal cultivé.

Parmi ces dernières, je serais tenté de ranger celle de Diane de Poitiers, comtesse de Brézé, favorite de François Ier avant de devenir la toute-puissante maîtresse de son fils Henri II, rachetant au prix de son honneur la vie de son père Jean de Poitiers, comte de Saint-Vallier, condamné en 1523 comme complice du connétable de Bourbon. Lancée par cette mauvaise langue de Brantôme, envenimée par les écrivains protestants qui ne pardonnent pas à Diane son atroce conduite envers leurs coreligionnaires, elle a été accréditée par Mézeray, Sauval, Ludovic Lalanne, Hauréau, Michelet, Henri Martin, par le drame de Victor Hugo et les vers retentissants :

... Vous, Sire, écoutez-moi,
Comme vous le devez, puisque vous êtes roi !
Vous m'avez fait un jour mener pieds nus en Grève.
Là vous m'avez fait grâce, ainsi que dans un rêve ;
Et je vous ai béni, ne sachant en effet
Ce qu'un Roi cache au fond de la grâce qu'il fait.
Or, vous aviez caché ma honte dans la mienne.
Oui, Sire, sans respect pour une race ancienne,
Pour le sang des Poitiers, noble depuis mille ans,
Tandis que, revenant de la Grève à pas lents,
Je priais dans mon cœur le Dieu de la Victoire
Qu'il vous donnât mes jours de vie en jours de gloire,
Vous, François de Valois, le soir du même jour,
Sans crainte, sans pitié, sans pudeur, sans amour,
Dans votre lit, tombeau de la vertu des femmes,
Vous avez froidement, sous vos baisers infâmes,
Terni, flétri, souillé, déshonoré, brisé,
Diane de Poitiers, comtesse de Brézé.

Quelques-uns même affirment qu'elle était jeune fille lorsque la chose se passa. A ceux-là, une réponse toute simple : Diane, née en 1499, mariée depuis huit ans en 1523, excellente mère de famille, avait eu deux filles de Louis de Brézé, qui n'était rien moins que l'époux idéal et ne ressemblait nullement à Adonis, car on nous apprend qu'il était fortement voûté, pour ne pas dire bossu. D'autres, au contraire, Gaillard, Édouard Fournier, Sainte-Beuve, donnent à la grâce de Saint-Vallier un motif beaucoup plus honorable. Et je me garderai bien d'imposer au lecteur une réfutation en règle, il la trouverait très complète dans les études de Dreux du Radier, *Anecdotes des Reines*, et dans l'introduction de Georges Guiffrey aux *Lettres inédites* de Diane de Poitiers.

Voici en résumé leur conclusion :

C'est Dreux de Brézé, comte de Maulévrier, grand sénéchal de Normandie, mari de Diane, féal et dévoué courtisan, qui dénonça le complot tramé par le connétable de Bourbon contre la vie de François Ier et l'intégrité du royaume ; c'est à lui que le roi accorda le pardon de son beau-père, Jean de Poitiers, seigneur de Saint-Vallier, les lettres de rémission apportées sur la place de Grève, pardon incomplet, puisque Saint-Vallier demeura en prison quatre ans encore, dans un cachot étroit et bas, percé d'une seule ouverture pour permettre de lui passer des aliments. Cette clémence, si elle avait été la rançon du déshonneur, le roi l'eût octroyée pleine et entière, car des grâces ainsi achetées ne se concèdent pas à moitié ; on ne viole pas en pareil cas cette règle de droit : donner et retenir ne vaut, qui est aussi une règle d'équité et de bon goût. Et puis le roi chevalier, le roi gentilhomme eût donné là un étrange démenti à sa réputation.

Quant au Saint-Vallier de l'histoire, au Saint-Vallier en chair et en os, il n'a rien de commun avec le fanfaron de Brantôme, avec le vieillard théâtral de Victor Hugo : pendant tout le procès, ce ne sont de sa part que larmes et supplications, terreurs et défaillances. Une tradition assez répandue le représente blanchi en une nuit, succombant à l'excès de sa joie lorsqu'il apprend sa grâce. La joie fait peur, mais elle ne tue pas. Dans la réalité, Saint-Vallier se remarie en sortant de prison, et meurt, longtemps après, de sa belle mort.

Et quant aux dix-sept lettres adressées à François Ier,

attribuées à Diane par Hauréau, elles ont pour auteur la première amie du roi, Françoise de Foix, comtesse de Chateaubriand.

D'ailleurs Diane n'est point de ces femmes dont la faveur eût passé inaperçue : ni la comtesse de Chateaubriand, ni la duchesse d'Étampes, n'auraient toléré de tels empiètements ; elle-même était trop orgueilleuse pour s'accommoder d'un rôle subalterne ou d'un caprice passager. Je sais bien qu'on peut objecter le mot de la marquise de Lassay à son mari qui lui répondait de la vertu de Mme de Maintenon : « Comment pouvez-vous être sûr de ces choses-là ? » Mais aussi comment ose-t-on affirmer le contraire, lorsque ce contraire se heurte à des invraisemblances de caractère, et ne s'appuie que sur des caquetages suspects ? Je jurerais donc, je ne parierais pas, que Diane fut irréprochable pendant son mariage avec Louis de Brézé ; trois ans seulement après la mort de celui-ci, vers 1537, elle commença à faire parler d'elle, lorsque, âgée de trente-six ans, elle entreprit la conquête du Dauphin, le futur Henri II, qui avait dix-huit ans. Diane chercha tout d'abord à se poser en dame de la pensée, en Égérie inspiratrice de nobles projets et de belles actions : *Materno filiale*, disent les relations des ambassadeurs italiens. « Le Dauphin n'est guère adonné aux femmes, écrit plus tard Marino Cavalli ; la sienne lui suffit. Pour la conversation, il s'en tient à celle de Mme la Sénéchale de Normandie, âgée de quarante-huit ans. Il a pour elle une tendresse véritable, mais on pense qu'il n'y a rien de lascif, et que, dans cette affection, c'est comme entre mère et fils... » La médisance ne tarda pas à voir quelque chose de moins uniquement filial dans ce commerce de tendresses et de petits soins. Clément Marot, s'avisant un jour d'offrir aux dames de la Cour des étrennes poétiques, gratifia Diane de cette boutade vengeresse qui dut charmer la duchesse d'Étampes, car déjà les courtisans se partageaient entre l'amie du roi et l'amie du Dauphin, et l'on ne pouvait, sous une forme courtoise, dire plus clairement à ce dernier que la dame de ses pensées approchait de la quarantaine.

> Que voulez-vous, Diane bonne,
>   Que vous donne ?
> Vous n'eustes, comme j'entens,
> Jamais tant d'heur au printemps
>   Qu'en automme.

La duchesse d'Étampes affectait de dire que l'année de sa naissance était celle du mariage de Diane. En guise de représailles, le Dauphin raconta que la duchesse se consolait avec d'autres de la maladie de son père : l'animosité de ces deux femmes faillit compromettre les destinées du pays, jusqu'à faciliter les progrès et l'invasion de l'Espagnol sur le sol français. Que ne pouvaient-elles se lancer à la tête cette riposte d'un seigneur auquel son interlocutrice reprochait de paraître toujours gris devant elle : « Oh ! Madame, on dit tant de choses ! On assure bien que vous avez été la favorite de Sa Majesté pendant vingt-quatre heures ; mais on exagère de moitié. » François Ier ne se faisait pas faute de gourmander son fils au sujet de cette liaison, mais celui-ci affronta bravement le déplaisir du roi. Aussi bien les antinomies de caractère et d'esprit étaient-elles radicales entre les deux personnages : leurs relations s'en ressentirent.

L'automne de Diane ? Est-il vrai qu'elle eut le secret de l'éternelle beauté, que son hiver même valait mieux que l'été et le printemps des autres, qu'on ne s'apercevait de son âge qu'aux rides de ses contemporains ? Poètes, peintres, sculpteurs l'ont dit avec leur plume, leurs pinceaux, leurs ciseaux. Brantôme s'écrie : « J'ai vu Mme la duchesse de Valentinois, en l'âge de soixante-dix ans (elle mourut à soixante-quatre), aussi belle de face, aussi fraîche et aussi aimable, comme en l'âge de trente ans. » D'autre part, des épigrammes latines, dès 1538, raillent ses rides, sa peau flasque, ses fausses dents et ses cheveux gris.

Il faut probablement s'en rapporter au portrait impartial de l'ambassadeur vénitien Lorenzo Contarini, qui la vit en 1552 :« Il est vrai de dire que, bien qu'elle n'ait jamais employé de fards, mais peut-être, en vertu des soins minutieux qu'elle prend, elle est loin de paraître aussi âgée qu'elle l'est réellement. »

En effet, Diane lutta héroïquement contre l'âge, non point, comme d'aucuns le prétendirent, en usant de bouillons composés d'or potable et autres drogues, mais une activité virile, la passion de la chasse, les bains glacés furent sa fontaine de Jouvence. Et j'imagine cependant qu'elle dut faire plus d'une fois cette réflexion d'une autre coquette sur le retour devant son miroir : « Et dire que je regretterai ce visage-là l'année prochaine ! »

Il y a des miracles relatifs, il y a des miracles absolus.

Le miracle du moins se produisit pleinement pour Henri II ; le mot n'est guère trop fort, car les contemporains virent dans cette passion du jeune roi un enchantement, un sortilège. Elle sut à merveille exalter son goût pour les romans chevaleresques : l'*Amadis* devint son livre de chevet, il y apprit le culte éternel qu'un féal chevalier doit à la dame de ses pensées, une fois élue. Il vécut dans un éblouissement de tournois et de rêves, dans un cycle d'abstractions amoureuses, elle le promena de plaisirs en plaisirs dans cet adorable Anet, rendez-vous de chasse construit par Philibert Delorme, orné par Jean Goujon, « où des Dianes vaguement ressemblantes surgissaient, comme des apparitions olympiennes, au tournant de chaque allée, et divinisaient pour le roi la fée du lieu ; où, sur les murs du château, son chiffre partout s'enlace aux initiales royales dans une sorte de lac d'amour, symbole visible de la foi jurée, de l'union mystérieuse des cœurs. »

Que s'il avait parfois l'ombre d'un scrupule au sujet de cette situation si étrange entre son amie et sa femme Catherine de Médicis, le roman à la mode, le roman des *Amadis* est là pour le rassurer. On y voit certaine reine des Amazones, Zohara, qui aime Lisvart, marié à Onolorie, princesse de Trébizonde. Si Lisvart, dit-elle, a l'esprit aussi bon comme le cœur, je pourrai tant gagner sur lui avec le temps, qu'Onolorie et moi nous nous le partagerons, demeurant, elle pour sa femme, et moi pour son amye. » Aussi bien la morale chevaleresque copie, ou, si l'on veut, engendre la morale de Cour, mais n'a rien à voir avec la morale spiritualiste, avec la morale sans épithète ; contentons-nous de la ramener à sa vraie définition : le courage mis au service de la galanterie, une école de politesse et de bon langage. Au reste, M. Battifol semble même croire qu'il y a des raisons de douter que Henri II ait été un amant complet ; et il fournit des arguments à l'appui de cette conjecture.

Ils prient l'un pour l'autre, ils écrivent des lettres collectives au connétable de Montmorency, signant ensemble : « Vos anciens et meilleurs amis » ; les billets du roi à l'aimée ne révèlent qu'une amitié passionnée ou, si l'on veut, une passion cérébrale : « Je vous supplie d'avoir souvenance de celui qui n'a jamais aimé qu'un Dieu et une amie. » Henri II compose des vers pour Diane :

> Plus ferme foi ne fut presque jurée
> A nouveau prince, ô ma seule princesse,
> Que mon amour qui vous sera sans cesse
> Contre le temps et la mort assurée.
> De fosse creuse ou de tour bien murée
> N'a besoin de ma foi la forteresse
> Dont je vous fis, dame, reine et maîtresse,
> Pour ce qu'elle est d'éternelle durée.

G. Soranzo affirme : « Il ne s'est jamais rien vu en public de déshonnête. » Et Contarini : « Le roi mène une vie parfaitement régulière ; s'il a des affaires amoureuses, il les tient si secrètes, que personne ne peut en parler. » Catherine de Médicis elle-même écrira à son gendre, le futur Henri IV : « De Mme de Valentinois, c'était en tout honneur... » Et Diane fit frapper une médaille qui la représente sous les traits de la déesse dont elle porte le nom, foulant à ses pieds l'amour, avec ces mots en exergue : « *Omnium victorem vici :* J'ai vaincu le vainqueur de tous. » Il faut reconnaître que tout au moins elle respectait les convenances, et les convenances sont déjà des vertus.

Quoi qu'il en soit, Diane enveloppe Henri II de ses incantations, comme la fée de la légende retient le roi Harfagar au fond de la mer, et elle ne néglige rien pour affermir son empire. Elle protège les arts, et les arts la protègent à leur tour, lui rendant au centuple ses bienfaits, lui prêtant l'immortalité de la jeunesse, de la beauté et de la grâce ; elle maintient le roi avec une adresse infinie dans un état d'extase, même lorsqu'une fois par hasard il lui fait une infidélité matérielle.

Il prend ses couleurs, le noir et le blanc, la crée duchesse de Valentinois, lui donne le château et les terres de Chenonceaux, lui confie les diamants de la Couronne, l'emmène dans ses voyages. Le Vénitien Contarini écrivait : « Le roi, chaque jour, après son dîner, va la trouver, il passe des heures à l'entretenir, et l'initie à tout ce qui arrive, à tout ce qui se fait. »

Elle dirige les mouvements des armées en campagne, force les meilleurs généraux à solliciter d'elle subsides, munitions, renforts, s'adjuge petit à petit la surveillance et la garde des enfants royaux. Assister la reine dans ses couches, la soigner dans ses relevailles, présider au choix, au remplacement des nourrices, aux changements de résidences si l'on craint une épidémie,

apaiser les querelles des valets et des gouvernantes,
rien ne lui semble inutile ou pénible, car il s'agit
d'apparaître comme le génie tutélaire de la dynastie.
Un jour, par exemple, elle envoie de la poudre de
licorne pour guérir la rougeole d'une princesse :
remède fabuleux qui sied bien, venant d'une fée chas-
seresse. Elle gouverne l'alcôve royale. « Catherine de
Médicis eut des enfants, Diane les éleva sur ses genoux
et elle en fut glorifiée. C'est toujours l'histoire de la
Bible. »

Je ne sais qui prétendit un jour que Louis XIV se
croyait la quatrième personne de la Trinité ; Diane
joue le rôle d'une troisième personne de la royauté. Les
bonnes villes du royaume, visitées par le souverain,
élèvent sur son passage des arcs de triomphe où le
chiffre symbolique de la duchesse resplendit à côté des
initiales du roi. Quand il vint à Lyon avec la reine, la
ville lui offrit un ballet figurant « la chasse de Diane » :
apothéose éclatante de la favorite.

Honneurs, domination, ne suffisent point à cette usu-
rière d'amour : il lui faut des avantages matériels, et sa
correspondance confirme une effrayante rapacité, une
âme inflexible et implacable. Elle dénonce Clément
Marot pour avoir mangé du lard en Carême, le fait condamner comme hérésiarque à monter sur le bûcher;
mais, poussé par la duchesse d'Étampes, François Ier
intervint, et la peine fut convertie en quelques mois de
prison, en quelques années d'exil. Confiscations, bénéfices, ventes de grâces, de charges, elle fait argent de
tout, met la main sur Anet, Chenonceaux, le duché de

Valentinois, s'adjuge un instant toutes les terres vacantes du royaume; les supplices font partie de ses revenus, et elle va, en place de Grève, voir brûler les hérétiques qu'elle dépouille si odieusement. L'histoire rapporte qu'elle manda dans sa chambre un ouvrier calviniste pour le faire abjurer devant le roi : mais, loin de faiblir, il confessa hautement sa foi : « Madame, dit-il, contentez-vous d'avoir infecté la France, et ne mêlez votre ordure parmi chose si sacrée qu'est la vérité de Dieu. »

On a dit qu'elle fut une déesse d'affaires de premier ordre, la Messaline de la cupidité ; cette avarice s'ennoblissait, ou du moins trouvait sa circonstance atténuante dans l'idée fixe qu'elle devait richement cultiver sa divinité, multiplier les enchantements prodigués, et ne jamais laisser languir la fascination (1).

Catherine de Médicis annulée, réduite à un rôle passif par Diane, aspirait sans doute à la vengeance, mais la favorite avait pris ses précautions. De son vivant elle gouverna la France en favorisant tour à tour les Guise et leur rival Montmorency ; et puis elle avait marié ses filles dans les deux maisons rivales, de telle sorte qu'à la mort du prince, elle n'eut point à subir de représailles

---

(1) « Deux tableaux du temps consacrent cette usurpation maternelle : l'un montre Diane nue dans son bain, au milieu des Enfants de France, allaités ou jouant dans la chambre; l'autre la représente nue encore, selon sa qualité de déesse, entourée de dames de la cour en costumes de fête. et recevant solennellement un prince nouveau-né qu'une femme agenouillée lui présente. La reine, très reconnaissable, s'éloigne à pas lents sur le second plan. Elle a enfanté, sa tâche est remplie. »   Paul DE SAINT-VICTOR.

et conjura la rancune de la reine-mère. Henri II portait ses couleurs au tournoi où il reçut le coup mortel; il respirait encore lorsque la reine envoya quelqu'un sommer Diane de rendre les diamants de la Couronne. « Comment, s'écria-t-elle, le roi est-il mort? — Non, Madame, mais il ne peut guère tarder. — Tant qu'il lui restera un doigt de vie doncques, reprit-elle, je veux que mes ennemis sachent que je ne les crains point, et que je ne leur obéirai tant qu'il sera vivant. Je suis encore invincible de courage. Mais quand il sera mort, je ne veux plus vivre après lui; et toutes les amertumes qu'on me saurait donner ne me seront que douceur auprès de sa perte. Et par ainsi, mon roy vif ou mort, je ne crains pas mes ennemis. »

Elle lui survécut sept ans (1). Jusqu'ici la postérité a eu, peut-être aura-t-elle longtemps encore pour Diane les yeux éblouis de Henri II : « l'art l'emportera sur l'histoire, les marbres prévaudront sur les textes, les tableaux recouvriront la réalité. » Et cependant elle ne fut pas seulement une des protectrices de la Renaissance : elle exploita la politique, comme elle avait exploité l'amour, fit argent des larmes et du sang des victimes, et dépeça la France pendant douze ans. Mais si elle eut tant d'influence, comment expliquer le gouvernement de Henri II, si national, et raisonnable ?

---

(1) Son testament porte la marque d'un caractère positif, tout y est réglé avec une précision géométrique. « Diane mourante fait les affaires de son âme aussi âprement qu'elle fit celles de sa vie terrestre. »

Éternelle contradiction des causes et des effets, des forces et des lois morales, des buts et des résultats !

Je vais franchir un grand espace de temps, cent trente ans et plus. Ce n'est pas à dire que les favorites aient manqué aux successeurs de François Ier et de Henri II ; Valois et Bourbons se montrent, Louis XIII excepté, fort sensibles aux séductions féminines, mais il faut se borner. Et donc je passerai sous silence les 56 amies de Henri IV, auxquelles feraient pendant, non sans exagération, je pense, les 33 favoris prêtés à sa première femme Marguerite de Navarre ; Sauval, Dreux du Radier, de Lescure, de La Ferrière, nous renseignent copieusement sur les faiblesses du Vert-Galant. Je ne ferai que signaler les ouvrages de Jules Lair et de l'abbé Duclos sur Mme de La Vallière, les innombrables livres, celui du duc de Noailles entre autres, consacrés à Mme de Maintenon, les travaux des Goncourt, du comte Fleury, sur les maîtresses de Louis XV. Je veux du moins dire quelques mots de la marquise de Montespan, fille du duc de Mortemart, si agréablement présentée par MM. Pierre Clément, Jean Lemoyne et André Lichtenberger. Elle est si brillante, ceux qui l'entourent sont si amusants, ils démontrent si bien le train de la Cour, la vie de société, la conversation d'autrefois, ils donnent aux défauts et aux qualités du XVIIe siècle une tournure si plaisante, qu'au dire de Saint-Simon, elle, son frère, ses deux sœurs, auraient fourni l'Europe d'esprit, et du ton le plus inimitable.

Elle était belle comme le jour, dit Saint-Simon, et

ceux-là même qui la détestent n'y contredisent point.

Que d'attrayants épisodes, que de portraits ! Que de détails originaux ! Cette orgueilleuse devise de la maison : *Avant que la mer fust au monde, Rochechouart portait les ondes*, cette beauté qui éclairait une chambre en y entrant, ses treize ans de faveur, sept *demi-louis*, la lutte pour le roi entre elle et La Vallière, l'éclat imprévu du marquis de Montespan, « ce gentilhomme fantasque et incommode, mi-irrité, mi-goguenard, toujours gascon », qui, d'abord complaisant, éclate tout d'un coup, prend le deuil de sa femme et lui fait de son vivant de superbes funérailles (1), la reine humiliée, obligée de s'adresser à Mme de Montespan pour obtenir des grâces, les folies de toilette, de jeu, la jolie comédie de l'absolution en 1676, les promesses à Bossuet si mal tenues, les trames perfides de Maintenon, les infidélités de Louis XIV en l'honneur de la *belle de Ludres* que Montespan traite injustement de *haillon*, de Mmes de Soubise, de Louvigny, de Théobon, de Fontanges, — les brouilles, les raccommodements, et les larmes si longtemps souveraines, l'Affaire des

---

(1) Mme de Montespan, dit Saint-Simon, et Mme de Caylus confirme l'assertion, « avertit son mari de l'amour du roi pour elle, elle ne lui laissa pas ignorer qu'elle n'en pouvait plus douter, elle l'assura qu'une fête que le roi donnait était pour elle ; elle le pressa, elle le conjura avec la plus forte insistance de l'emmener dans ses terres de Guyenne, et de l'y laisser jusqu'à ce que le roi l'eût oubliée et se fût engagé ailleurs. Rien n'y put déterminer Montespan, qui ne fut pas longtemps sans s'en repentir... » Recevant d'abord sans broncher les bienfaits et l'argent du roi, le marquis ne méritait-il pas les allusions de Molière dans *Amphitryon* ?

Poisons en 1679, les rapports mystérieux, inouïs, de la marquise avec la Voisin, la messe noire dite sur son corps, le crime multiplié par le sacrilège — de cette imputation MM. Ravaisson et Funck-Brentano ont retrouvé la preuve dans les papiers de la Bastille — les grands écrivains protégés par elle, Molière faisant des lectures en présence du roi dans son salon, l'ingratitude de Racine consacrée par *Esther*. On sait les vers de la dédicace de la Fontaine :

> Le temps, qui détruit tout, respectant votre appui,
> Me laissera franchir les ans dans cet ouvrage...
> Paroles et regards, tout est charme dans vous.
>   Ma muse en un sujet si doux
>   Voudrait s'étendre davantage :
> Mais il faut réserver à d'autres cet emploi,
>   Et d'un plus grand maître que moi (1)
>   Votre louange est le partage.

Tout cela, c'est l'histoire même de la Cour, au temps le plus beau du règne, de 1667 à 1681. Et lorsque la mar-

---

(1) Madrigal qui fait songer aux vers, infiniment moins respectueux, de Voltaire à Mᵐᵉ de Pompadour qui venait de jouer la comédie dans les Petits Appartements :

>   Ainsi donc vous réunissez
> Tous les arts, tous les goûts, tous les talents de plaire :
>   Pompadour, vous embellissez
>   La Cour, le Parnasse et Cythère.
> Charme de tous les cœurs, trésor d'un seul mortel,
>   Qu'un sort si beau soit éternel !
> Que vos jours précieux soient marqués par des fêtes !
> Que la paix dans nos champs revienne avec Louis !
>   Soyez tous deux sans ennemis,
>   Et gardez tous deux vos conquêtes !

quise est définitivement évincée, que de scènes piquantes encore! Qu'il est singulier de la voir rester à la Cour, y donner des fêtes superbes, conserver jusqu'à la fin ses airs de grandeur vis-à-vis de tous, n'épargner personne dans ses sarcasmes (ses enfants la protégeaient contre ses impertinences)! Louis XIV continua de la voir par habitude, et il lui faisait une pension de cent mille francs par mois. D'ailleurs elle parlait à chacun comme une reine, et ne faisait jamais de visites, pas même aux princes du sang. Plus tard, la retraite à Saint-Joseph, les fréquents voyages à Fontevrault, à Bourbon, cette activité inquiète, ce besoin de promener son ennui, de faire des mariages, le regret de n'être plus le centre de tout, sa bienfaisance, ses fondations hospitalières, ses affres de la mort qui vint enfin en 1707, à l'âge de soixante-six ans. Elle supporta mieux la mauvaise fortune que la prospérité. Peu à peu elle en était venue à donner presque tout aux pauvres, à porter des cilices, à jeûner, elle si gourmande, et sa langue, jadis si redoutable, avait aussi sa pénitence. Ce n'est plus l'altière Vasthi qui, après sa disgrâce, allant voir Mme de Maintenon, et rencontrant chez elle le curé et les Sœurs Grises de Versailles, observait ironiquement : « Savez-vous, Madame, que votre antichambre est merveilleusement parée pour votre oraison funèbre! » Ce n'est plus celle qui tournait de jolis vers à son correspondant Mgr Huet, évêque d'Avranches, ni la maîtresse délaissée qui, froissée dans son orgueil, osa dire à Louis XIV « qu'elle avait une grâce à lui demander, qui était de lui laisser le soin d'entretenir les gens du second carrosse, et de divertir l'antichambre. » C'est la chrétienne repentante qui écrivait à une amie, deux ans avant sa mort, en 1705, cette pensée digne de Bossuet : « Nous sommes à nous-mêmes, la plupart du temps, au grand monde, et nous parlons souvent dans notre âme, avec une populace nombreuse de passions, de désirs, de desseins, d'inclinations. » C'est celle qui se souvenait d'avoir répondu à la duchesse d'Uzès, comme celle-ci s'étonnait de ses jeûnes austères en carême ; (elle allait jusqu'à peser son pain) : « Et pourquoi, parce que je fais un mal, faut-il faire tous les autres ? »

Et quel épilogue ! L'oubli du roi, qui ne la nomme pas une fois après sa mort, et défend les habits de deuil au comte de Toulouse, au duc du Maine, aux duchesses de Bourbon et de Chartres. Quelle réponse, si elle est authentique, que celle de Louis XIV à la duchesse de Bourgogne qui osait lui reprocher son insensibilité parfaite, après un amour si long, si passionné : « depuis qu'il l'avait congédiée, il avait compté ne la revoir jamais, ainsi elle était dès lors morte pour lui ! » Au moins, à la mort de la reine Marie-Thérèse, avait-il eu cette réflexion : « Voilà le premier chagrin qu'elle m'ait causé. » Il est vrai que Mme de Montespan ne lui aurait jamais répondu comme Marie-Thérèse, lorsqu'il lui offrait d'exécuter ses dernières volontés : « Monsieur, je n'ai jamais eu d'autre volonté que la vôtre, et j'entre au tombeau avec ces mêmes sentiments dans lesquels j'ai vécu. »

« C'était, dit Pierre Clément, une maîtresse superbe et charmante, pleine de caprices, gaie, colère, amusante et insupportable, superstitieuse, bienfaisante, spirituelle entre toutes, emportant la pièce, pleurant à propos et adorable dans les larmes, bonne enfin, comme disait Mme de Sévigné, à faire admirer par les ambassadeurs. » Le même biographe estime qu'elle se montra peu soucieuse d'influence politique, relativement désintéressée quand il ne s'agissait pas de sa famille (1), qu'elle aima plutôt la royauté que le roi.

Pour n'avoir eu ni cette beauté, ni cette irradiation d'esprit, ni cette splendeur de prestige, Mlle de Choin ne laisse pas de présenter certaines particularités assez intéressantes. C'est une Maintenon au petit pied, une Maintenon en miniature, mariée secrètement, ce semble, au Grand Dauphin, fils de Louis XIV, père des ducs de Berry, de Bourgogne et d'Anjou, prince médiocre à tous les points de vue, épais d'âme et de corps, vivant dans une sorte de tremblement devant son père, soumis à ce roi jusqu'à l'abolition complète de sa personnalité, un prince qui ne faisait pas honneur à Bossuet et au duc de Montausier, ses précepteurs. Ce terrible Saint-Simon, qui ne pouvait le sentir, écrit assez durement : « Une grosse fille écrasée, brune, laide, camarde, avec assez d'esprit et de manège, qui amusa Monseigneur et gagna insensiblement sa confiance. » Malheureusement la Palatine, seconde femme du duc d'Orléans, ne se montre guère plus aimable :

---

(1) Cependant elle dit un jour à Mme de Montpensier : « A la Cour, il faut toujours prendre ; tout vient l'un après l'autre. »

« Elle avait l'air d'un carlin. Elle était petite, elle avait de petites jambes, un visage rond, un nez court et relevé, une grande bouche remplie de dents pourries qui avaient une puanteur telle qu'on pouvait la sentir à l'autre bout de la chambre. Elle avait une gorge horriblement grosse : cela charmait Monseigneur, car il frappait dessus comme sur des timbales. Mais cette créature courte et grosse avait beaucoup d'esprit. Je crois que le Dauphin s'était habitué au tabac pour ne pas sentir l'horrible odeur des dents pourries de la Choin. »

Mme de Caylus affirme « que son esprit n'est propre qu'à briller dans une antichambre, et capable seulement de faire le récit des choses qu'elle avait vues. » Enfin l'auteur d'un mémoire inédit lui accorde de beaux yeux noirs, l'art de se bien habiller, l'air du monde et des manières qui lui tinrent lieu de charmes.

Conclusion. Il n'est pas vrai que la beauté des femmes soit leur esprit ; et il est très vrai, au contraire, que l'esprit chez les femmes joue quelquefois le personnage de la beauté.

Sortie d'une bonne famille du Dauphiné, placée comme fille d'honneur auprès de la princesse de Conti, elle devient assez vite la favorite de celle-ci et l'amie du Dauphin. Une imprudence de cœur faillit la replonger dans le néant. Le comte de Clermont-Chattes était dans les bonnes grâces de la princesse de Conti ; sans fortune, ambitieux, intrigant, il crut faire merveille et se pousser en devenant l'ami de cœur de celle qui semblait se révéler comme une seconde Maintenon.

« Il fit son personnage, dit Saint-Simon, et ne trouva

pas la Choin cruelle ; l'amour qu'il feignait, mais qu'il lui avait donné, y mit la confiance ; elle ne se cacha plus à lui de celle de Monseigneur, ni bientôt Monseigneur ne lui fit plus mystère de son amitié pour la Choin, et bientôt après la princesse de Conti fut leur dupe. »

Mais on ne prévoit pas tout, et ces gens si malins ne se défiaient pas assez du cabinet noir. Le roi, ayant eu vent de ces cabales, se fait apporter la correspondance de Clermont et de Mlle de Choin, correspondance pleine de railleries blessantes à l'égard de leur dupe : dans une lettre elle était traitée d' « *importune harpie.* » Louis XIV mande la princesse de Conti dans son cabinet, et, après une sévère mercuriale, lui remet les lettres, la force de les lire en sa présence. « Voilà où elle pensa mourir, et elle se jeta aux pieds du roi, baignée de ses larmes et ne pouvant presque articuler. Ce ne fut que sanglots, pardons, désespoirs, rages, et à implorer justice et vengeance; elle fut bientôt faite. La Choin fut chassée le lendemain. » (22 août 1694) (1).

Toutefois, à cause de Monseigneur, la princesse garda quelques ménagements ; elle lui laissa une pension de

---

(1) Le Recueil de Maurepas fait allusion à l'aventure :

> Quel sortilège as-tu cru faire,
> Puante Choin, double excrément?
> As-tu pu te flatter de plaire,
> Jusqu'à mener au sacrement ?
> Ignores-tu qu'une rivale
> Dont la beauté est sans égale
> Punit un volage berger,
> Et tôt ou tard sait se venger?

2,000 livres et des meubles. Quant à Clermont, il reçut l'ordre de se retirer en Dauphiné où il demeura dans un rigoureux exil jusqu'à la mort de Louis XIV, sans jamais reparaître à la Cour. Tant il est vrai que « tout se met en commerce entre les hommes et les femmes, hormis les préférences de la gloire et de l'amour, qui ne se pardonnent pas ! »

Une scène piquante aurait eu lieu quelque temps auparavant. Le roi ayant chargé le P. de La Chaise d'éveiller les scrupules de conscience du Dauphin, celui-ci monta chez son père, au sortir du confessionnal, et jura ses grands dieux que la grossièreté des sens n'avait aucune part à son commerce avec Mlle de Choin : « Au surplus, j'avoue à Votre Majesté qu'il m'est dur qu'à mon âge, vivant comme je fais avec soumission et une attention éternelle à vous plaire, on me tracasse pour une fille en qui j'ai confiance, et qu'il m'est fort sensible qu'on la tourmente parce qu'elle est mon amie. » Le roi remercia son fils d'avoir bien voulu l'assurer lui-même qu'il n'y avait rien à craindre qui pût blesser sa conscience, ajoutant : « Il me sied mal peut-être de vous prescher un évangile que j'ai pratiqué si mal, mais le mauvais exemple qu'en cela j'ai pu vous donner, mon fils, doit vous préserver des mêmes égarements, et si vous m'en croyez, vous n'aurez jamais de maîtresse. » Là-dessus, compliments sur Mlle de Choin, protestations mutuelles de tendresse, embrassades. Le roi était tombé dans la dévotion, et d'ailleurs il n'avait jamais aimé le bruit que quand il le faisait.

Ce qui est certain, c'est qu'après la disgrâce de

Mlle de Choin, le Dauphin vint la voir à Paris, d'abord
en cachette, puis ouvertement; ensuite il la fit venir
à Choisy, à Meudon. Elle s'y rendait dans des conditions
fort modestes, et qui rappellent le mot de Mme Henriette : « Les maîtresses du roi ont plus de trois dégoûts
à la semaine. » On nous la montre arrivant en catimini
avec une femme de chambre, son paquet dans sa poche,
à la nuit, demeurant enfermée sans voir qui que ce
soit, sans sortir de l'entresol, où un garçon du château,
seul dans la confidence, lui apportait à manger. Voilà
des commencements bien humbles : un mariage secret
s'ensuivit, et comme Mlle de Choin se montrait pleine
de désintéressement, d'une société sûre et commode,
comme elle se tint en dehors de toute intrigue politique ou autre, une petite cour se forma, peu à peu, avec
l'agrément du roi, autour d'elle; y figuraient d'abord
MM. de Sainte-Maure, Bignon, Mlle de Lislebonne et la
princesse d'Espinoy, le maréchal du Blé d'Huxelles qui,
dans l'espérance de décrocher une duché-pairie, envoyait tous les matins des têtes de lapins rôties à la
chienne de la favorite. Bref il devint de mode d'être
admis aux *Parvulo* de Meudon.

A partir de 1705, à mesure que le roi vieillit, cette
Cour s'accroît sensiblement. Meudon devient une
espérance, le courtisan songe à escompter le prochain règne : le prince de Conti, le duc de Berry, le
duc et la duchesse de Bourgogne y fréquentent; aussi
l'attitude de Mlle de Choin change-t-elle sensiblement : elle est à l'égard du Dauphin comme Mme de
Maintenon à l'égard de Louis XIV, reçoit toujours

dans les entresols, mais couche dans le grand appartement, se tient dans un fauteuil devant Monseigneur, fait asseoir la duchesse de Bourgogne sur un tabouret, lui parle comme une belle-mère, la morigène parfois au point de la faire pleurer. On fait la cour à ses amis particuliers afin d'obtenir la permission d'aller chez elle à Paris. Enfin pour approuver avec éclat la conduite de son fils, le 4 juin 1708, le roi, « contre toute coutume, » va dîner à Meudon, Mme de Maintenon se rend chez Mlle de Choin, et complote avec elle la disgrâce de Chamillart. Mieux encore, elle persuade au roi de lu offrir une forte pension, un logement à Versailles, de l'inviter avec le Dauphin à tous les voyages de Marly. *Elle se jeta dans les respects, la confusion, l'humilité, le néant,* et refusa même la pension, prenant prétexte de la mauvaise situation des affaires, de la vie cachée qu'elle menait et voulait continuer. Elle y avait quelque mérite, car Monseigneur, très parcimonieux, un peu ladre même, ne l'avait pas habituée à tenir grand état de maison, lui servait 38,000 livres de pension annuelle, sans aucun accessoire. Que ce fût tactique ou instinct naturel, elle continua de vivre très simplement; un jour même, elle força le prince à brûler le testament qu'il voulait lui remettre, et qui contenait une donation fort importante.

Ni après, ni avant la visite de 1708, ni à Saint-Cloud, ni dans sa petite maison de la rue Saint-Antoine, elle ne se départit d'une réserve pleine de tact, si bien qu'après la mort du Dauphin (1711) le roi envoya aussitôt d'Antin lui porter l'assurance de sa protection, et l'informer qu'elle aurait une pension annuelle de 12,000 livres. La bienveillance de son caractère, la solidité de son commerce, lui avaient concilié des amitiés solides qui demeurèrent fidèles, à l'exception d'une seule (1).

Et sans doute la rupture de la chaîne apporta assez tôt la consolation ; les fréquentes humeurs du Dauphin ; les entrevues pleines d'entraves des premières années, une situation ambiguë, précaire, blessante même pour la femme la moins susceptible, cet entresol de Meudo n où elle n'avait le droit d'aller à la messe qu'à l'aub e, d'où elle ne pouvait sortir pour prendre l'air qu'à minuit, les tiraillements inévitables d'une petite cour, tout avait contribué à lui faire une existence assez triste pendant dix-huit ans.

Elle survécut à Monseigneur plus de vingt ans, menant l'existence d'une bourgeoise aisée, mais sans se répandre dans le monde, et se contentant d'une agréable intimité, où reparut sans doute l'ami de sa jeunesse, le beau Clermont, nommé en 1719, peut-être par son

----

(1) Le maréchal du Blé d'Huxelles l'abandonna avec une fâcheus e désinvolture ; le lendemain même de la mort du prince, les envois de têtes de lapins cessèrent, et les visites aussi. Mme de Choin, qui l'avait vu si intime, et qui l'avait cru sincère, s'en plaignit et voulut qu'on rapportât son étonnement au maréchal. Il répondit effrontément qu'il ne la connaissait presque pas, et qu'il ne savait pas ce qu'elle voulait dire. Encore un beau trait de courtisan. Je préfère mon aïeul lorsqu'il défendait si crânement Mayence, et ne capitulait qu'après cinquante jours de tranchée ouverte, méritant pleinement ce compliment de Louis XIV : « Vous avez défendu Mayence en galant homme, et vous l'avez rendue en homme d'esprit. »

crédit, capitaine des Cent-Suisses du Régent. Ce souci de s'effacer, cette préoccupation de ne point porter ombrage à Mme de Maintenon, cachaient-ils une pensée de derrière la tête ? Se proposait-elle de lever le masque à la mort de Louis XIV, de donner alors seulement la mesure de son ambition et de sa volonté ? Une pareille supposition n'a rien d'invraisemblable, elle serait très naturelle en tout cas, presque légitime, et Saint-Simon rapporte une scène singulière qui semblerait révéler chez Mlle de Choin et son ami tout au moins certaines bouffées de grandeur, un vague désir de revanche après la vie si obscure du début :

« Quelques mois avant la mort de Monseigneur, Mme la duchesse de Bourgogne l'étant allée voir à Meudon, elle monta dans le sanctuaire de son entresol, suivie de Mme de Nogaret, et elles y trouvèrent Monseigneur avec Mlle de Choin, Mme la Duchesse et les deux Lislebonne, fort occupés à une table sur laquelle était un grand livre d'estampes du sacre, et Monseigneur fort appliqué à les considérer, à les expliquer à la compagnie, et recevant avec complaisance les propos qui le regardaient là-dessus, jusqu'à lui dire : « Voilà donc celui qui vous mettra les éperons, cet autre le manteau royal, les pairs qui vous mettront la couronne sur la tête; » et ainsi du reste, et cela dura fort longtemps. Je le sus deux jours après de Mme de Nogaret, qui en fut fort étonnée, et que l'arrivée de Mme la duchesse de Bourgogne n'eût pas interrompu cet amusement singulier. »

L'âme d'autrui est une forêt profonde, et les actes tra-

duisent bien mal les pensées, les désirs, les talents eux-
mêmes. L'histoire reste une perpétuelle énigme. Combien rares sont ceux qui dominent les événements au
lieu de subir le joug des circonstances, ceux auxquels
la destinée accorde le temps de sortir de la pénombre,
et de vivre en plein soleil, en plein triomphe! Quel
sphinx effrayant que cette mort qui déconcerte les
ambitions les plus légitimes, et quel troublant problème que celui de ces vice-reines, qui, sans être plus
belles que tant d'autres, sont, par leur beauté même et
leurs agréments, désignées pour influer sur les volontés d'un prince, dicter parfois la paix ou la guerre,
provoquer des coups d'État d'en haut ou d'en bas par
un sourire !

LA VIE MONDAINE A PARIS DE 1789 A 1793

Il y a cent manières de juger ou de peindre une femme, un opéra, un paysage, un salon, une époque. On peut juger avec ses principes, avec son imagination, avec sa raison, avec sa sensibilité, objectivement, subjectivement, en optimiste, en pessimiste, en bloc ou en détail, en faisant abstraction de soi-même et s'appliquant le système de la table rase, ou bien en apportant le bagage de ses préjugés, de son éducation. Celui-ci se montrera plutôt philosophe, celui-là moraliste, historien ou simplement mondain; tel n'a qu'une âme de reflet et de réverbère, répète, comme un écho docile, les appréciations de ses maîtres, tel veut séduire et tel autre veut étonner, hasarder ce qu'on n'a pas encore proposé, et faire de l'originalité aux dépens du bon sens. X... procède logiquement par comparaison, et B... s'abandonne à son rêve, laisse voyager son âme en zigzags, la promène d'aventure en aventure, jette des cris, des sensations. L'économiste ne calcule que le produit net et mettrait en actions la lune, le soleil, les étoiles; le poète cherche à rendre la volupté de la beauté esthétique, à toucher par le symbole et l'image, bien plus qu'à faire justice; le savant rai-

sonne avec un compas, le magistrat s'attache aux formes, aux précédents, et l'ignorant se laisse émouvoir
comme une foule, ou comme un jury. Et les nuances
sont infinies. Le cœur empiète sans cesse sur la raison,
l'imagination se mêle aux autres facultés de l'esprit
pour produire cette symphonie ou ce chaos intellectuels
d'où sortent nos écrits, nos paroles, nos actes, les
décrets de notre conscience sur les choses et les êtres.
L'intérêt, l'éducation, les aptitudes héréditaires, l'ambition, tous les penchants, tous les mobiles viennent
se fondre dans le creuset magique d'où émergent nos
idées, belles vierges qui trop vite deviennent des demi-
vierges ou des courtisanes, les idées dictatrices des
formes, inspiratrices des gestes, reines de nos jugements. On est tenté de dire avec Henri Heine : « La terre
est un cylindre; les hommes sont de petites pointes
répandues à la surface, en apparence sans dessein;
mais le cylindre tourne, les petites pointes sont heurtées
çà et là, et rendent une vibration sonore, les unes
souvent, d'autres rarement; cela produit une musique
merveilleuse, compliquée, qui s'appelle l'histoire universelle. »

La difficulté du problème s'aggrave à mesure qu'il
devient plus complexe. Lorsqu'il s'agit de pénétrer
l'âme d'une société, d'une collectivité d'êtres animés de
passions antinomiques, les meilleurs d'entre nous tré-
buchent, ressemblent au simple soldat qui dans la
bataille ne voit que son propre effort individuel, ou
celui de sa compagnie. C'est alors qu'il faut se rappeler
le mot de Chateaubriand sur la Terreur : « Nous ne

devons point juger à la rigueur tout ce qui a été dit ou fait sous la pointe du poignard ; » alors surtout qu'il faut se garder de juger les autres à travers soi-même, qu'il convient de les examiner à travers eux-mêmes, par rapport aux circonstances, aux mœurs de leur époque. Ne pas régler les destinées de l'univers sur les habitudes de son village ou de son quartier, savoir la langue de l'étranger et du compatriote, du passé et du présent, voyager avec circonspection dans le monde de la pensée, descendre du général au particulier, remonter du détail au bloc, ne pas s'étonner facilement, ne s'indigner jamais, ne mépriser presque rien, avoir sans cesse devant les yeux le dogme de la divine tolérance et de la sérénité, montrer une curiosité subtile et toujours en éveil, étendre le plus possible le champ de la comparaison, voilà, ce semble, les meilleures conditions pour se rapprocher de la vérité. Combien peu les remplissent pleinement ! Combien, tout au contraire, volontairement ou non, condamnent hier au profit d'aujourd'hui, écartèlent l'idéal et la réalité au lieu de les fondre ensemble, traitent les ennemis de leur amour-propre ou de leur parti comme l'ancienne loi romaine traitait l'étranger !

Si j'examine les impressions des lettrés qui peignent la vie de salon au moment où la toile se lève sur la grande tragédie de la Révolution, je constate qu'elles sont de deux sortes, selon la nature des esprits (1). Les

---

(1) MERCIER : *Le Tableau de Paris ; le Nouveau Paris.* — Antoine GUILLOIS : *La Marquise de Condorcet*, 1 vol. — André LICHTENBER-

salons, après la phase religieuse, la phase littéraire, la phase encyclopédique ou scientifique, la phase économique, entrent dans la phase politique : ce ne sont plus seulement les questions de foi, de littérature, de philosophie, qui les occupent, la politique les envahit. A vrai dire, cette intrusion remonte plus haut, et c'est en partie par les salons que l'opinion publique se forme au

---

GER : *Le Socialisme au XVIIIe siècle*, 1 vol., Alcan. — LACRETELLE : *Dix années d'épreuces*. — G. LENOTRE : *Le Baron de Batz*. — *Mémorial de Norvins*, publié par LANZAC DE LABORIE. —BOUILLY : *Récapitulations*. — *Mémoires* de Louise FUSIL, de Mme VIGÉE-LEBRUN, de DUFORT DE CHEVERNY, de D'ALLONVILLE, du Comte de PAROY, de SÉGUR, MORELLET, TILLY, DAMPMARTIN, MARMONTEL. — DE LESCURE : *Rivarol et la Société française pendant la Révolution et l'Émigration*, 1 vol., Plon. — Comte D'HAUSSONVILLE : *Le salon de Mme Necker*. — KARAMSINE : *Lettres d'un voyageur russe en France, en Allemagne et en Suisse*. — RŒDERER : *Œuvres*, t. V. — DE GONCOURT : *Histoire de la Société française pendant la Révolution*. — BENJAMIN CONSTANT : *Mélanges de littérature et de politique*, pp. 55 et s. — *Vie de Mme de La Fayette*, par Mme DE LASTEYRIE. — *Mes Prisons*, par la duchesse DE DURAS. — Auguste CALLET : *Anne-Paule-Dominique de Noailles, marquise de Montagu*. — *Mémoires* de LA FAYETTE *et Correspondance*, 6 vol. — Jules CLOQUET : *Souvenirs sur la vie privée de La Fayette*. — Agénor BARDOUX : *La jeunesse de La Fayette, Les dernières années de La Fayette*, 2 vol. in-8°. — *Lettres de Lady Morgan, 1829 et 1830*. — *Vie de la duchesse d'Ayen*, par Mme de LA FAYETTE. — *Vie de la princesse de Poix, née Beauvau*, par la vicomtesse DE NOAILLES. — DAUBAN : *Étude sur Mme Roland et son temps*. — Armand DUCOS : *Les trois Girondines*. — Charles VATEL : *Charlotte de Corday et les Girondins*. — Louis JOURDAN : *Les femmes devant l'échafaud*. — DUBROCA : *Les femmes célèbres de la Révolution*. — Aurélien VIVIE : *Histoire de la Terreur à Bordeaux*. — Dr DESGENETTES : *Souvenirs de la fin du XVIIIe siècle et du commencement du XIXe*, 2 vol. — Louis PASSY : *Le marquis de Blosseville*. — Voir aussi mon volume : *Les Causeurs de la Révolution*. — Sur la noblesse de province avant 1789, je dois encore signaler une très intéressante étude de M. Pierre DE VAISSIÈRE : *Gentilshommes campagnards de l'ancienne France*, 1 vol. in-8°, Perrin.

xviii⁰ siècle : Mme de Tencin annonce dès 1743 la culbute de l'État, les belles correspondantes de Gustave III de Suède déploient une ardeur passionnée pour les réformes, une jeune fille écrit à son amie : *Vous savez combien je suis citoyenne*, — et la duchesse de Lauzun, si douce, si timide, se laisse entraîner à dire des injures en public à un homme qui parle sévèrement de Necker. Montlosier remarque à ce propos :

« De même que, dans l'histoire de l'Arianisme, on voit les servantes, les portefaix de Constantinople, se disputer sur la place publique à l'égard de la distinction du Père et du Fils ; par exemple une servante disait à la fontaine à une autre servante : « Est-ce que le Fils peut être égal au Père ? » de même à Paris, un peu partout, on disputait sur le déficit, les notables, le veto, sans y entendre grand'chose. »

Naturellement les esprits timorés, les ultra-délicats ou rétrogrades s'effrayaient de ce bruit nouveau, de ce tumulte des conversations, se sentaient troublés, assourdis comme un homme qui entre pour la première fois dans une usine en mouvement. Et de se lamenter sur l'invasion de la politique, qui déveloute le duvet social, brouille parents et amis, anéantit cette variété, cet enjouement, cette tolérance mutuelle d'autrefois. « Hélas ! soupire le vicomte de Ségur, cette Révolution *m'a gâté mon Paris*, elle ne fait qu'étendre à tous l'ambition de quelques-uns. » Il est vrai que le vicomte n'avait pas attendu jusque-là pour gémir contre ce qu'il appelle la décadence du bon ton ; elle datait, selon lui, des premières années du règne de Louis XVI, at aurait

commencé avec l'anglomanie : « Les plus grands seigneurs s'habillèrent comme leurs valets ; au spectacle,
dans les lieux d'assemblée, on ne parut plus qu'en
bottes, en frac ; le peu de forme dans les manières suivit
l'indécence de l'habillement ; en cessant de respecter le
public, on oublia toutes nuances en société. Déjà on
saluait une femme avec légèreté, *les hommes se
tutoyaient devant elle;* à peine lui laissait-on le pas.
Sous Louis XV on était aussi corrompu, mais au moins
avait-on quelque idée de déférence pour l'âge et le sexe.
Sous Louis XVI, on fut aussi vicieux, et il ne resta qu'à
peine le souvenir de la politesse (1). »

Voici d'autres témoignages, ou, si l'on veut, d'autres
lamentations :

Marmontel : « Vous nous voyez avec la fureur de
devenir des Grecs et des Romains. Que Paris est
changé ! Ni le ton, ni le langage, ni la scène, ni les
acteurs, rien ne se ressemble. »

Rœderer : « La Société a fait à la Révolution une
perte immense, peut-être irréparable pour cinquante
ans : elle a perdu la conversation. »

Le comte de Ségur, de retour de son ambassade de
Russie : « J'employais mes soirées à parcourir les différents cercles de la capitale, à revoir ces sociétés qui
avaient fait le charme de ma jeunesse : je les retrouvais

---

(1) « Ségur, remarque M. Gustave Bord, savait avec un art infini
offenser les mœurs sans blesser le goût, et mettre dans sa conversation et dans ses œuvres autant de délicatesse dans la forme
que d'inconvenance dans l'intention. »

plus vives, plus spirituelles, plus animées que jamais :
il eût été difficile d'y rencontrer la langueur ou l'ennui.
Cependant elles semblaient avoir perdu pour moi leur
plus doux attrait : on n'y voyait plus cette douceur, cet
atticisme, cette urbanité, qui en avaient fait si longtemps
la véritable école du goût et de la grâce... Les passions
politiques, en s'introduisant dans nos salons, les avaient
presque métamorphosés en arènes, où les opinions les
plus opposées se choquaient et se heurtaient sans cesse.
On ne discutait plus, on disputait : le seul et éternel
sujet de conversation était cette politique, qui ne permettait que bien rarement aux arts, aux muses, à la
galanterie, de varier les entretiens.

« Chacun parlait haut, écoutait peu : l'humeur perçait
dans le ton comme dans le regard. Souvent, dans un
même salon, les personnes d'opinions opposées se formaient en groupes séparés. Bientôt une animosité
toujours croissante désunit et divisa totalement ces
sociétés dont l'aménité n'était plus le doux lien... Les
femmes perdaient beaucoup à ce grand changement :
les expressions douces conviennent seules à leur grâce,
à leur délicatesse, à leur voix, comme à leurs traits :
la modestie est leur premier charme; aussi rien ne leur
sied plus mal que les passions politiques : l'humeur les
dépare et la colère les enlaidit... »

Ce n'est pas la Révolution seule qui avait produit
cette irruption de l'éloquence, de la discussion bruyante
dans les salons. La duchesse de Choiseul, dans une
lettre de 1779 à Mme du Deffand, signale cette méta-
morphose : « Vous me demandez si je connais le mot

énergie. Assurément je le connais, et je peux même fixer l'époque de sa naissance. C'est depuis qu'on a des convulsions en entendant la musique. L'enthousiasme, ma chère petite fille, est partout substitué au bon goût ou plutôt au simple goût; on n'exprime que depuis qu'on ne sent plus. La langue est comme l'histoire au passé : nous avions autrefois de grands hommes qui avaient des admirateurs et point d'enthousiastes; aujourd'hui nous n'avons ni grandes choses ni grands hommes, mais nous avons de l'enthousiasme et nous parlons d'énergie. Ce mot n'était peut-être pas connu du temps des Romains, et les Spartiates, qui répondaient à Philippe si énergiquement, ne savaient peut-être pas qu'ils étaient énergiques. »

Les Goncourt glosent joliment sur ce travers social, cette manie d'employer sans cesse des mots immenses pour des petites choses... « *Étonnant ! Miraculeux ! Divin !* ce sont les épithètes courantes de la causerie. Une langue d'extase et d'exclamation, une langue qui escalade les superlatifs, entre dans la langue française et apporte l'enflure à sa sobriété. On ne parle plus que de *grâces sans nombre, de perfections sans fin.* A la moindre fatigue on est *anéanti,* au moindre contretemps on est *désespéré,* on est *obsédé prodigieusement,* on est *suffoqué.* Désire-t-on une chose? On en est *folle à perdre le boire et le manger.* Un homme déplaît-il ? C'est un *homme à jeter par les fenêtres.* A-t-on la migraine ? On est d'une *sottise rebutante.* On applaudit *à tout rompre,* on loue *à outrance,* on aime *à miracle.* Et cette fièvre des expressions ne suffit pas : pour une femme « parfaitement usagée », il est nécessaire de zézayer, de moduler, d'attendrir, d'efféminer sa voix, de prononcer au lieu de *pigeons* et de *choux*, des *pizons* et des *soux*. »

Avec Mme de Genlis, avec Mme de Staël surtout, nous entendons un refrain tout différent.

Mme de Staël : « On peut dire avec vérité que jamais cette société n'a été aussi brillante et aussi sérieuse, tout ensemble, que pendant les trois ou quatre premières années de la Révolution, à compter de 1788 jusqu'à la fin de 1791. Comme les affaires politiques étaient encore entre les mains de la première classe, toute la vigueur de la liberté et toute la grâce de la politesse ancienne se réunissaient dans les mêmes personnes. Ce qui nuit aux agréments de la société en Angleterre, ce sont les occupations et les intérêts d'un État depuis longtemps représentatif. Ce qui rendait au contraire la société française un peu superficielle, c'étaient les loisirs de la monarchie. Mais tout à coup la force de la liberté vint se mêler à l'élégance de l'aristocratie ; dans aucun pays ni dans aucun temps, l'art de parler, sous toutes les formes, n'a été aussi remarquable que dans les premières années de la Révolution. Les femmes en Angleterre sont accoutumées à se taire devant les hommes, quand il s'agit de politique. Les femmes en France dirigent chez elles presque toutes les conversations, et leur esprit s'était formé de bonne heure à la facilité que ce talent exige. Les discussions sur les affaires publiques étaient donc adoucies par elles, et souvent entremêlées de plaisanteries aimables et piquantes. L'esprit de parti, il est vrai, divisait la société, mais chacun vivait avec les siens... »

On sent que Mme de Staël prêche pour son saint, ou plutôt pour elle-même : c'est la femme qui peut-être a le mieux disserté sur la causerie, celle qui a le plus brillamment *parlé* ses pensées.

« Ses manières ont un fracas qui étourdit ; sa conversation semble un assaut, un combat à outrance... ; elle animerait une solitude, remplacerait le monde, elle serait à elle seule un monde entier. » Ces lignes de Sénac de Meilhan pourraient servir d'épigraphe à une étude sur le salon de Mme de Staël : par son éloquence, sa verve, ses mots, son jaillissement perpétuel, la curiosité toujours en éveil de son cœur et de son esprit, elle est à elle seule un salon. Elle aurait fait les

---

(1) Sur le salon de Mme de Staël, voy. : Lady BLENNERHASSITT : *Mme de Staël*, 3 vol. in-8°. — Sophie GAY : *Salons célèbres*. — COULMANN : *Réminiscences*, t. II. — BARDOUX : *Mme de Custine*. — Comte DE FALLOUX : *Mémoires*, t. Ier, p. 98. — *Mémoires de Mme DE CHASTENAY*. — *Mémorial* de NORVINS. — Comte D'HAUSSONVILLE : *Le Salon de Mme Necker*, 2 vol. — A. STEVENS : *Lice and times of Mme de Staël*. — A.-W. SCHLEGEL : *Sur quelques rôles tragiques de Mme de Staël*, t. IX des *Œuvres complètes*. — Paul GAUTIER : *Mme de Staël et Napoléon; Mathieu de Montmorency et Mme de Staël*. — Charles JORET : *Mme de Staël et la cour littéraire de Weimar*. — Ph. GODET : *Histoire littéraire de la Suisse française*. — *Mémoires* de Mme DE RÉMUSAT, t. II. — YUNG : *Mémoires de Lucien Bonaparte*, t. II et III. — Arthur LÉVY : *Napoléon intime*. — Duchesse D'ABRANTÈS : *Histoire des Salons de Paris*. — H.-Fréd. AMIEL : *Mme de Staël*. — Gabriel BOUSQUET : *Essai sur la politique de Mme de Staël*. — CAPPELLETTI : *La baronessa di Staël*, Torino, 1906. — Eugène RITTER : *Notes sur Mme de Staël, ses ancêtres et sa famille, sa vie et sa correspondance*, etc...

demandes et les réponses, fourni de discours les orateurs de la Constituante et de la Convention ; généreuse,
mais administrant sagement sa fortune, tenace et sentimentale, ayant parfois les indiscrétions du génie et de
la liberté, plus capable de gouverner les autres que de
se gouverner elle-même, et regardant sans doute comme
la plus belle pensée de Pascal ce cri : « Le silence est
la plus grande des persécutions, les saints ne se sont
jamais tus ; » n'ayant pas *le préjugé de la campagne*,
ne pouvant vivre *en société avec la nature*, et appelant
la Suisse *une magnifique horreur*, mais, au contraire,
adorant la causerie, le *ruisseau de la rue du Bac* qui
symbolisait son cher Paris, si bien qu'elle faisait
200 lieues pour causer quelques heures avec un homme
d'esprit ; d'une activité universelle qui la rendait, elle
aussi, « tout aplatie sous l'énorme poids du rien »,
malade par le repos comme d'autres sont malades par
excès de travail ; ayant l'héroïsme de sa bonté non
moins que le regret de cette demi-laideur qu'elle faisait
oublier à force de talents, mais qu'elle n'oubliait pas,
et ne goûtant nullement la consolation offerte par une
amie : « Croyez-moi, vous serez une très aimable
vieille. » Tout de même on lui rendait un bel hommage
en disant que Napoléon Ier avait à compter avec trois
puissances : l'Angleterre, la Russie, Mme de Staël.

Mais à aucune époque, ni avant ni pendant la Révolution, ni sous le Consulat, l'Empire, la Restauration,
son salon, à Paris, à Coppet, ne manqua de rares et
de grands esprits : Narbonne, Talleyrand, Boufflers,
Lemercier, Ducis, le duc de Laval, Benjamin Constant,

Norvins, Schlegel, Prosper de Barante, de Gérando, Sismondi, etc. On sait qu'elle installa un théâtre d'amateurs à Coppet : Guillaume Schlegel prétend que son jeu était celui d'une artiste incomparable, que les dons de la nature, l'éducation, l'habitude du monde, une mémoire infaillible, les leçons de Clairon, tout concourait à cette maîtrise. Elle jouait *Alzire, Mérope, Zaïre*, la *Phèdre* de Racine. D'autres auditeurs se montrent moins enthousiastes ; cependant Mme Necker de Saussure trouve son jeu pathétique et spirituel au dernier point : la troupe entière était électrisée par elle; son émotion en jouant la tragédie était si forte, que dans *Zaïre* elle ne saisissait jamais la croix sans la briser.

Mme de Tessé, un autre volcan d'esprit, affirmait : « Si j'étais reine de France, j'ordonnerais à Mme de Staël de me parler toujours. » Et l'on conta que, pendant une promenade en voiture, les compagnons de Mme de Staël n'entendirent point un violent orage : une électricité avait fait oublier l'autre. Je ne sais pourquoi cette causerie prestigieuse me rappelle Carlyle et Macaulay; ce dernier tenant toujours une conférence toute prête sur n'importe quel sujet, enfilant un monologue après un autre, si bien qu'un ami disait quand par hasard il se taisait quelques instants : « Macaulay a été très aimable aujourd'hui, il a eu des éclairs de silence ; » Carlyle célébrant les beautés *du silence sacré*, lui dont la conversation était un perpétuel monologue durant aussi longtemps qu'il voyait devant lui un auditeur : Mme Carlyle prétendit que dans un château où il résidait, les maîtres de maison recrutèrent des enfants char-

gés de tenir compagnie au grand homme qui les haran-
guait sans faire la distinction ; grâce à ce stratagème, les
autres invités s'échappaient tout heureux. De même
Castelar parlant un soir pendant quatre heures chez
Mme Edmond Adam, et concluant ainsi vers minuit :
« Les Français sont toujours charmants ; ils n'ont
qu'un défaut : ils ne savent pas écouter. »

Mme de Staël n'a point célébré les beautés du silence
sacré, et elle ne reproche nullement aux Français de ne
pas savoir écouter ; pour elle, vivre, c'était parler politique, littérature ou morale avec des gens distingués.
Une de ses plus chères amies dit dans un moment d'humeur : « Vraiment, je crois que s'il y avait un bourreau
célèbre, Mme de Staël voudrait l'avoir dans son salon. »
Elle causait, elle improvisait de fulgurantes philippiques,
ou des hymnes en prose, comme le rossignol chante,
comme le sang circule, comme l'arbre produit des
fruits. Quel esprit sonore ! Quelle âme rayonnante !
« Elle voudrait, affirme Mme de Sabran, que le monde
fût un salon, et en être le lustre. » Astolphe de Custine
la montre recevant Wellington en 1815 ; étonnée de la
simplicité de ses manières, elle remarque : « Il porte la
gloire comme si ce n'était rien. » Puis, se penchant vers
un de ses familiers, elle ajoute : « Il faut pourtant convenir que jamais la nature n'a fait un grand homme à moins
de frais. » Pradt, ce sot spirituel, accapare Wellington
et lui sert un discours de trois quarts d'heure sur la
tactique militaire. Pendant que l'abbé reprenait haleine,
l'autre eut le temps de remarquer que le jour le plus
affreux de la vie d'un général est celui où il gagne une

bataille, parce que, avant d'avoir passé la nuit sur le terrain, de s'être assuré le lendemain de la retraite de l'ennemi, le vainqueur même ne peut savoir s'il n'est pas vaincu. Enfin, Mme de Staël ayant pu dégager Wellington du guet-apens où il était tombé, l'entreprend sur la constitution anglaise : « Est-il vrai que votre lord chancelier parle au roi à genoux pendant la séance du Parlement ? — C'est vrai. — Comment fait-il ? — Il lui parle à genoux, vous dis-je. — Mais comment ? — Vous le voulez, repart le duc, et il se jette aux pieds de Corinne. — Je veux que tout le monde le voie, » s'écrie celle-ci !

Deux mots de Mme de Staël : « Quel bonheur si l'on pouvait être reine pendant vingt-quatre heures ! Que de belles choses... on dirait ! »

L'empereur lui ayant fait offrir la restitution des deux millions pris à son père, si elle se ralliait : « Je savais bien, dit-elle, que pour recevoir ses rentes il fallait un certificat de vie, mais je ne savais pas qu'il fallait une déclaration d'amour. »

Et cette leçon à un débutant naïf qui, placé à table entre elle et Mme Récamier, croit faire merveille en remarquant : « Me voici entre l'esprit et la beauté. — C'est la première fois qu'on me dit que je suis belle. » Comme l'académicien Michaud, elle aurait pu, tant son âme fut infiniment noble, se féliciter de ne garder pas une rancune, pas un ressentiment. N'a-t-elle pas aussi sauvé, secouru une foule de gens pendant la Révolution ?

Montlosier écrivait à un ami commun : « Quand vous

verrez Mme de Staël, dites-lui que je désirerais qu'elle m'aimât de tout son esprit, car elle en a beaucoup. C'est chez elle la partie dominante ; ce n'est pas qu'elle n'ait un très bon cœur ; mais c'est pour elle une espèce d'arrière-fief. »

Puisque j'ai nommé en passant le royaliste Michaud qui fut un des causeurs de la Révolution, je rapporterai son excuse à Mme de Staël qu'il avait jadis malmenée dans la presse avec quelque vivacité. « Que voulez-vous, Madame ? Nous combattions dans la mêlée et dans les ténèbres ; je n'ai pas la fatuité de me comparer à un des héros de l'*Iliade ;* il m'est pourtant arrivé le même malheur qu'à Diomède ; j'ai blessé dans la nuit une déesse. » M. Thiers a dit plus tard dans le même sens : « La politique est un combat de nuit : quand l'aurore paraît, on regrette souvent les coups qu'on a portés. »

Un jeune fanatique crie à Michaud dans une discussion : « Monsieur, Robespierre n'est pas encore jugé. — Heureusement il est exécuté. »

A un ministériel qui lui disait : « Mon cher Michaud, vous êtes un grand coupable, » il riposte : « Je ne suis pas aussi coupable que vous êtes innocent. »

Quelques mois avant la Révolution de 1830, en plein ministère Polignac, Michaud, qui avait deviné que Charles X méditait quelque mauvais coup, s'esquive, quitte la France pour un grand voyage en Orient, mais d'abord vient présenter ses hommages au Roi, qui le reçoit très affectueusement. Michaud, tout en contant cet accueil chaleureux, concluait : « Si ce bon Charles X connaissait ses affaires aussi bien qu'il connaît les miennes, tout serait pour le mieux. »

Plus il vieillissait, plus il avait de l'esprit, mais il fallait aller chercher sa causerie à Passy, d'où il dirigeait toujours un peu la *Quotidienne;* et il disait : « Je ne donne pas mon esprit et mon amitié : il faut qu'on vienne les prendre. »

« Tout cela me confirme une vérité, écrivait-il au marquis de Blosseville : c'est que, depuis quarante ans, les partis travaillent en France les uns pour les autres, mais jamais pour eux-mêmes : la Monarchie pour la République, la République pour la Monarchie, la légitimité pour l'usurpation, l'usurpation pour la légitimité. »

Vers la fin de sa vie, dînant à côté d'une jeune et jolie femme, celle-ci pose par mégarde un pied sur le sien. Michaud attend un silence des convives, et avec douceur interroge : « Madame, m'aimez-vous ? » Stupéfaction de la dame. — « Mais, Monsieur Michaud, je vous aime beaucoup, assurément. — M'aimez-vous d'amour ? — Oh ! non. — Alors daignez ôter votre joli pied qui depuis cinq minutes repose sur mon vieux pied goutteux. »

La conversation de Michaud rappelait celle de Fontenelle, abondant en traits fins, délicats, un peu ciselés, et toujours de bonne compagnie : après une heure passée avec lui, on se sentait l'esprit plus aiguisé à la fois et plus nourri. Pour le journal, il improvisait, tout en causant, le mot du jour, l'entrefilet nécessaire, la pensée dominante du numéro. Il avait conservé les habitudes d'un temps où tout le monde perdait de l'esprit, où personne n'en ramassait, où jamais on n'aurait vu des écrivains inscrire sur leurs manchettes les mots qu'on sème devant eux pour les glisser dans leurs comédies.

Cette chasse à l'esprit dans les salons, quelques auteurs la font avec une désinvolture qui rappelle l'indiscrétion de certains reporters lorsqu'ils *interviewent* magistrats, médecins, malades, mourants, soudoient les domestiques pour connaître les menus des dîners et les toilettes des invités : parfois ils sont punis de leur sans-gêne. Je sais tel dramaturge devant lequel j'avais conté une réflexion d'une jolie femme d'autrefois, réflexion connue de tous ceux qui savent un peu leur XVIIIe siècle : il la mit toute vive dans une comédie qui a fort bien réussi. Les lettrés s'étonnèrent, on se moqua quelque peu, il n'en fut nullement déferré, ne supprima point le mot, et le gros public lui donna raison. C'est un peu l'histoire des innombrables mondains qui, un beau matin, s'affublent d'un titre de comte ou de baron auquel ils n'ont aucun droit : on rit d'abord, puis on sourit, puis on n'y pense plus, et les enfants de l'audacieux sont prêts à s'imaginer que leur noblesse se perd dans la nuit des temps.

Aux jugements de Mme de Staël, il convient d'ajouter ceux de Mme de Noailles.

« Que la société distinguée était généreuse, élevée, délicate ! Que de dévouement dans l'amitié ! Que de solidité dans tous les liens, que de respect pour la foi jurée dans les rapports les moins moraux ! Je sais bien que justement c'est un reproche, et un reproche fondé à faire à cette aimable société, que ce manque d'aplomb moral qui laissait un vague dangereux à la vertu ; mais n'était-ce pas là l'esprit général du siècle, et n'était-ce pas là la source de tous les maux qui ont ensanglanté notre pays après l'avoir bouleversé ? Enfin les bourreaux n'avaient-ils pas commencé par là, comme les victimes ?...

« Le caractère de la conversation dans la société distinguée d'alors, c'était la chaleur. Cette mode remontait à Diderot et aux philosophes. Elle était également odieuse à la société frivole de la cour et aux vieilles coteries antilibérales ; mais les gens d'esprit l'adoptaient, et les niais à leur suite ! Ainsi un caractère réservé, des manières froides inspiraient une sorte d'indignation. Il s'ensuivait parfois du ridicule chez les gens qui avaient plus de vivacité que de lumières, ou dans ceux qui, ne possédant ni l'un ni l'autre, se battaient les flancs pour être énergiques et brûlants : ceux-là étaient de parfaits grotesques. Cependant rien n'était plus favorable à l'agrément de la conversation, en mettant les amours-propres à l'aise, et en encourageant l'épanchement. Ceux qui se sentaient médiocres par l'esprit comptaient sur leur âme pour faire effet ; personne ne se permettait d'être froid sur rien. Il n'y avait ni sévérité dans les jugements, ni aridité dans les entretiens ; aucun sentiment ne restait calme, aucune liaison tranquille ; de là toutes les relations de la vie revêtaient une teinte romanesque qui trop souvent égarait les imaginations exaltées. En tout, on ne peut se dissimuler que l'état exquis, mais factice, de la société, déplaçait les principes comme les affections. On portait généralement plus de dévouement dans les liaisons de choix que dans les relations du devoir ou de la nature. La morale qui allait diminuant, parce qu'elle ne s'appuyait plus sur la religion, commençait à s'égarer avant que de s'anéantir : ainsi les vertus philosophiques, bien plus commodes à pratiquer que les vertus chrétiennes, en ce qu'elles laissent le choix du sacrifice, abusaient les âmes généreuses, et tranquillisaient celles qui ne l'étaient pas. »

Ainsi « la société d'alors abondait en gens qui manquaient du nécessaire en fait de principes, mais qui se paraient d'un admirable superflu : on ruinait ses enfants pour prêter de l'argent à ses amis (1), ou pour fournir aux extravagances d'un mari dont on n'était l'épouse que de nom ; on donnait héroïquement sa signature à tout le monde, et on se croyait sublime en se dévouant publiquement à une passion coupable. Enfin, tout était hors de sa place, en attendant qu'il n'y eût plus de place pour rien. Ce désordre des idées est aujourd'hui (1855) descendu plus bas, et c'est la source de tous nos malheurs publics. Ces tristes égarements n'atteignaient que de loin, et partiellement, le petit cercle choisi qui entourait ma grand'mère. Il y avait en elle une probité in-

---

(1) Souvent l'amitié prime l'amour lui-même à cette époque : « J'ai goûté avec vous des plaisirs plus vifs qu'avec lui, disait une héroïne de roman à l'amant qu'elle congédiait pour garder un ami véritable ; mais il est plus nécessaire que vous à mon bonheur ; le plaisir n'est qu'une situation, le bonheur est un état : jugez si je dois vous le sacrifier. » Duclos ne faisait là qu'interpréter un sentiment assez répandu.

stinctive qui repoussait le mal comme certaines odeurs
arrêtent le mauvais air.

« Le sens exquis des convenances, le goût tient lieu
de vertus à ceux qui n'ont plus de principes, et cette
fragile base soutenait presque seule l'édifice de la
société française lors de sa chute. Grâce à ce goût parfait, les esprits médiocres se rendaient agréables par
le tact et la discrétion, les gens vicieux ne semblaient
que faciles, et les caractères sévères cessaient d'être
gênants. Les inégalités de position devenaient insensi-
bles dans un monde où il ne fallait que plaire pour être
compté. Le besoin réciproque les uns des autres rendait gracieux par égoïsme. »

Je résume maintenant quelques remarques de Lacretelle, qui nous initie à certaines habitudes de la vie
sociale : « On dînait à deux ou trois heures, on soupait
vers huit ou neuf, à la sortie du spectacle, qui fournis-
sait un sujet d'entretien animé. Le cercle était peu
nombreux, attentif et plein de déférence pour l'âge,
pour le sexe et pour la renommée, encore plus que
pour le rang. On causait circulairement et bien assis.
Les *apartés* n'étaient ni longs, ni intolérables comme
ils le sont trop souvent aujourd'hui. On y parlait moins
d'affaires que de littérature ou de galanterie, mais
brièvement et avec décence ; il n'y avait qu'un moment
à saisir. Heureux ceux qui étaient inspirés par l'esprit ;
plus heureux ceux qui l'étaient par le cœur ! Le lendemain, on suppléait aux sous-entendus de la conversation par des lettres très fautives, pour l'orthographe, de
la part des dames les plus spirituelles. La maîtresse

de maison épiait avec soin toutes ces convenances ou ces sympathies plus ou moins fugitives du monde galant, pour qu'on se trouvât bien assorti.

« Je crois que Mme de Staël fut la première qui introduisit l'éloquence dans la conversation... » Ici Lacretelle oublie Diderot.

Les gens de lettres s'étaient piqués d'imiter les négligences des gens de qualité. Ils chargeaient leur élocution d'explétives insignifiantes et triviales telles que des *comme ça,* des *voyez-vous, et autres choses comme ça.*

Buffon scandalisa fort Mademoiselle de Lespinasse, lorsqu'il dit devant elle : « C'est une autre paire de manches. »

« Tout allait bien, continue Lacretelle, pourvu qu'il y eût du trait ; aussi beaucoup d'hommes cités en faisaient bonne provision le matin pour l'heure du souper. L'à-propos pour les placer demandait de la finesse ; à défaut de ce soin, on appelait un compère à charge de revanche. On pouvait d'ailleurs suppléer à son propre onds par le fonds d'autrui. Un bon mot dit dans un cercle pouvait passer, dans une même soirée, en vingt cercles différents, car il y avait presse pour le colporter : heureux qui était muni d'un cabriolet ! Enfin si on ne se sentait pas assez de crédit, assez de renom pour faire la fortune d'un bon mot médité d'avance, on le mettait sur le compte d'hommes riches en ce genre, tels que l'abbé de Talleyrand, le comte de Narbonne et le chevalier de Boufflers, quitte à en revendiquer après la propriété...

« L'usage du souper touchait à son déclin ; il n'était

plus guère réservé qu'aux femmes, à leurs adorateurs les plus fidèles, et aux jeunes gens qui brûlaient d'entrer en lice. Quant aux hommes graves, ils s'occupaient de la politique que les débats des Notables, puis ceux des Parlements, rendaient déjà fort nébuleuse. Mais l'esprit du jour souriait déjà à une révolution naissante et au nouvel âge d'or placé sous l'invocation de la philosophie. La métaphysique, et ce n'était pas la bonne, jouait le même rôle et allumait les mêmes feux que la théologie trois siècles auparavant.

« Ce qui faisait présumer que cet accord durerait peu, même entre les philosophes, c'est qu'ils sortaient d'une guerre civile engagée sur la musique avec fureur, car le mot d'acrimonie ne serait pas suffisant. La Harpe et Marmontel s'étaient rangés du parti de Piccini, et ne manquaient pas d'appeler barbares Gluck et ses partisans. Suard et l'abbé Arnaud soutenaient avec vigueur, avec esprit, l'auteur d'*Alceste*, que l'on appelait l'Orphée du Danube, et le public leur donnait le plus souvent raison. Toute liaison, toute amitié, tout amour même avait été rompu. On s'était jeté à la tête pamphlets, épigrammes et satires. Mme Suard avait été blessée par ceux même que, suivant son expression, elle avait vus à ses pieds. Cette division subsistait encore, et rien n'a pu la calmer. »

On s'amuse sur un volcan. En 1789, les promenades au bois de Boulogne, malgré les huées et les attaques de la populace, ne se ralentissent pas un instant ; seulement on allait se promener par escouades, et au lieu de cravaches on se servait d'un gros jonc plombé, dont

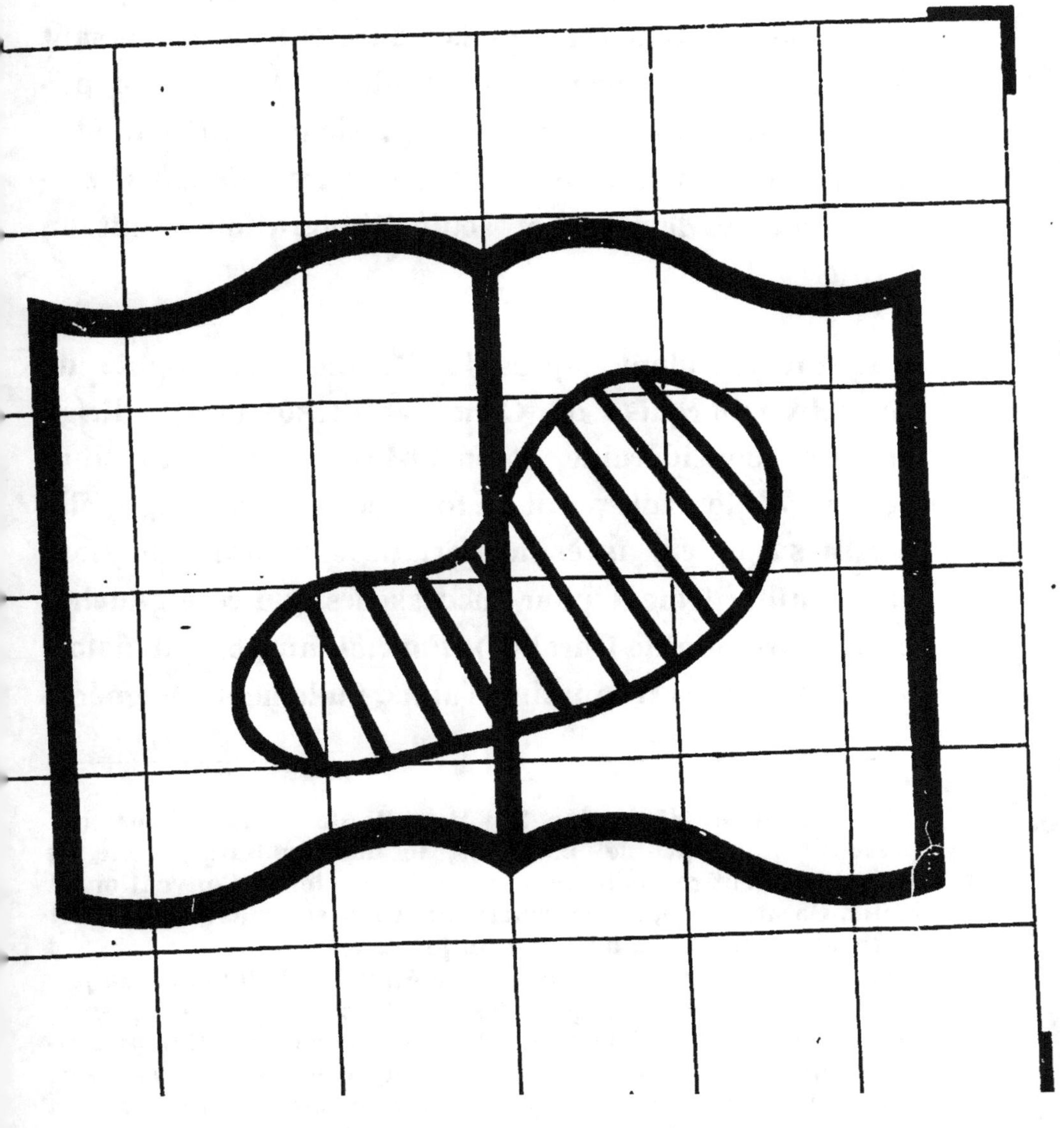

se souviendront un peu plus tard les Incroyables du Directoire. De même Norvins raconte que les gens du bel air allaient toujours aux courses de Vincennes, malgré le danger très réel qu'ils couraient en traversant deux fois le faubourg Saint-Antoine : le jour du pillage de la maison Réveillon, plusieurs faillirent être assommés : mais ce péril était un attrait de plus, surtout pour les femmes, et seule l'émigration y mit un terme.

Avant, pendant, après la Révolution, Sophie de Grouchy, marquise de Condorcet (1764-1822), dirige un salon considérable, salon libéral, républicain, libre penseur. Elle avait perdu la foi avant son mariage, elle perdit sa pudeur après la mort de son mari, lui donnant gaillardement pour successeurs (du côté gauche) Baudelaire, Mailla-Garat (1), Fauriel, au point d'installer chez elle ses trop intimes amis, nullement résignée à

____

(1) Une femme distinguée, M⁰⁰ Marcelle de Santa Coloma, m'a présenté à un sp.-ituel Bordelais, le docteur Garat, dont les parents avaient recueilli vers la fin de sa vie le Conventionnel Mailla-Garat. Le docteur égrenait volontiers ses souvenirs devant cette fidèle amie ; elle m'écrivit un jour :

« L'amant de M⁰⁰ de Condorcet et d'Aimée de Coigny, garda jusqu'à la fin des manières galantes, une faconde quasi éloquente, et l'ambition d'être aimé pour lui-même. On ne pouvait le présenter à une femme sans qu'il s'écriât, quoiqu'il fût presque aveugle : « Ah ! qu'elle est belle ! » Un jour qu'il poussait cette exclamation en croisant dans l'escalier une vieille fille d'une incontestable laideur, il tomba et roula jusqu'à la dernière marche sans avoir d'autre préoccupation dans sa chute que d'empêcher sa perruque, noire comme du jais et à mèches raides et tombantes, de quitter son chef. »

abandonner « la coupe enchantée que la main du temps renverse pour la femme au milieu de sa carrière. » Mais quoi ? Les salons républicains, philosophiques, comme les salons royalistes et cléricaux, ont leurs héroïnes d'amour ou de galanterie, et leurs saintes. Mme Ginguené a trouvé pour Sophie cet euphémisme : « ...Elle eut toutes les vertus sans un seul préjugé. » Le mot vertu était sans doute entendu dans le sens attaché par les Italiens à *virtù*, courage, esprit, finesse. Mme de Condorcet était d'ailleurs aussi spirituelle et courageuse que belle et sensible ; au repos, disait-on, elle a l'air rêveur des femmes qui ont cueilli la pervenche avec Jean-Jacques. Condorcet, vivant, mérita le compliment de d'Alembert à Lagrange : « J'apprends que vous avez fait ce qu'entre nous philosophes on appelle *le saut périlleux*. Un grand mathématicien doit, avant toutes choses, savoir calculer son bonheur. Je ne doute donc pas qu'après avoir fait ce calcul, vous n'ayez trouvé comme solution *le mariage*. » L'événement justifia l'espérance, sinon les calculs de Condorcet : il fut heureux pendant sa vie conjugale, et ne se souciait guère de ce qui devait se passer après sa mort.

C'étaient sans doute d'aimables réunions, celles où l'on entendait Dupaty, Chamfort, Beaumarchais, Garat, Boucher, les Trudaine, André Chénier, la Fayette, Volney, Charles de Constant, les Suard, et tous ces étrangers célèbres qui ne voulaient point passer à Paris sans avoir été initiés : Adam Smith, Grimm, Alfieri, Mac-Kintosh, Dumont, Beccaria, Thomas Payne, Jefferson, lord Stanhope, etc. Au début de la Révolution,

le salon se transforme : l'ardeur des réformes, les opi
nions avancées y règnent, sans toutefois chasser l'esprit
l'éloquence fait le pont entre celui-ci et celles-là. L
salon de Mme de Staël représente assez bien l'idée chré
tienne, libérale, la monarchie constitutionnelle, — cel
de Mme de Condorcet, la libre pensée, la Révolution et l
République ; et la rivalité d'influence, de systèmes, d
croyances, entre ces deux femmes, se renouvellera plu
sieurs fois. Mme de Staël n'écrit-elle pas à Tracy ce
lignes significatives : « Vous me dites, Monsieur, qu
vous ne me suivez pas dans le ciel ni dans les ton
beaux. Il me semble qu'un esprit aussi supérieur que l
vôtre, et détaché de tout ce qui est matériel par l
nature de ses travaux, doit se plaire dans les idée
religieuses, car elles complètent tout ce qui est grand
elles apaisent tout ce qui est sensible, et, sans ce
espoir, il me prendrait je ne sais quelle invincible te
reur de la vie et de la mort. » Vers 1802, les deux prin
cipaux centres d'opposition au Premier Consul étaien
ces deux salons, mais ces oppositions avaient plus d
points de divergence que de points de contact. Bon
parte les mit un instant d'accord en supprimant la sec
tion des Sciences morales à l'Institut, et éliminant ving
membres du Tribunat. A quelqu'un qui remarquai
qu'on venait d'épurer celui-ci : « Vous voulez dir
écrémer, » riposta Mme de Staël. Celle-ci ne pardonnai
pas les violentes diatribes de Condorcet contre Necker
elle se vengea en publiant dans son livre *De la Littéra
ture*... quelques lignes sur « un homme diversemen
célèbre. » N'était-ce pas de bonne guerre, et pourquo

Corinne, presque toujours si généreuse, n'eût-elle pas mis en pratique l'axiome de son ami Talleyrand : « La vengeance est un mets qui se mange froid ? » Il y eut donc entre ces deux femmes des armistices, des traités, point de paix véritable, de sympathie réelle. Fermée, après *le 31 mai*, la porte de Mme de Condorcet se rouvre pendant le Consulat aux hommes politiques et aux lettrés qui prennent leur mot d'ordre au Tribunat ou à l'Institut : les Idéologues s'y rencontrent avec les amis de Mme de Staël, avec Benjamin Constant, Fauriel, Mailla-Garat, Lemercier, Andrieux, Eulalie Roucher, O'Connor qui épousa la fille de la marquise.

Restée fidèle aux doctrines politiques de Condorcet, elle publia ses œuvres, écrivit elle-même des *Lettres sur la Sympathie,* et répondit un jour à Bonaparte, comme celui-ci déclarait ne pas aimer les femmes qui se mêlent de politique : « Vous avez raison, général ; mais, dans un pays où on leur coupe la tête, il est naturel qu'elles aient envie de savoir pourquoi. »

Plus tard, elle s'installe à la Maisonnette, près l'Acosta, reçoit encore les amis fidèles ou vivants, quelques nouveaux comme Sismondi, Manzoni, le Danois Baggesen, Guizot qui venait chez elle pour travailler sans distractions, et qui, chaque fois, apportait avec lui six ou sept cents volumes.

Les Suard, que Mme de Condorcet accusa d'avoir causé la mort de Condorcet fugitif, proscrit, en lui fermant la porte de leur maison de Fontenay-aux-Roses pendant la Terreur, avaient été ses hôtes et ses amis à l'Hôtel des Monnaies. Mme Suard recevait aussi : dans son salon, elle cherchait à établir la conversation générale, à empêcher, autant que possible, les petits apartés, les entretiens oiseux et parasites, à développer l'esprit de sacrifice dans la causerie. Voulait-on dire un mot tout bas à son voisin, elle vous demandait gracieusement : « Nous serions charmés de savoir de quoi vous parlez. » En un mot, elle gouvernait ses causeurs. D'ailleurs, dans beaucoup de maisons, par respect pour le père de famille, la conversation était générale, même pendant le XIXe siècle, et ce charmant Victor Jacquemont, pendant son voyage aux Indes, introduisit cette douceur de vivre dans les salons anglais : les belles ladies de Calcutta et de Bénarès prenaient avec lui des leçons de conversation générale.

On affirme que le *Petit Ménage*, comme on appelait les Suard, après avoir été fort uni, se refroidit, que Mme Suard ayant eu *la franchise* d'avouer à son mari qu'elle avait cessé de l'aimer, il répondit froidement : « *Cela reviendra.* » Et comme elle confessait : « *C'est que j'en aime un autre,* » il reprit avec le même sang-froid : « *Cela se passera.* »

La vie sociale à Paris ne s'arrête nullement en 1789; pendant plusieurs années encore on donne des fêtes, et parmi ceux ou celles qui ne fermèrent pas de suite leurs salons, il faut nommer : Mme Necker, Mme de Genlis, le duc d'Orléans au Palais-Royal, Mmes Helvétius, Pankoucke, de Lameth, Mathieu Dumas, Robert née de Kéralio, Portal, Dauberval, le duc d'Aiguillon, d'Antonelle, Adrien Duport, Morellet, Sophie Arnould dont les médiocres et brillants soupers rappellent le mot de Lauraguais sur ceux de Mme d'Aligre :

« En vérité, si avec son pain l'on ne mangeait pas ici
le prochain, il y faudrait mourir de faim ; » la duchesse
d'Enville et son fils le duc de la Rochefoucauld ; le duc
de Bedford qui déployait dans ses ambigus un grand
luxe de primeurs et de fleurs; la marquise de Laval, la
baronne d'Escars, Mme d'Astorg ; celles que les *Actes
des Apôtres* déclarent *démocrates comme une antichambre :* la marquise de Coigny, Mmes de Vauban, de
Murinais, de Tessé, de Gouvernet, la princesse de
Hohenzollern ; et puis encore Mmes de Montoissieux, de
Seignelay, la maréchale de Duras, Créqui ; cette vail-
lante marquise de Chambonas chez laquelle Rivarol,
Champcenetz, le vicomte de Mirabeau, Tilly, donnaient le ton et écrivaient, affirme Goncourt, *en saillies endiablées*, le *Testament de la Conversation française*, qui ne s'en porta pas plus mal; — la com^t
Fanny de Beauharnais qui eut pour neveu par allian ...
Napoléon Ier. Sait-on comment il l'appela : « Une vieille
toquée qui s'est toute sa vie entourée de rimeurs pré-
tentieux. »

Le 10 Août 92, dans cette journée qui vit l'agonie
de la royauté, on donne un bal, et de temps en temps
les invités s'interrompent de danser pour aller noncha-
lamment sur le balcon constater par eux-mêmes les
progrès de la révolte. Lacretelle joue la comédie en 93
chez Mme le Sénéchal, l'imagination de Desfaucherets
s'y donnait libre carrière, intarissable en jeux, en à-propos, en impromptus : « On pouvait dire de lui qu'il
avait de l'esprit à la course; il en aurait eu au pied de
l'échafaud. »

Dès le début de la Terreur, la peur, l'émigration, ont

fermé un grand nombre de ces salons dont les hôtes vont se retrouver à l'étranger, en prison, sur l'échafaud. Je ne compte point parmi les survivants celui de Mmes de Sainte-Amaranthe, salon de demi-monde, malgré la naissance de ses directrices, mi-tripot, mi-boudoir, où l'on donne à causer, à jouer, à souper, à aimer peut-être aussi, célèbre surtout par la beauté d'Émilie de Sainte-Amaranthe, par sa mort gracieusement héroïque, — mais quelques salons bourgeois, épaves de civilisation et d'élégance, foyers d'enthousiasme, d'esprit, d'indépendance, où l'on se permet de railler ce Robespierre que Michelet appelle : ce triste bâtard de Rousseau conçu dans un mauvais jour, la tyrannie des clubs, de la Commune de Paris : tels ceux de Mme Roland, de Julie Talma. Les politiques, les Girondins, hantent le premier, le second les accueille avec empressement, mais fait aussi une large place aux artistes, auteurs dramatiques, gens de lettres. Ces deux femmes diffèrent et se ressemblent de plus d'une façon. Mme Roland reste honnête avant, après le mariage, d'une honnêteté indiscrète et tapageuse qui ne peut se tenir de révéler au vieux Roland cet amour pour Buzot, demeuré platonique non sans peine : tandis que Julie, épouse passionnée, malheureuse et fidèle de Talma, eut avant lui une existence en marge de la morale, et dut sa fortune à la galanterie. Mais toutes deux ont l'esprit brillant, étendu, quelquefois ironique et profond, le talent de développer leurs opinions par la parole et la plume, le sens de l'amitié, une âme généreuse, cet esprit de parti qui donne les préjugés que

omporte la haine des préjugés. Ni l'une ni l'autre ne
ésespèrent de la République parce que l'on commet
es fautes en son nom, et, dans une lettre aux mânes de
on fils, Julie mêle aux regrets maternels l'impression
e douleur que lui inspire le despotisme de Napo-
on Ier. Toutes deux enfin rebelles aux idées religieuses,
vec cette nuance toutefois que Mme Roland s'en tient
u déisme de Rousseau, tandis que l'incrédulité de
Mme Talma éclate, absolue, agressive, persiste dans
épreuve la plus grave, la maladie de son dernier
nfant, atteint de la poitrine, destiné comme les autres
 une fin prématurée ; et, malgré ces anxiétés, son
ésespoir, elle n'a cessé de regarder la religion comme
ne ennemie, de repousser ses consolations pour ce fils
ui va succomber.

Élève assez médiocre de Vestris, Julie Careau (1) figure
ir les états de l'Académie royale de musique (lisez de
Opéra), de 1773 à 1776 ; elle avait fait partie *du maga-*
n dès l'âge de neuf ans, et ne put jamais s'élever au-
essus des danseuses doubles (2). Mais grâce aux con-
ils d'une amie expérimentée, elle devient assez vite une
mphe bien achalandée, avec le souci d'une décence

---

(1) Voir dans le *Carnet* de 1903 à 1904, tomes XV, XVI, XIX, qua-
e articles très bien documentés, que M. Gustave Bord consacre à
lie Careau et à ses amis : il y conduit son héroïne jusqu'en 1791 ;
vais résumer quelques passages de cette piquante étude.

(2) Le *Magasin*, c'est, en quelque sorte, l'école des « Demoiselles
 chant et de la danse » qui, n'ayant pas terminé leurs études,
urent sur la scène avant même d'être engagées. Il est aussi un
u d'asile contre l'autorité paternelle ou conjugale.

relative, « plus près d'Aspasie que des simples cher-
cheuses d'amour rétribué. » Grâce aux libéralités de ses
amants, princes du sang, hommes d'esprit, gentilshommes, aigrefins, elle conquiert une assez jolie fortune
assise sur quatre bons immeubles dans Paris ; l'un d'eux,
celui de la rue Chantereine, où elle vécut longtemps
avec le vicomte de Ségur qui le paya, loué en Ther-
midor an III à Joséphine de Beauharnais, fut revendu
en l'an VI, au prix de 52,400 livres, au général Bonaparte. Dès l'âge de seize ans, elle a quelque réputation
dans le monde de la galanterie. L'air comme il faut, le
minois d'une petite marquise, telle nous la montre un
pastel de Pascal de Glain de 1769 : le goût de la distinction, c'est le seul point de ressemblance avec Mlle de
Lafontaine, cette première danseuse de Lulli, d'une
vertu si rare, que son portrait put figurer dans la cellule
du couvent où elle entra jeune encore, aussi bien qu'au
foyer de l'Opéra.

La liaison la plus longue avant le mariage avec Talma eut pour objet ce charmant vicomte de Ségur qui
aiguisa son esprit, lui apprit à penser, et composa son
salon. Dix ans de liaisons entrecoupées par des infidélités réciproques, infidélités lucratives en général pour
Julie ; l'une d'elles, qui a pour bénéficiaire le duc de
Chartres, rapporte une rente annuelle de deux cents
livres ; quelque temps après, c'est François Beudet, avocat au Parlement, qui garantit une autre rente annuelle
et perpétuelle de cent trente livres. Mais, après chaque
passade, il semble bien qu'on revint l'un à l'autre avec
plus d'élan. « Discrétion et verrous, telle doit être la

ormule d'une femme, » écrira Julie ; et l'une de ses
mules, Sophie Arnould a dit dans le même sens à un
mant trompé : « La sagesse d'une actrice n'est que
art de bien fermer les portes. »

Julie devient femme d'esprit, politicienne, directrice
'un salon brillant, elle a le don d'assimilation, sait
e taire, écouter, disserter au besoin et jargonner un
eu ; en dehors des romans et des beaux esprits de son
ercle, elle a complété son éducation par la lecture de
eyle et de Voltaire. En 1789 elle s'enflamme pour Mi-
abeau et la Révolution, donne à souper aux patriotes,
rit des lettres un peu déclamatoires, dans le goût du
ur. Il y a de bonnes pages dans ses écrits, il y a
ussi du pathos ; c'est elle qui aurait rédigé les lettres de
inon dans la *Correspondance secrète entre Ninon de*
enclos, le marquis de Villarceaux et Mme de Maintenon,
elles du marquis sont de Ségur, et les autres du mar-
uis de Ximénès. « Vous me demandiez l'autre jour,
it Julie-Ninon, la différence qui existe entre l'homme
ui aime beaucoup, celui qui aime peu, et celui qui
'aime pas du tout. Le premier fuit toutes les occasions
'être infidèle, ou ne les aperçoit pas ; le second en
roflte, et le troisième les fait naître... Que vous avez
aison de croire que mon cœur est aussi déraisonnable
ue le vôtre ! Quand on aime autrement, on n'aime
oint ; une âme tendre suit quelquefois la raison, mais
e si mauvaise grâce, que l'amour n'a rien à dire. »
imagine que Ségur ratissait au besoin les phrases
e son amie.

Parmi les fidèles du salon, de 1782 à 1789, je rencontre : Narbonne, Besenval, Chamfort, le prince de Monaco, Belzunce, les Ségur, Bertin, de la Borde, Condorcet, Montmorin, de la Luzerne, Breteuil, Rivarol, Salmour, les Contat, Sophie Arnould, Raucourt, Dugazon, Candeille, Vestris, le journaliste Peltier. Celui-ci la peint avec grâce : « Couverte d'une robe blanche, avec sa douce physionomie, Julie, dans sa jeunesse, ressemblait à l'une des ombres heureuses qu'elle avait souvent représentées dans *Castor et Pollux*... On voyait réunies dans sa toilette deux choses dont, chez les femmes, l'une est indispensable, et l'autre pleine de charme : la propreté soigneuse et la demi-négligence. Jamais de rouge ni de diamants. Si vous eussiez ajouté un demi-pouce à son fichu, c'eût été le fichu d'une prude... On était plus aimable dans le petit salon de Julie que dans l'hôtel d'une grande dame. Venir souper chez une danseuse, c'était déjà sacrifier la vanité à l'espérance du plaisir ; les gens de la cour y cessaient d'être grands seigneurs, les gens de lettres y oubliaient d'être savants : tout le monde y gagnait. L'esprit de Julie se faisait remarquer plutôt par une conversation agréable que par les saillies et les bons mots. Un peu de lecture, un goût général pour les arts, de la décence, en avaient fait une femme dont les hommes bien nés pouvaient avouer la connaissance... »

Le comte de Salmour, chargé d'affaires de Saxe, écrit en 1787 à son ministre : « Il n'y a pas même jusqu'à la classe des filles, où il ne s'en trouve d'un excellent ton, voyant la meilleure compagnie en hommes, et où l'accès est aussi difficile que dans les maisons de première qualité. Il faut ranger dans cette classe : Mme Dugazon, des Italiens, Mlle Julie, et Mlle Contat, des Français... Ces femmes ont de 60 à 80,000 livres, et voient ce qu'il y a de mieux en grands seigneurs ; les artistes, les gens de lettres les courtisent pour avoir leur suffrage pour leurs productions, ou, par elles, l'accès des grands, — et souvent il y a tel événement considérable qui s'est projeté et décidé dans leurs boudoirs... »

Benjamin Constant nous montre Julie, violente quelquefois, jamais intrigante ni rusée, plus véhémente dans ses idées à mesure qu'elle approchait de sa fin ; son amour pour la liberté s'était fondu, identifié avec ses sentiments les plus chers. Peut-être eût-elle approuvé cette boutade d'un ironiste : « Le seul homme qui ait mérité son sort pendant la Révolution, c'est Louis XVI. » A entendre Benjamin Constant, elle écrivait à merveille, son style était pur, précis, rapide et léger : c'est à peine s'il ne la met pas au-dessus de Mme de Sévigné. Et voici pour sa causerie :

« Cette même femme, dont la logique, dit Benjamin Constant, était précise et serrée lorsqu'elle parlait sur les grands sujets qui intéressent les droits et la dignité de l'espèce humaine, avait la gaîté la plus piquante, la plaisanterie la plus légère : elle ne disait pas souvent des mots isolés qu'on pût retenir et citer, et c'était là, selon moi, l'un de ses charmes. Les mots de ce genre, frappants en eux-mêmes, ont l'inconvénient de tuer la conversation ; ce sont, pour ainsi dire, des coups de fusil qu'on tire sur les idées des autres et qui les abattent... Ceux qui parlent par traits ont l'air de se tenir à l'affût, et leur esprit n'est employé qu'à préparer une réponse imprévue qui, tout en faisant rire, dérange la suite des pensées, et produit toujours un moment de silence. Telle n'était pas la manière de Julie. Elle faisait valoir les autres autant qu'elle-même ; c'était pour eux, autant que pour elle, qu'elle discutait ou plaisantait. Ses expressions n'étaient jamais recherchées ; elle saisissait admirablement le véritable point de toutes les questions sérieuses ou frivoles. Elle disait toujours ce qu'il fallait dire, et l'on s'apercevait avec elle que la justesse des idées est aussi nécessaire à la plaisanterie qu'elle peut l'être à la raison. Deux heures avant sa mort, elle soutenait avec ses amis la conversation la plus élevée sur le despotisme et ses tristes effets. »

Si la folie de la croix manque à Julie Talma, elle a pleinement la folie de la générosité. Non contente de solliciter sans relâche pour ceux qui l'invoquent, elle recueillit plusieurs Girondins au moment du 31 Mai. Elle abritait un terroriste, l'acteur Fusil, depuis Prairial ; elle donna l'hospitalité à un royaliste après les journées de Vendémiaire : l'un à la cave, l'autre au grenier. Afin de les distraire un peu, elle les fit d'abord souper à tour de rôle avec quelques intimes ; puis, se reprochant cette combinaison comme un excès de prudence, elle propose à Talma de les réunir : le malheur les aura disposés à l'indulgence, à la pitié. Tout va bien d'abord, ils ne se connaissent point, se montrent polis, prévenants ; mais, au dessert, un mot suffit à détruire toute cette harmonie : « Il n'y a qu'un terroriste

i puisse penser cela, » s'exclame le royaliste ! « Il n'y
ʼqu'un royaliste qui puisse parler ainsi, tonne Fusil. —
est parler comme un misérable ! — C'est penser
ʼmme un scélérat ! — Si jamais nous avons le des-
s ! — Si jamais nous prenons notre revanche ! » —
ʼallut les séparer et revenir à l'arrangement primitif.
ʼ ne risquait rien moins que sa vie à cacher ainsi des
ʼoscrits, mais la Révolution avait porté tous les senti-
ʼnts au ciel ou jusqu'en enfer, et l'héroïsme devenait
ʼesque aussi banal que la mort. L'archéologue Millin
ʼait imaginé un artifice digne d'un savant tel que lui :
ʼgardait aussi son proscrit, le représentant Pallier,
ʼssait avec lui ses soirées à jouer ou à causer, et, dès
ʼʼun coup de sonnette donnait l'alarme, Pallier se dis-
ʼmulait dans une boîte à momie, où personne ne se
ʼ avisé de l'aller chercher.

De telles femmes devaient présider les salons de la
ʼgislative et de la Convention. Aussi le petit hôtel de
ʼ rue Chantereine est-il fort animé : table ouverte à
ʼte heure, cohue de parasites, amis de la première et
ʼ la dernière heure, fêtes perpétuelles, dépenses
ʼcessives, car Julie se montre prodigue, et Talma,
ʼelle a épousé en 1791 (elle avait trente-quatre ans et
ʼ vingt-huit), a le génie du gaspillage. Bien qu'il se
ʼque d'inscrire toutes ses dépenses sur d'illisibles
ʼtits carnets, il ne soumet jamais ses caprices à la
ʼson, et le goût des beaux costumes, des meubles an-
ʼns, la manie de la bâtisse, l'imprévoyance la plus
ʼtaisiste, firent de lui le comédien le plus endetté
ʼFrance. D'ailleurs il ne professe pas pour le monde

le même goût que sa femme, il aime *bêtifier*, oubli[e]
les objets les plus chers s'ils sont absents, s'endor[t]
au milieu d'un joyeux souper ; il est souvent mélan[-]
colique, distrait au point de répondre à Mlle Des[-]
garcins, comme elle s'étonne qu'il ne lui offre pas l[e]
bras pour descendre l'escalier de la Comédie : « Eh
bien, prenez la rampe ! » Pour qu'il sorte de sa torpeu[r]
coutumière et se mêle à la conversation, il faut éveille[r]
sa sensibilité, mettre sur le tapis un de ses sujet[s]
favoris, et, tandis que Julie trône au salon, entouré[e]
d'un cercle de Girondins et de lettrés qui, pour lu[i]
plaire, s'empressent de prôner le talent de son mari[,]
celui-ci va trouver sa vieille cuisinière qui lui donne d[e]
bons bouillons, l'installe sous le manteau de la chemi[-]
née ; c'est là que Hamlet ou Néron étudie ses rôles, [à]
l'abri de cette brillante invasion.

C'était d'ailleurs un fond de société fort aimable
et la conversation allait si grand train qu'on couchai[t]
parfois rue Chantereine : l'élu dormait dans une cham[-]
bre décorée à la grecque, munie du seul lit grec qui fû[t]
alors à Paris. Parmi les habitués de la maison, Cham[-]
fort, David, Mirabeau, Vergniaud, Ducos, Condorcet[,]
Guadet, Lavoisier, Joseph Chénier, Arnault, Ducis[,]
Riouffe, Souques. Après le 31 Mai, les amis de Souque[s]
obtinrent qu'on le plaçât sous la surveillance d'un gen[-]
darme qui ne le quittait ni jour ni nuit, l'escortan[t]
comme son ombre, chez le restaurateur, en promenad[e]
au spectacle ; il l'appelait *sa bonne* et venait avec *ell[e]*
rue Chantereine, le seul endroit où l'on osât le rece[-]
voir. Cette surveillance ne dispensait point le pauvr[e]

Souques de certaines corvées, et un jour que, mis en réquisition pour extraire du salpêtre, il traînait le camion dans la rue de la Verrerie, Arnault annonça plaisamment à Mme Talma qu'il avait mission de la complimenter de la part d'un cheval à qui il avait donné la main.

Quelque temps avant le 31 Mai, le 17 octobre 1792, celle-ci offre au général Dumouriez, vainqueur de Valmy, une fête où Marat joue un rôle aussi désagréable qu'inattendu, comme si les réceptions elles-mêmes devaient se colorer de quelque teinte tragique. La compagnie était fort brillante : presque tous les députés de la Gironde, les principaux artistes des théâtres de Paris, des hommes de lettres, des savants : la fête, qui battait son plein, est soudain troublée par Marat. Ayant appris que Dumouriez avait puni deux bataillons de volontaires coupables d'indiscipline, celui-ci a fulminé un discours aux Jacobins, demandé qu'on lui adjoignît des commissaires pour reprocher au général d'abandonner son armée, courir les spectacles « et se livrer à des orgies chez un acteur avec des nymphes de l'Opéra. » Marat, escorté des citoyens Monteau, Bentabolle, Dubuisson et Proly, entre comme un furieux et apostrophe Dumouriez : « Citoyen, une députation des amis de la liberté s'est rendue au Bureau de la Guerre, pour y communiquer les dépêches qui te concernent. On s'est présenté chez toi, on ne t'a trouvé nulle part. Nous ne devions pas nous attendre à te rencontrer dans une semblable maison, au milieu d'un ramas de concubines et de contre-révolutionnaires. » — Talma s'avance et prend la parole : « Citoyen Marat, de quel droit viens-tu chez moi insulter nos femmes et nos sœurs ? — Ne puis-je, ajoute Dumouriez, me reposer des fatigues de la guerre au milieu des arts et de mes amis, sans les entendre outrager par des épithètes indécentes ? — Cette maison est un foyer de contre-révolutionnaires, » hurle Marat, et il sort en proférant mille menaces, tandis que l'on contient à peine le chevalier de Saint-Georges qui voulait châtier l'insolent, et que Dugazon, pour rasséréner les esprits, circule avec une cassolette pleine de parfums qui dissiperont les miasmes sur le passage de l'énergumène. Puis ce grand mystificateur mima à ravir le combat d'Arlequin et du dindon, dans la tragédie de *Samson* jouée autrefois à Toulouse : et de rire, lorsque le dindon, ennuyé des taquineries d'Arlequin, va chercher protection dans la loge de messieurs les capitouls, auxquels on chante aussitôt :

« Où peut-on être mieux qu'au sein de sa famille ? »

Les rossignolades de Garat, la flûte de Lefebvre, le piano de Mlle Candeille, achevèrent de calmer l'émotion produite par la malencontreuse visite. Garat, ancien protégé de Marie-Antoinette, ex-secrétaire du comte d'Artois, l'Orphée des salons et des concerts, professeur au Conservatoire, dont la voix, une merveille d'étendue et de souplesse, abordait, les uns après les autres, des airs de baryton, de ténor, de soprano, de haute contre ; Garat, qui, furieux d'être comparé à un rossignol, repartait brusquement : « Au diable ! Apprenez, Monsieur, que le rossignol chante faux ! » qui, arrêté pendant la Terreur parce qu'il n'avait pas de carte de sûreté, justifia de son identité par ses romances... Il faisait à sa manière l'oraison funèbre de Marie-Antoinette : « Pauvre princesse ! Comme elle chantait faux ! »

Le lendemain on criait à travers les rues : « Grande conspiration découverte par le citoyen Marat, l'Ami du peuple ! Grand rassemblement de Girondins et de contre-révolutionnaires chez Talma ! »

De tels esclandres ne devaient point contribuer au charme de la société polie.

Julie Talma avait su par un maladroit que son mari ne l'aimait plus, et la jalousie, lorsqu'elle n'est pas une délicate défiance de soi-même, mais une forme de la passion ou de l'amour-propre, ne rend guère diplomate. Les reproches, les scènes, loin de ramener l'infidèle, l'éloignèrent ; il ne se contraignit plus, et alla habiter rue de la Loi. Des 40,000 livres de rente que Julie avait apportées en dot il en restait 6,000 à peine ; elle lui renvoya ses costumes, ses casques, ses armures, et s'installa rue Matignon chez Mme de Condorcet. Séparés de fait depuis 1795, ils divorcèrent officiellement le 6 février 1801, et Julie annonça la nouvelle en ces termes à une amie :

« Nous avons été à la municipalité ensemble, dans la même voiture, nous avons causé pendant tout le trajet de choses indifférentes, comme des gens qui iraient à la campagne ; mon mari m'a donné la main pour descendre, nous nous sommes assis l'un à côté de l'autre, et nous avons signé comme si c'eût été un contrat ordinaire que nous eussions à passer. En nous quittant, il m'a accompagnée jusqu'à ma voiture. — « J'espère, lui ai-je dit, que vous ne me priverez pas tout à fait de votre présence; cela serait trop cruel; vous reviendrez me voir quelquefois, n'est-ce pas ? — Certainement, a-t-il répondu d'un air embarrassé, toujours avec un grand plaisir. »

Talma tint parole : il venait parfois la voir, et sa présence adoucissait ses peines, car elle aimait et regrettait l'ingrat.

Ne serait-ce pas le cas de rappeler le mot charmant de la comtesse Diane de Beaussacq, l'auteur des *Maximes de la vie*, des *Glanes de la vie :*

La femme aime, souffre, pardonne;

L'homme se laisse aimer, fait souffrir, se le pardonne ?

ADDITIONS

Amateurs et Artistes.

Mme Vigée-Lebrun se serait durement vengée de
David, si j'en crois certain récit. Le hasard les fit
partenaires au whist dans le salon d'Isabey ; Mme Vigée-
Lebrun, fort distraite ce soir-là, commettait faute sur
faute ; David, joueur grincheux et bourru, finit par
l'emporter, et interpellant sa partenaire, tout en frappant du poing sur la table, il s'écria : « Mais vous nous
faites perdre, avec cette lourde sottise ! Pourquoi donc
ne m'avez-vous pas joué votre roi de carreau... dites ?...
mais dites donc ?... » Mme Vigée-Lebrun se leva et
répliqua hautainement : « Pourquoi, Monsieur ?... Parce
que je sais le sort que vous leur réservez, aux rois !... »
M. Pierre de Nolhac a publié récemment un agréable
volume sur Mme Vigée-Lebrun.

Figures de Favorites.

MADAME DE MONTESPAN

J'ai déjà parlé d'elle dans les tomes III, IV et V de cet
ouvrage. Il n'est pas inutile de rappeler que la maré-

chale de Noailles portait sa traîne, tandis que celle de la reine était tenue par un simple page, que la favorite avait un appartement de vingt pièces au premier étage du palais de Versailles ; celui de la reine ne comprenait que onze pièces. « Sa beauté est extrême, dit Mme de Sévigné, et sa parure comme sa beauté, et sa gaieté comme sa parure. » — « Elle fut toujours de la meilleure compagnie, confesse Saint-Simon, avec des grâces qui faisaient passer ses hauteurs, et qui leur étaient adaptées. Il n'était pas possible d'avoir plus d'esprit, de fine politesse, d'expressions singulières, d'éloquence de justesse naturelle, qui lui formaient comme un langage particulier, mais qui était délicieux, qu'elle communiquait si bien par l'habitude, que ses nièces et les personnes assidues auprès d'elle, ses femmes et celles qui, sans l'avoir été, avaient été élevées chez elle, le prenaient toutes, et qu'on le reconnaît encore aujourd'hui dans le peu de personnes qui en restent. »

MADEMOISELLE DE CHOIN

La scène entre Louis XIV et Monseigneur (p. 252) est racontée plus longuement dans un mémoire publié par Édouard de Barthélemy après son étude sur Mlle de Choin. Ce mémoire débute par un aimable crayon de la princesse de Conti... « L'idée la plus parfaite de tous les agréments assemblés pour plaire ne peut aller au delà de ce qui paraît dans la personne de Mme la princesse de Conti. L'amour la forma, et tous les charmes s'unirent pour la composer : peut-être y a-t-il au monde quelque femme plus belle, mais il n'y en a jamais eu de si capable de plaire, de séduire, ni dont la manière de regarder et d'être regardée eût été si dangereuse à ceux qui s'y sont amusés... L'attachement de Mlle de Choin s'estendait à lui sauver, avec beaucoup d'esprit et d'industrie, une infinité de petites peines qui ne sont que trop ordinaires aux belles personnes à qui le désir de plaire dans ce rang-là peut mettre en teste qu'il y a encore quelque plaisir au-delà de celui d'estre aimée... Il est certain que, tandis qu'elle a eu la confidence entière de sa maîtresse, il a paru que, ne pouvant la garantir du premier danger, c'est-à-dire de la complaisance d'être aimée, cette spirituelle fille l'a quasi sauvée de celuy d'aimer... Monseigneur passait les jours chez Mme la princesse, c'estait la sœur favorite et bien-aimée : l'amitié fit quasi entre eux le même effet que l'amour fait pour les autres ; les parties galantes, les promenades, les festes, la confiance entière, tout fut delà de Monseigneur pour Mme la princesse de Conty, et cela presque dans une grande jeunesse. Ils furent assez heureux pour n'être seulement pas soupçonnés qu'il y eût autre chose dans leur commerce qu'une intime amitié. Choin entrait dans tout avec beaucoup d'esprit, et se conduisait avec un secret impénétrable... »

Anne-Marie, fille du roi et de Mlle de La Vallière, mariée à Louis Armand, prince de Conti, demeura veuve sans postérité le 9 novembre 1685, à peine âgée de dix-huit ans. « C'était, dit E. de Barthélemy, une enfant qu'il aurait fallu surveiller sans cesse, et qui écoutait avec humeur les prudents avis de sa dame d'honneur. Vivant dans une étroite intimité avec les duchesses de Bourbon et de Chartres, elle était de toutes leurs parties, prenait part à tous leurs divertissements, et souvent c'était réellement des jeux d'enfant auxquels ces princesses s'amusaient. Elles faisaient de très malicieuses chansons, même les unes sur les autres, ce qui amenait parfois dans ce cercle étroit des brouilleries que Louis XIV pouvait seul apaiser; elles couraient pendant les nuits d'été à Trianon ou à Marly, faisant mille espiègleries aux hôtes du palais, jusqu'à tirer des pétards sous les fenêtres de Monsieur, ce qui causa un gros émoi à la cour, et ne donna pas peu de peine au royal père de ces trop tapageuses princesses... »

Saint-Simon, dans quelques passages de ses *Mémoires*, se montre assez impartial envers Mlle de Choin : « C'était une très bonne créature, dit-il, qui ne sortait ni de sa place, ni de son état, avec ceux qu'elle voyait ; fort désintéressée, qui ne demandait jamais, d'un bon esprit, sensée et raisonnable, pour qui Mme de Maintenon avait de la considération, et qui refusa tout à la fin de venir s'établir à Versailles, où le roi la désirait pour retenir davantage Monseigneur, qui avait autant et plus d'abandon pour elle, et de malaise sans elle, que le roi pour Mme de Maintenon... Cet attachement incompréhensible et si semblable en tout à celui du roi, à la figure près de la personne chérie, est peut-être l'unique endroit par où le fils ait ressemblé au père. »

Duclos tient le même langage sur cette étrange favorite : « Elle n'était pas jolie, mais, avec beaucoup d'es-

prit et le caractère le plus excellent, elle se fit aimer et
estimer de tous ceux qu'elle voyait; elle n'avait le
caractère insolent pour personne. »

Le Dauphin affectait une excessive réserve au sujet
des affaires publiques, peut-être pour cacher son éloi-
gnement forcé de toute participation au gouvernement,
peut-être aussi pour dissimuler son incapacité. « Il dit
un jour à Mlle de Choin, sur ce silence dont elle lui parlait, que les paroles des gens comme lui portant un
grand poids, et obligeant ainsi à de grandes réparations
quand elles n'étaient pas mesurées, il aimait mieux très
souvent garder le silence que de parler. »

TABLE DES MATIÈRES

I. — Amateurs et Artistes.

III. — Femmes et Salons du XVIIIᵉ siècle.

V. — Figures de Favorites.

VI. — La vie mondaine à Paris de 1789 à 1793.

Additions.

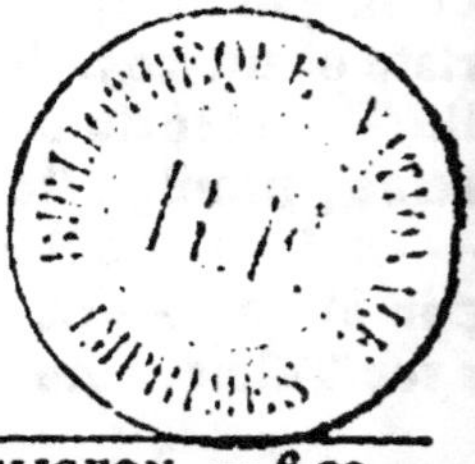

LIBRAIRIE ACADÉMIQUE PERRIN ET Cⁱᵉ

BARBEY (Frédéric). — **La mort de Pichegru.** — Biville — Paris. — Le Temple 1804. 1 vol. in-16 (avec gravures et plans) . . . . **3 fr. 50**

BILLARD (Dʳ Max). — **Les Maris de Marie-Louise,** d'après des documents nouveaux ou inédits. Ouvrage orné de 35 gravures. 1 vol. in-8° écu . . . . **5 fr.**

CHILLY (Lieutenant Lucien de). — *Le Premier Ministre constitutionnel de la Guerre,* **La Tour du Pin.** *Les origines de l'armée nouvelle sous la Constituante.* 1 vol. in-8° écu avec portrait . . . . **5 fr. »**

DOUMIC (René), de l'Académie française. — **George Sand,** sa vie et son œuvre. 1 vol. in-16 avec gravures **3 fr. 50**

— **Etudes sur la littérature française** (6ᵉ série). — Lettres de saint François de Sales. — Gui Patin. — M. Jules Lemaître. — Fontenelle. — Bernardin de Saint-Pierre. — L'avènement de Bonaparte. — Une histoire de 1815. — Elvire à Aix-les-Bains. — Pathologie du romantisme. — Le roman personnel. — Romans de femmes. — La Littérature de voyages. — M. Anatole France. 1 vol. in-16. **3 fr. 50**

DUNOYER (Alphonse). — **Deux Jurés du Tribunal révolutionnaire,** *Vilate « Le petit Maître »,* *Trinchard « L'homme de la nature ».* 1 vol. in-8° avec gravures et autographes . . . . **5 fr. »**

GRUEBER (Chevalier de). — *Sous les Aigles autrichiennes.* **Souvenirs du Chevalier de Grueber,** officier de cavalerie autrichien (1800-1820), publiés par son neveu Fr. von (St…) Traduits de l'allemand avec une préface et des notes par le capitaine de Malbissye-Melun, breveté d'État-major. 1 vol. in-16 . . . . **3 fr. 50**

HALLAYS (André). — **Le Pèlerinage de Port-Royal.** — Saint-Étienne-du-Mont. — Saint-Jacques-du-Haut-Pas. — Port-Royal de Paris. — L'église de Palaiseau. — Port-Royal-des-Champs. — Les Granges. — Magny. — Saint-Lambert. — Saint-Médard. 1 beau volume in-8° écu, avec 31 gravures hors texte . . . . **5 fr. »**

LENOTRE (G). — **Le Tribunal révolutionnaire** (1793-1795). La Maison de justice. — Fouquier-Tinville. — Les Grands Jours. — Messes rouges. — L'écroulement. — Le Procès du Tribunal. 17ᵉ édition. 1 beau volume in-16 jésus avec gravures et plans . . . . **3 fr. 50**

ROCA (Émile). — *Le Grand Siècle intime.* **De Richelieu à Mazarin** (1642-1644). 1 vol. in-16 . . . . . . **3 fr. 50**

VAISSIÈRE (Pierre de). — **Saint-Domingue.** — La Société et la vie créoles sous l'Ancien Régime (1629-1789). — Les origines de la colonisation. — La noblesse française à Saint-Domingue. — Le monde noir. — Vie et mœurs créoles, 1 vol. in-8° carré, orné de 14 gravures. **7 fr. 50**

VIALLES (Pierre). — **L'Archichancelier Cambacérès** (1753-1824), d'après des documents inédits, 1 vol. in-8° écu, orné de gravures . . . . **5 fr. »**